在线开放课程教材

生活中的微观经济学案例教程

主　编　杨玉敬　李朝贤
副主编　袁　珮　梁丹丹　康汉真　王慧君
参　编　刘梦源　李　娜　王　滢　鲜冰玉

机械工业出版社

本书以通俗易懂的语言，通过大量的生活实际案例，讲解了微观经济学的基本原理与经济规律，主要内容包括均衡价格理论、效用论、生产论、成本论、市场结构理论、要素市场理论、博弈论、市场失灵与微观经济政策、一般均衡与福利经济学理论等全面的微观经济学理论体系，激发读者用经济学思维分析现实问题、解决现实问题的兴趣。

本书的主要特色在于案例充实，并配备详细的案例评析；章节中还有相配套的慕课资源，使教材具备了可视化特点。本书旨在培养在校学生及社会公众的经济学素养与思维方式，以及运用微观经济学的基本原理去观察、分析和解释现实世界中的经济行为与经济现象的能力。

本书针对的读者广泛，不仅可以供高等院校经济管理类专业学生的必修课程学习使用，还可以供高等院校非经济管理类专业学生的选修课程学习使用，更能够作为广大经济学爱好者的微观经济学学习用书。

图书在版编目（CIP）数据

生活中的微观经济学案例教程 / 杨玉敬，李朝贤主编. —北京：机械工业出版社，2022.6
在线开放课程教材
ISBN 978-7-111-70673-1

Ⅰ.①生… Ⅱ.①杨… ②李… Ⅲ.①微观经济学-案例-开放大学-教材 Ⅳ.①F016

中国版本图书馆 CIP 数据核字（2022）第 076243 号

机械工业出版社（北京市百万庄大街22号　邮政编码100037）
策划编辑：裴　泱　　　　　责任编辑：裴　泱　刘鑫佳　马新娟
责任校对：张亚楠　王　延　　封面设计：张　静
责任印制：张　博
北京建宏印刷有限公司印刷
2022年9月第1版·第1次印刷
184mm×260mm·15.5印张·364千字
标准书号：ISBN 978-7-111-70673-1
定价：49.80元

电话服务　　　　　　　　　　网络服务
客服电话：010-88361066　　　机　工　官　网：www.cmpbook.com
　　　　　010-88379833　　　机　工　官　博：weibo.com/cmp1952
　　　　　010-68326294　　　金　书　网：www.golden-book.com
封底无防伪标均为盗版　　　机工教育服务网：www.cmpedu.com

前　言

著名经济学家萨缪尔森说："在你的一生中，从摇篮到坟墓，你都会碰到无情的经济学真理。"在我们每一个人的日常生活中，都无法避开经济问题，因为只要有生命、有生活，就必须要消费资源，但资源就我们每个人所能拥有和支配的范围而言总是有限的，所以我们必须考虑如何配置和使用各类资源，而微观经济学就是研究资源配置问题的一门社会科学。

构建现代化经济体系需要以完善的社会主义市场经济体系为基础，这就需要我们对什么是市场经济有清晰的认识和把握。而西方经济学中的微观经济理论的核心就是市场机制。只有学懂弄通了微观经济理论，才能够清楚地知道西方国家的市场经济是怎样的，存在哪些缺陷，通过对比更好地理解我国的社会主义市场经济理论，并进一步完善我国的社会主义市场经济，以经济建设推进我国社会主义现代化建设。因此，人人都应该懂市场经济理论，人人都应该学微观经济学。作为应用型本科院校，构建适应地方经济发展的应用创新型人才培养模式成为重中之重，教材建设是课程建设的重要基础工程，教材建设的好与坏直接影响教师的教学效果和学生的学习效果。作为河南省省级一流专业建设点与省级精品在线开放课程"生活中的微观经济学"建设的重要组成部分，在机械工业出版社的大力支持下，我们将微观经济学的基本原理、基本理论知识融合到日常生活实例、新闻热点及小故事中，针对广泛的受众，编写了本书。

本书以大量案例为切入点，将微观经济学基本原理融入其中，紧扣学生及社会大众在学习、生活中对经济学知识的需要，深入浅出地讲解微观经济学的基本概念、基本理论框架和经济学的分析思维逻辑，培养在校学生、社会公众、经济学爱好者运用微观经济学的基本原理去观察、分析和解释现实世界中的经济行为与经济现象的能力，培养大众的经济学素养与思维方式，从而帮助学习者在工作、学习、生活和商业活动中做出最优决策。

本书共9章，第1章主要介绍了经济学的由来，以及经济学的基本概念、基本假设和分析方法；第2章全面剖析了需求、供给及均衡价格的形成及市场均衡的变动；第3章阐述了需求背后的消费者效用理论；第4章探讨了企业生产决策的原则及成本理论；第5章和第6章分别论述了完全竞争市场、垄断竞争市场、寡头垄断市场及完全垄断市场的市场特征及企业决策；第7章分析了生产要素市场的均衡及变动；第8章介绍了市场失灵的几种情况及相应的微观经济政策；第9章介绍了一般均衡理论及福利经济学的基本知识。

相比国内现有的微观经济学教材，本书在内容及编写体例上具有以下特点：

1）突出时效，通俗易懂。本书紧紧围绕国家经济社会热点、国内国际热点，把国家重大经济思想战略、经济政策、日常社会经济现象等融入教材，将深奥的微观经济学原理融入生动的案例，通俗易懂。

2）体系规范，结构合理。按照微观经济学的理论体系，本书完整地阐释了从均衡价格理论、效用论、生产论、成本论、市场结构理论、要素市场理论、博弈论到市场失灵与微观经济政策的知识架构，理论体系完整。每章开头配有思维导图，把本章知识体系及相互逻辑关系形象地展现给读者；随后将重要知识点、需要掌握的关键内容梳理清楚，便于关键性内容识记。此外，文中配有启发性思考题。

3）资源丰富，学习方便。作为河南省精品在线开放课程"生活中的微观经济学"配套教材，本书各章节均加入了对应的慕课资源链接，扫描二维码即可观看，使该教材兼具了可视化特点，加大了教材的知识容量并提高了学习的便捷性。

4）能力为重，突出应用。本书将案例穿插于知识点中，突出案例分析的讲解，力求培养学生的经济学素养，锻炼从经济学角度观察问题、分析问题、解决问题的实践应用能力，以适应社会经济发展的需求。

本书编写大纲由杨玉敬起草，并由全体参编人员多次讨论修改完善后确定。本书由杨玉敬、李朝贤任主编，袁珮、梁丹丹、康汉真、王慧君任副主编，刘梦源、李娜、王滢、鲜冰玉参编。具体编写分工如下：第1、5章由梁丹丹编写，第2、9章由袁珮编写，第3、4章由杨玉敬编写，第6章由王慧君编写，第7章由康汉真编写，第8章由李朝贤编写，刘梦源、李娜、王滢、鲜冰玉负责案例资料整理。全书由杨玉敬、李朝贤统稿并定稿。

本书针对的读者广泛，不仅可以供高等院校经济管理类专业学生的必修课程学习使用，还可以供高等院校非经济管理类专业学生的选修课程学习使用，更能够作为广大经济学爱好者的微观经济学学习用书。

在本书的编写过程中，河南省省级精品开放课程团队成员韩红梅老师在线上课程建设、教材编写思路及案例资源等方面给予了帮助，中国人寿保险公司平顶山分公司郝素霞经理也提供了部分案例素材，在此对他们的付出表示感谢。我们参阅了大量的微观经济学经典著作与教材，部分书目已列于本书后面的参考文献中，这些文献资料为本书的编写成稿奠定了基础，在此一并向其作者表示衷心的感谢。我们在本书的编写过程中，还参考了报刊和互联网上的信息资料，在此向这些资料的作者们表示衷心的感谢和崇高的敬意。

本书在编写过程中，力求准确，并有所创新，但由于编者水平有限，错误和不当之处难免，恳请各位专家和读者不吝赐教，以便我们能够修正，不胜感激。

编　者

目 录

前言

第1章 走进生活中的微观经济学 ······ 1
  1.1 经济学从何而来？ ······ 2
  1.2 生活中有哪些经济学问题？ ······ 9
  1.3 怎么研究经济学问题？ ······ 15

第2章 需求、供给与均衡价格 ······ 21
  2.1 经济机器的基本构成 ······ 22
  2.2 什么影响了需求和供给？ ······ 25
  2.3 供需模型 ······ 29
  2.4 市场均衡 ······ 34
  2.5 弹性及应用 ······ 38

第3章 消费者选择 ······ 47
  3.1 效用是什么？ ······ 48
  3.2 "喜新厌旧"中的经济学原理 ······ 54
  3.3 消费的最优组合，你选对了吗？ ······ 59
  3.4 你在购买中感到快乐了吗？ ······ 67
  3.5 消费者均衡的变动、收入效应与替代效应 ······ 71

第4章 企业的生产和成本 ······ 81
  4.1 企业及生产函数 ······ 82
  4.2 短期生产的生产决策 ······ 87
  4.3 长期生产的生产决策 ······ 92
  4.4 经济学中的成本概念 ······ 101
  4.5 短期成本问题 ······ 105
  4.6 长期成本问题 ······ 111

第 5 章　完全竞争市场 ·········· 120
5.1　不同的市场结构 ·········· 121
5.2　什么是完全竞争市场? ·········· 123
5.3　完全竞争厂商的短期均衡 ·········· 131
5.4　完全竞争厂商与行业的长期均衡 ·········· 133

第 6 章　不完全竞争市场 ·········· 138
6.1　完全垄断市场 ·········· 139
6.2　具有垄断势力厂商的定价策略 ·········· 143
6.3　垄断竞争市场 ·········· 149
6.4　寡头垄断市场 ·········· 153

第 7 章　生产要素市场 ·········· 160
7.1　收入分化的原因——生产要素及其价格 ·········· 161
7.2　厂商怎样确定其要素需求量? ·········· 165
7.3　提高工资水平，劳动供给一定会增加吗? ·········· 168
7.4　生产要素价格的决定 ·········· 174

第 8 章　市场失灵与微观经济学政策 ·········· 184
8.1　市场完美吗? ·········· 185
8.2　垄断会带来什么? ·········· 190
8.3　公共物品该由谁来提供? ·········· 197
8.4　我们的行为如何影响别人的生活? ·········· 205
8.5　信息社会你了解信息吗? ·········· 213

第 9 章　一般均衡理论与福利经济学 ·········· 223
9.1　一般均衡理论 ·········· 224
9.2　福利经济学 ·········· 231

参考文献 ·········· 241

第1章 走进生活中的微观经济学

本章思维导图

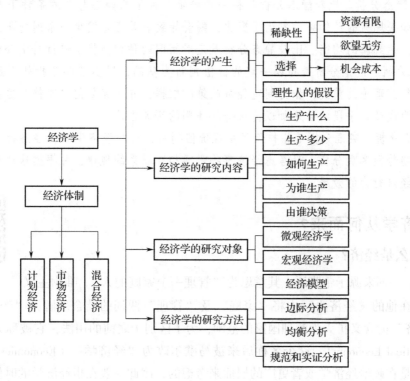

本章要点

1. 稀缺性。稀缺性是指现实中人们在某段时间内所拥有的资源数量不能满足人们的欲望时的一种状态。它反映人类欲望的无限性与资源的有限性的矛盾。

2. 机会成本。机会成本是指将一定资源用作某种用途时所放弃的其他各种用途中的最大收入，或者是将一定资源保持在这种用途上必须支付的成本。

3. 经济学。经济学是研究各种稀缺资源在可供选择的用途中进行有效配置的科学。它研究的是个人、厂商、政府如何进行选择，以及这些选择是如何决定社会资源的使用的。

4. 理性人假设。每一个从事经济活动的人都是利己的。也可以说，每一个从事经济活动的人所采取的经济行为都是力图以自己的最小经济代价去获得自己的最大经济利益。

5. 经济模型。经济模型是指用来描述所研究的经济事物的有关经济变量之间相互关系的理论结构，主要用来研究经济现象之间互相依存的数量关系。其目的是反映经济现象的内部联系及其运动过程，帮助人们进行经济分析和经济预测，解决现实的经济问题。

6. 边际分析。边际分析是研究一种可变因素的数量变动会对其他可变因素的变动产生多大影响的方法，即运用导数和微分方法研究经济运行中微增量的变化，用以分析各经济变量之间的相互关系及变化过程的一种方法。

7. 均衡分析。均衡分为局部均衡与一般均衡。局部均衡分析是假定在其他条件不变的情况下来分析某一时间、某一市场的某种商品（或生产要素）供给与需求达到均衡时的价格决定。一般均衡分析则在各种商品和生产要素的供给、需求、价格相互影响的条件下，分析所有商品和生产要素的供给和需求同时达到均衡时所有商品的价格如何被决定。

8. 比较静态分析。比较静态分析是将一种给定条件下的静态与新的条件下产生的静态进行比较。如果原有的已知条件发生了变化，则会导致有关变量发生一系列变化，从而打破原有的均衡，达到新的均衡。比较静态分析就是对新旧两种均衡状态进行对比分析。

9. 规范分析。规范分析是指以一定的价值判断为基础，提出某些分析处理经济问题的标准，树立经济理论的前提，作为制定经济政策的依据，并研究如何才能符合这些标准。它是对经济行为或政策手段的后果加以优劣好坏评判的研究方法。

10. 实证分析。实证分析是指排除了主观价值判断，只对经济现象、经济行为或经济活动及其发展趋势做客观分析，只考虑经济事物之间相互联系的规律，并根据这些规律来分析和预测人们经济行为的效果。

1.1 经济学从何而来？

1.1.1 什么是经济？

"经济"一词来源于希腊语，其意思为"管理一个家庭的人"。唯物主义代表色诺芬在他的《经济法》中将"家庭"及"管理"两词的结合理解为"经济"。到了近代，"经济"的含义扩大为治理国家的范围，为了区别于之前的用法，它被称为"政治经济学"（Political Economy）。这个名称后来被马歇尔改为"经济学"（Economics）。到了现代，经济学是在政治经济学或者更广的层面来考虑的，因此一般在指经济学的时候，经济学与政治经济学是同义的。严复曾将"经济"一词翻译为"生计"。日本将其正式译为"经济"，后由孙中山先生从日本将这一说法引入我国。经济是社会生产关系的总和，是指人们在物质资料生产过程中形成的，与一定的社会生产力相适应的生产关系的总和或社会经济制度，是政治、法律、哲学、宗教、文学、艺术等上层建筑赖以建立起来的基础。广义经济学者提出的"经济"就是如何以最小的代价取得最大的效果，就是如何在各种可能的选择中，即在各种主观与客观、自然与人际条件的制约下，选取代价最小而收效最大的那种选择。

慕课1—1

1.1.2 资源的稀缺性

1. 资源是稀缺的

资源的定义：经济学中所讨论的资源就是生产要素，生产要素是指投入生产过程用于生产满足人们欲望的最终产品与服务时的经济资源。生产要素一般分为劳动、土地、资本和企业家才能四种类型。

有限的资源即资源的稀缺性，这是经济学得以存在的首要前提和基础。稀缺性是指相对于人的无限欲望而言，资源总是稀缺的，稀缺并不意味着稀少，而主要是指不可以免费得到。要得到这个物品，必须用其他物品来交换。或者可以理解为：世界上不存在免费的午餐，若想多得一些这种东西，就必须放弃另一些东西。可以说，经济社会中之所以存在各种竞争、各种选择，是因为稀缺性这一根本性的原因。

世界上各种各样的资源都是稀缺的。例如，土地是稀缺的，淡水资源是有限的，各种矿产资源也是有限的；人的生命是有限的，人每天的劳动时间是有限的，有效工作精力也是有限的；一个家庭的资本也是有限的，如果多花些钱在旅游方面，那只能少花些钱在珠宝服饰上；而企业要考虑的是，有限的资本应投资哪一个项目才能最赚钱，支付多高的工资才能既保证员工的工作热情又能尽量节约人力成本。如果没有稀缺性，我们还需要做出这些令人头疼的选择吗？实际上，即使是一个极其富有的人，他也需要合理配置其有限的生命，同样面临选择。总之，稀缺性是普遍存在的。

2. 人的欲望是无穷的

资源稀缺的同时，人的欲望却是无限的。欲望的无限与资源的稀缺之间形成了一个社会的基本矛盾。面对这一矛盾，我们应该如何利用好各种有限的资源，做出正确的选择呢？如何用有限的资源来满足人们无限的需求欲望，这就是经济学要解决的问题，也是经济学存在的意义。

1.1.3　机会成本

1. 人们面临权衡取舍——选择

关于做出决策的第一课可以归纳为一句谚语："天下没有免费的午餐。"为了得到我们喜爱的一件东西，通常就不得不放弃另一件我们喜爱的东西。做出决策要求我们在一个目标与另一个目标之间权衡取舍。

认识到人们面临权衡取舍本身并没有告诉我们，人们将会或应该做出什么决策。一个学生不应该仅仅由于要增加用于学习经济学的时间而放弃心理学的学习。社会不应该仅仅由于环境控制降低了我们的物质生活水平而不再保护环境，也不应该仅仅由于帮助穷人扭曲了工作激励而忽视他们。然而，认识到生活中的权衡取舍是重要的，因为人们只有了解了他们面临的选择，才能做出良好的决策。

2. 某种东西的成本是为了得到它所放弃的东西——机会成本

由于人们面临着权衡取舍，所以做决策时就要比较可供选择的行动方案的成本与收益。但在许多情况下，某种行动的成本并不像乍看时那么明显。

例如，考虑是否上大学的决策。利益是使自己知识丰富和拥有更好的工作机会。但成本是什么呢？要回答这个问题，你会想到把学费、住宿费和伙食费加总起来。但这种总和并不真正代表你上大学所放弃的东西。①它包括的某些东西并不是上大学的真正成本。即使你离开了学校，你也需要住宿和吃饭。只有在大学的住宿费和伙食费比其他地方贵时，贵的这一部分才是上大学的成本。实际上，大学的住宿费与伙食费可能还低于你自己生活时所支付的房租与食物费用。在这种情况下，住宿费与伙食费的节省是上大学的收益。②它忽略了上大学最大的成本——你的时间。当你把时间用于听课、读书和写论文时，你就不能把这段时间用于工作。对多数大学生而言，为了上学而不得不放弃的工资是他们受教育的最大单项成本。

一种东西的机会成本（Opportunity Cost）是为了得到这种东西所放弃的东西。当做出任何一项决策时，例如是否上大学，决策者应该认识到伴随每一种可能的行动而来的机会成本。实际上，决策者通常是知道这一点的。那些到了上大学的年龄的运动员如果退学，转而从事职业运动就能赚几百万美元，他们深深认识到，他们上大学的机会成本极高。他们往往如此决定：不值得花费这种成本来获得上大学的利益，这一点也不奇怪。

案例 1-1

该去看谁的演唱会？

假设某人有一张美国大歌星埃里克·克莱普顿（Eric Clapton）今晚演唱会的免费门票。注意，这张门票不能转售。可另一美国大歌星鲍勃·迪伦（Bob Dylan）今晚也在开演唱会，迪伦的演唱会票价为 40 美元。当然，别的时候去看迪伦的演唱会也行，但他的心理承受价格是 50 美元。换言之，要是迪伦演唱会的票价高过 50 美元，他就情愿不看了，哪怕没别的事要做。除此之外，看两人的演出并无其他成本。试问，他去看克莱普顿演唱会的机会成本是多少？去看克莱普顿的演唱会，唯一必须牺牲的事情就是不去看迪伦的演唱会。不去看迪伦的演唱会，会错失价值 50 美元的表演，但同时也省下了购买迪伦演唱会门票所需支付的 40 美元。所以，不去看迪伦演唱会，放弃的价值是 50 美元 - 40 美元 = 10 美元。如果觉得看克莱普顿的演唱会至少值 10 美元，那就应该去看；要不然，就去看迪伦的演唱会。按一般的看法，机会成本是经济学概论课上要介绍的两大（或三大）重点概念之一。但根据可靠的证据，不管从哪一个角度来看，大多数学生都没有掌握这个概念。经济学家保罗·费雷罗（Paul Ferraro）和劳拉·泰勒（Laura Taylor）向几组学生提出了上述克莱普顿/迪伦问题，看看他们能否做出正确回答。他们出的是选择题，只有 4 个选项：A. 0 美元　B. 10 美元　C. 40 美元　D. 50 美元

案例评析：

如前所述，正确的答案是 10 美元，也就是不去看迪伦演唱会所牺牲的价值。可是，费雷罗和泰勒向 270 名学过经济学课程的大学生提出了这个问题，只有 7.4% 的人选择了正确答案。因为只有 4 个选项，哪怕学生们是随机选择，正确率也该有 25%。之后，费雷罗和泰勒又向 88 名从没学过经济学课程的学生提出了同一个问题，这次的正确率是 17.2%，比学过经济学课程的学生高出 1 倍多，但仍比随机选择的正确率要低。为什么学过经济学课程的学生没能表现更佳呢？主要原因是，在典型的概论课上，教授会给学生灌输几百个概念，机会成本只是其中之一，而且模模糊糊，一笔带过。倘若学生没花足够的时间在上面，没在不同的例子里反复演练，也就无法真正理解它。但费雷罗和泰勒提出了另一种可能性：教经

济学的讲师自己也没掌握机会成本的基本概念。2005年，美国经济学协会开年会时，他俩向199名专业经济学家提出了同一个问题，只有21.6%的人选择了正确答案，25.1%的人认为去看克莱普顿演唱会的机会成本是0美元，25.6%的人认为是40美元，还有27.6%的人认为是50美元。

（资料来源：http：//www.lizhidaren.com/lizhichuangye/9367.html．经整理加工）

1.1.4 一个基本的假设——"理性人"的假设

在经济学里，"合乎理性的人"的假设通常简称为"理性人"或者"经济人"的假设条件。经济学家指出，"理性人"的假设是对在经济社会中从事经济活动的所有人的基本特征的一个一般性的抽象。这个被抽象出来的基本特征就是：每一个从事经济活动的人都是利己的。也可以说，每一个从事经济活动的人所采取的经济行为都是力图以自己的最小经济代价去获得自己的最大经济利益。西方经济学家认为，在任何经济活动中，只有这样的人才是"合乎理性的人"，否则，就是非理性的人。

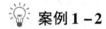

案例1-2

晋文公退避三舍——理性人

作为春秋五霸之一的晋文公，有过这样一段令人惊心动魄的流亡经历。其父晋献公死后不久，晋文公的弟弟登上了君王宝座，为了减少哥哥对自己的威胁，他决定杀掉晋文公重耳，以绝后患。重耳无路可走，只好逃到齐国，并表示愿为齐桓公效犬马之劳。为了不让齐桓公对自己有疑心，重耳一方面过着安逸的生活，另一方面行为处事十分低调。在齐国一段时间以后，出了一点意外，重耳又流亡到了曹国。经过一系列的波折后，重耳到了楚国。楚成王为了表示对重耳的尊敬，设宴隆重接待了他。席间，楚成王问重耳，如何报答楚国对他的恩情。重耳想了想，回答说："楚国在大王您的治理下，物产丰饶，人民生活殷实，兵强马壮，国力强大，金银珠宝数不胜数，大王还需要我用什么来报答呢？"楚成王听了这段话后，便哈哈大笑，说："所言极是，但你总要有所表示吧？"重耳灵机一动，干脆地回答道："如果大王您能助我重返晋国，一旦晋、楚两国交战，我就让晋军退避三舍，以报答大王对我的恩情。"宴席结束后，楚国有人请求楚成王杀掉重耳，以绝后患。但楚成王认为这样做不合天理，于是又把重耳送到秦国去了。重耳来到秦国，秦穆公也隆重接待了他，并将自己的女儿怀嬴嫁给了重耳。终于，在公元前636年，秦穆公派人护送重耳回到晋国。回国之后，晋文公为了实现他称霸天下的愿望，采取了一系列改革措施，如鼓励生产、加强军备等，使晋国一天天强大起来。公元前633年，楚国和晋国的军队在作战时相遇，为了实现自己"退避三舍"的诺言，晋文公果然下令军队退避三舍，后城濮一战大败楚军。后来，晋、齐、鲁等国，以及周王室订立盟约，正式称晋文公为盟主，晋文公终于成为诸侯霸主。

案例评析：

"理性人"通俗来说就是每个人都是很精明的，能够为自己谋取利益。我们来看看故事里的历史人物是如何表现自己的理性的。晋文公无疑是本故事里的理性人，一开始为了寻求庇护，跑到齐国，并且过着低调的生活以掩人耳目，然后被偷偷送出齐国，流亡曹国，辗转来到楚国，并对楚成王做出"退避三舍"的承诺，而后楚成王将其送到秦国，多次辗转却安然无恙，无不说明晋文公是个很理性、精明的人。故事里，晋文公的弟弟为了自己的王位而追杀哥哥重耳，以及齐桓公和秦穆公款待晋文公等这些行为无不说明他们都是理性的。

"经济人"假设贯穿于整个微观经济学的始末。在消费者理论中，每个消费者总是想方设法用最少的钱使自己的效用达到最大；在生产者理论中，企业也绞尽脑汁想以最小的成本获取最多的收益，以达到利润最大化等。这些都证明了这个假设的重要性。

（资料来源：https：//www.offcn.com/kaoyan/2016/1208/71124.html.经整理加工）

案例1-3

唇亡齿寒：虞公损人利己的代价

"唇亡齿寒"这一成语出自《左传·僖公五年》，原文如下："谚所谓'辅车相依，唇亡齿寒'者，其虞、虢之谓也。"想想看，如果我们的嘴唇都没有了，牙齿怎么能好端端地生长呢？嘴唇和牙齿本是互相依存、休戚相关的。故事中，虞公因一己之利给晋国让路去攻打虢国，最终导致国破被俘的结果。

案例评析：

市场经济承认人的一切行为的目标都是为了实现个人利益最大化，但是这种承认利己的合理性与上述的"损人利己"行为是有本质区别的。从利己的目的出发从事经济活动与为社会谋福利是同一枚硬币的正反两面。当个人或企业为个人收入最大化劳动或为企业利润最大化生产时，整个社会的财富都增加了。当一国为国家繁荣而实现经济增长时，其他国家也会通过国际贸易或资本流动而获益。但自私自利则会让人以邻为壑，损人利己。

（资料来源：聂佃忠，王芳霞.道德行为的经济学分析[J].甘肃理论学刊，2011（1）：115-118.经整理加工）

1.1.5 经济学的界定

到底什么是经济学呢？著名经济学家萨缪尔森的定义是非常经典的："经济学研究的是一个社会如何利用稀缺的资源以生产有价值的商品和服务，并将它们在不同的人之间进行分配。"我们还可以这样来表述：经济学是研究如何在有限资源的可供利用组合中进行选择的一门学问。它研究个人、厂商、政府如何进行选择，以及这些选择是如何决定社会资源的使用的，这也是经济学研究的中心任务。因此，经济学源于社会生活中基本矛盾的需要，并可以用来解释生活中各种现象发生的根源。在日常生活中，我们考虑付出和收获，考虑怎样做最划算，是在运用经济学中的成本-收益分析法；我们考虑什么时候给汽车加油最合适，是在运用经济学中的市场供求理论……相信学习经济学后，我们会发现身边有很多有趣的经济学现象，更懂得这些现象为什么会发生。

让我们再来看一下萨缪尔森的另一段话："为什么要学习经济学的一条最重要的理由

是，在你的一生中——从摇篮到坟墓——你都会碰到无情的经济学真理。作为一个选民，你要对政府赤字、税收、自由贸易、通货膨胀以及失业等问题做出判断，而对这些问题只有在你掌握了经济学基本原理之后，才能够得以理解。"学习经济学本身不会使你富有，但它将给你一些耐人寻味的启迪，让你像经济学家一样思考社会、思考人生！学习经济学有助于我们培养新的思维方式，用理性的、边际的、实证的思维方式观察和分析人类行为，理解各种社会制度和组织性质，对我们生活中的各种社会现象从经济学的角度做出科学的解释，使辩证思维、发散思维、求异思维、创新思维能力得到提高。

知识链接

经济学家的6张底牌

近几年，经济学家讨论社会现实问题，尤其是道德问题，成为一种时尚。例如，茅于轼的《中国人的道德前景》、张宇燕的《说服自我》、吴敬琏的《何处寻找大智慧》、汪丁丁的《我思考的经济学》、厉以宁的《经济学漫谈录》等。

经济学家讨论社会问题，不同于道德家的说教，更不同于舆论界的宣传，而是强调"分析"二字，着重点明社会现象背后的经济原因。分析离不开一些基本概念和基本论断，这些东西是经济学家的"底牌"，是他们区别于道德家或政府官员的最明显标志。经济学家的"底牌"并不复杂，大体上有以下6张：

黑桃A——经济人。经济学家认为，人的本质属性，不是"社会人"，更不是"政治人"，而是"经济人"，即为了追求自身经济利益的最大化而"利来利往"的人。茅于轼认为，人性自私是人类社会之福（大意），这是多数经济学家的共识。所以，经济人理论尽管只是一种假说，却是经济学家们讨论社会问题的前提和基础，是最重要的一张"底牌"。

黑桃K——效用与边际效用。效用又称有用性，即一种物品能够带给消费者的满足度。效用是一种主观评价，因人而异，因时因地而异，有人认为它可以量化，有人认为不能量化。边际效用是一个增量概念，即每增加一个单位的消费所产生的新的效用。边际效用可以是正数，也可以是负数。在一个连续的消费过程中，边际效用是递减的。以萨伊为代表的西方政治经济学认为，效用是一切价值的基础，创造财富的过程实际上就是创造效用的过程。财富的创造离不开资本、土地和劳动这三种生产要素，因此，财富的分配也应当按照各种生产要素的贡献率进行分配。

黑桃Q——成本与机会成本。成本不限于有形的金钱、物资，还包括时间、精力、知识投入等。干什么事都要计算成本，例如学雷锋活动作为一种社会行为（而非个人行为），需要投入大量人力、物力、财力，那么这些成本是由谁负担的？谁会从中获益？收益与成本的比例如何？等等。一个讲道德的社会，与一个不讲道德只讲法律的社会相比，前者的社会运行成本就要低得多，所以提倡讲道德。机会成本，从字面上看，就是指为了获取某一机会所要付出的代价。

红桃J——博弈论。这一理论是制度经济学中公共选择理论的前沿课题。博弈本意是下棋。下棋的时候需要根据对手的选择来调整自己的对策，就像经济活动和其他社会活动中，人们为了自己的利益而互相切磋、互相牵制，最终实现均衡。通过博弈实现的均衡有两种，一种叫"纳什均衡"（不合作均衡），另一种叫合作均衡。要想实现不合作均衡向合作均衡的转化，公认的办法是重复博弈、扩大博弈范围、增加信息透明度等。这一理论对于社会制度构建大有用处。例如诚信建设，只靠道德上的呼吁是不行的，只有建立一种连续博弈、终身相随的信用制度，从制度上改变人们从事"一锤子买卖"的社会环境，才有可能做好。

梅花 A——外部性。一种经济行为给"局外人"带来的影响叫作外部性，多数时候是负面影响，例如造纸厂污染河水，影响了附近渔民的生计；有时候是正面影响，例如放养蜜蜂使果园增产。对于负的外部性，需要政府出面干预，如对造纸厂不断增加税收和罚款，直到它觉得出钱改善水质比交罚款更划算为止。这一概念对于讨论社会问题的积极意义在于，改变了我们对道德行为的认识角度，并提供了从经济角度解决败德问题的思路。

红桃 K——市场失灵与信息对称。当交易的一方无法观测另一方的行动，或无法获知另一方的完全信息，抑或观测、监督和获取对方信息的成本过高时，就会出现市场失灵，造成"优汰劣胜"、次品驱逐优等品；扩展到道德领域，就是老实人吃亏、奸猾之徒占便宜。解决之道是建立"委托代理模式"，委托人自由选择代理人，由代理人负责了解信息、处置情况。诸如承包制、证券监理制、保险代理制、效益工资制等，都是为了解决信息不对称导致败德行为这一难题而进行的制度设计。

（资料来源：杨孟. 经济学家的6张底牌［J］. 价格理论与实践，2006(2)：71. 经整理加工）

案例 1-4
"占座"现象的经济学分析

"占座"这一现象在生活中时有发生，在大学校园里更是司空见惯。无论三九严冬，还是烈日酷暑，总有一帮"占座族"手持书本忠诚地守候在教学楼前，大门一开，争先恐后地奔入教室，瞅准座位，忙不迭地将书本等物品放于书桌上，方才松了一口气，不无得意地守护着自己的"领地"。后来之人，只能"望座兴叹"，屈居后排，上课的视听效果大打折扣。因此，学生们不免牢骚四起，大呼"占座"无理。

案例评析：

1) 占座——理性人的选择。占座，意味着什么？意味着你可以拥有满意的座位。这意味着当你和你的同学同样用心，你比他们更容易集中精神获得更好的听课效果，最终得到更优异的成绩，而这一切都仅仅是因为你占了个好座位。当然，你需要为占座付出一定的代价。你可能无法在床上多躺一会儿，可能无法吃顿悠闲的早餐，这些是你为占座付出的机会成本。关键在于机会成本与收益比较孰轻孰重。对于一个学生而言，取得好成绩的意义是不言自明的。而上述的机会成本，当你用积极的态度看待时，完全可以被压缩到很小，甚至为负值。这么看来，因为占座付出的机会成本是很小的，而得到的收益却大得多，那么占座无疑是理性人的最佳选择。

2) 替他人占座——理性人考虑边际量。我们发现那些占座的同学往往不仅为自己占座,还会为自己的室友占座。从经济学的角度看,这里包含了理性人考虑边际量的原理。当你已经提前赶到了教室,多占个座,对于你来说不过是举手之劳。在这里,边际成本几乎不存在,而这一行为将带来怎样的边际效益呢?首先,你的室友可能会认为你很体贴,并因此提高对你的评价。其实,即便是你所服务的人,不认为这是美德的表现,而将其视为一种投资,那么遵循等价交换的原则,在适当的条件、场合下,他也必定会为其付出某种程度的报酬。

(资料来源:李珍珍.关于图书馆占座现象的经济学思考 [J].科技经济导刊,2017(2):258.经整理加工)

本 节 思 考

现实生活中,你会面临什么样的权衡取舍?机会成本是什么?

1.2 生活中有哪些经济学问题?

1.2.1 资源的配置问题

慕课 1-2

一种资源一旦被用于某种商品的生产,也就意味着放弃生产另外一种商品的机会,使用一种资源的机会成本是指把该资源投入某一特定用途后所放弃的其他用途中所能获得的最大收益。与选择相联系的另一个经济学概念是经济活动。经济活动就是各种经济单位使用资源或生产要素进行生产并相互交换以满足人们需要的行为。经济活动的目的是增加经济福利和财富,生产的最终目的是消费。上述诸多问题概括起来包括五个相关问题,即人类社会必须面对和解决的五个基本问题:

1) 生产什么?(产品)　　　　What
2) 生产多少?(数量)　　　　How many
3) 如何生产?(要素组合)　　How
4) 为谁生产?(分配)　　　　For whom
5) 由谁决策?(决策者)　　　Who

其中,"生产什么"是要确定资源投向哪类产业、哪类产品;"生产多少"是要权衡各类产品的需求和供给以确定生产的数量;"如何生产"涉及要素的投入组合,是采用劳动多一点还是多买些自动化设备;"为谁生产"是要决定收入的分配;"由谁决策"决定了一个经济中的决策程序与决策效率。这些问题就是经济学中所讨论的资源配置问题。资源就是生产要素,是投入生产过程用于生产满足人们需要的最终产品与服务的经济资源。生产要素包括劳动、土地、资本,以及重要的无形资源——科学技术、企业家才能等。

那么,消费者又面临哪些经济学问题呢?你要在不同种类的商品中进行选择,要决定购买多少;要决定是休息还是上班;要决定将资金用于消费还是存入银行,或是去创业。这都是经济学所研究的资源配置问题。以上以微观个体为研究对象,研究个体经济决策,如家庭作为消费者、企业作为生产者,如何共同决定商品的市场价格,以及如何按照价格来进行选择的学科,即经济学中的一个分支学科——微观经济学。微观经济学研究的是个体经济规律,核心是价格理论。例如,一种商品的价格上涨,会使消费者减少消费,并寻求此种商品的替代品,从而引起替代品的需求增加和价格上涨等。另外,生产者会增加涨价了的商品的生产,从其他方面转来更多的资本和劳动力,期望获得更多的利润,而供给的增加又抑制了产品价格的进一步上涨,并满足了消费增长的需要。

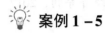
案例 1-5
感恩节向"看不见的手"致意

大多数美国人认为,感恩节是与朋友和家人团聚,并用盛大宴会庆祝的节日,但它的起源实际是移居美国的清教徒对他们新土地上的好收成充满喜悦,因而留出这一天表示感谢。他们从英国(通过荷兰)来到新世界是为了逃避宗教迫害。1620年,他们在普利茅斯登岸,从此定居下来。第一个冬天非常艰难,天气恶劣,而作物收成又不好。有一半的清教徒死亡或回到了英国。那些留下来的人忍受着饥饿的折磨。在经过三个极其艰辛的冬天和普遍饥饿之后,1623年春天,布莱德福总督和其他人开始思考他们如何能尽可能多地种地,并获得比以前更好的收成,他们不能再这样在贫困中衰落下去了。布莱德福制定了一个新政策。他给了每个家庭一块土地,允许每一家"为自己种地"。结果是让人惊奇的,奇迹不断涌现。妇女自愿带着孩子到地里,那些以前宣称有病或体弱不能工作的人也热情地在自己的土地上耕作……不久之后,他们拥有的食物超出了自己的需求,并开始用自己多余的粮食交换其他商品,如皮毛。当清教徒仅仅是对市场信号做出反应时,他们把取得丰衣足食成果的这段时期作为追求美好未来的轻松一击。在正式市场出现之前,"看不见的手"就已经在发挥作用了。感恩节是感谢政府制定制度的时候,这种制度允许"看不见的手"指导并保护我们。

案例评析:

亚当·斯密在《国富论》一书中这样描述:"每个人都力图应用他的资本,来使其生产品能得到最大的价值。一般来说,他并不企图增进公共福利,也不知道他所增进的公共福利是多少。他所追求的仅仅是他个人的安乐,仅仅是他个人的利益。在这样做时,有一只'看不见的手'引导他去促进一种目标,而这种目标绝不是他所追求的东西。由于追逐他个人的利益,他经常促进了社会利益,其效果要比他真正想促进社会利益时所得到的效果还大。"这就是著名的"看不见的手"的理论,被誉为"经济学皇冠上的宝石",主要强调由市场自发进行调节。

(资料来源:曼昆. 经济学原理:上册 第3版 [M]. 梁小民,译. 北京:机械工业出版社,2003:153-154. 经整理加工)

1.2.2 资源的利用问题

在生活中我们会常常遇到一些问题,例如:一个社会拥有的资源既定的情况下如何进一步提升生产力?中美贸易摩擦对老百姓有什么影响?储蓄不足时该不该借贷消费?为什么愿意工作却找不到工作？物价上涨了，是好事还是坏事？货币购买力的变动如何影响人们生活的质量和整个社会的经济效率及福利分配？为什么经济会出现周期性波动？应如何避免通货膨胀或通货紧缩问题？等等。

这些问题需要我们把研究视野扩展到一个总体的范畴，而对这些总体经济行为和表现的研究则是经济学的另一个分支——宏观经济学。宏观经济学主要研究资源的有效利用问题，具体研究内容包括生产总量、消费总量各自取决于什么，就业量、物价是如何决定的等。

因此，经济学研究的两大基本问题就是资源配置与资源利用。经济学也因此分为微观经济学和宏观经济学这两个分支学科。微观经济学是宏观经济学的基础，两者互相补充，研究对象各有侧重，是我们观察经济现象的两种不同视角。例如研究汽车行业，既涉及消费者、汽车企业以及行业竞争等微观层面的相互作用，又涉及像石油短缺、经济波动等整体性的宏观经济力量。宏观经济学看似微观行为的简单加总，但宏观上的规律与微观规律也不尽相同，有时两者截然相反。

萨缪尔森的《经济学》一书中有一个经典的案例：当一群人在观看马路上的游行时，如果某人把脚踮起来，他可以看得更清楚些，这是微观规律。但如果大家都踮起脚来看，则谁也不会比原来看得更清楚，这是宏观规律。这里可以看到，微观规律不同于宏观规律。再来看一个例子：如果我的工资得到增长，我可以改善自己的生活；但如果所有人的工资都得到同样的增长，则谁也不会因涨工资而改善生活。因为总体的生活水平取决于社会的生产总量。如果生产总量不增加，只增加工资，企业成本就会上升，接着物价水平就会上升，从而把涨工资的效果全部抵消，甚至会引发通货膨胀。相反，如果生产总量增加而工资水平不变，物价水平就会下降，即使没有涨工资，个人生活照样会改善。微观经济学的本质强调市场交易的有效性。在市场经济中，人人都为别人生产，又消费别人的产品，所以人人都买、人人都卖。此种交换引起了分工，培养了专业化生产，推动了科技进步与社会发展。

💡 案例 1-6

面包还是大炮的选择

《戈尔巴乔夫对过去和未来的思考》一书指出，苏联"在一些年份里，用于军事准备的开支达到了国民生产总值的25%～30%，也就是说，比美国和欧洲北约国家的同类指标高出了4～5倍"，"没有任何敌人能像军国主义化那样吞没一切，给经济造成如此严重的破坏。这是在人民面前犯下的罪行"。长期以来，由于国民经济军事化，导致苏联市场紧张，社会主义经济一直被称为"短缺经济"，到苏联发生剧变的1991年，市场上真是"空空如也"。

📄 案例评析：

为了简单起见，假设社会中只生产大炮与黄油这两种物品，那么，多生产大炮就要少生产黄油，多生产黄油就要少生产大炮。这种大炮与黄油不可兼得的情况就是"大炮与黄油的矛盾"。满足美苏争霸需要的"大炮"份额的扩大，却是伴随着大大缩小了的"黄油"份额，不断扩大的国防经济消耗着本来应该分配给其他工业部门的大量投资，使苏联社会中大量珍贵的技术资源和人力资源用于军事目的，尤其是巨大的资金投入，严重地影响了国民经济的发展。

（资料来源：王新华. 美苏冷战与苏联经济的崩溃 [J]. 宁夏大学学报（人文社会科学版），2007(6)：112-115. 经整理加工）

1.2.3 经济体制

经济体制是某一社会生产关系的具体形式，是一定的所有制和产权结构与一定的资源配置方式的统一，属于经济运行中的制度安排范畴。资源配置和资源利用都与经济体制相关，经济资源配置和资源利用的方式是在一定的经济制度下进行的。不同的经济体制下的效率和公平原则是不同的。经济学家把经济体制分为以下三种类型：

1. 计划经济：公平但缺乏效率

计划经济，或计划经济体制，又称指令性经济，是对生产、资源分配以及产品消费事先进行计划的经济体制。由于几乎所有计划经济体制都依赖于指令性计划，因此计划经济也被称为指令性经济。计划经济一般是政府按事先制订的计划，提出国民经济和社会发展的总体目标，制定合理的政策和措施，有计划地安排重大经济活动，引导和调节经济运行方向。

2. 市场经济：有效率但缺乏公平

市场经济是指通过市场配置社会资源的经济形式。简单来说，市场就是商品或服务交换的场所或接触点。市场可以是有形的，也可以是无形的。在市场上从事各种交易活动的当事人称为市场主体。

3. 混合经济：效率和公平可以得到较好的协调

混合经济是指既有市场调节又有政府干预的经济。在这种经济制度中，决策结构既有分散的方面又有集中的特征。相应的，决策者的动机和激励机制可以是经济的，也可以是被动地接受上级指令。同时，整个经济制度中的信息传递通过价格和计划来进行。

案例 1-7

李斯的《谏逐客书》——效率

战国末年，群雄争霸，各诸侯国都急需人才，以便使自己的国家取得胜利。不甘平庸的李斯也想通过自己的努力干出一番辉煌的事业。于是，李斯师从荀子，苦练帝王之术，以期将来有所作为。学有大成之后，他便拜别恩师荀子，孤身一人来到秦国。由于李斯博闻强识，到秦国后不久就被秦宰相吕不韦看中，遂举荐李斯为官。他抓住时机对秦王进言："大王圣明，现在的秦国兵强马壮，六国都不是大王您的对手，您可以消灭六国，一统天下，完成千古未有之帝业。"秦王便提拔了李斯，由于李斯提供给秦王统一六国的一系列做法很有成效，最后官拜客卿。就在李斯飞黄腾达的时候，出现了这样一件事。韩国因惧怕与秦交战，派水利工程师郑国去帮助秦国修建水渠——后来的郑国渠，目的很简单，就是通过修渠来牵制秦国，防止其进攻韩国。可惜没过多久，这个计划就露出了马脚。秦王当然十分气愤，再加上国内大臣的鼓动，说从外国来秦国的人都心怀鬼胎，于是秦王决定驱逐这些动机不纯的"外国人"。秦王在全国下逐客令，李斯来自楚国，被驱逐出去自然也是在所难免的。李斯冥思苦想之后，写了一封劝秦王不要下令逐客的谏，这就是历史上赫赫有名的《谏逐客书》。大致内容是今天秦国的强大很大一部分原因是吸纳了外国人才，并举了几个典型的例子：一是秦孝公重用卫国人商鞅，通过商鞅变法使秦国逐渐强大；二是秦惠王采用张仪的"连横"策略，瓦解了六国合纵抗秦的联盟，解除了他们对秦国的威胁。《谏逐客书》打消了秦王逐客的想法，使秦国继续重用外来人才，这些人才既有文臣也有武将，他们为秦国统一六国立下了汗马功劳。最后，李斯官拜宰相，完成了他成就一番大事业的愿望。

案例评析：

1）效率有两层意思：一是用较少的时间完成较多的任务；二是用较少的资源做出较多的成果。资源是稀缺的，因此如何利用好稀缺资源便是我们关注的问题。只有提高效率才能更好地发挥稀缺资源的功能，否则便是浪费了稀缺资源。在这个故事里，李斯也是一个做事很讲效率的人。首先，他师从荀子，在很短的时间里就学会了"帝王之术"，这说明李斯的学习是很有效率的。其次，他作为一个"外国人"，在秦国从刚刚站稳脚跟到官拜客卿，也没有花很长的时间，证明他做事也很有效率。最后，最为出色的莫过于他的《谏逐客书》，就是这篇文章打消了秦王逐客的念头，并使秦王敢于继续任用外来人才，帮助秦国一统天下，也可以说李斯的这个做法很有效率。

2）著名的经济学大师萨缪尔森在其经典著作《经济学》（第17版）中明确指出："稀缺与效率：经济学的双重主题。"由此可见，效率在经济学中占有重要地位。在经济学中，一般效率都是指配置效率。所谓配置效率，是指将投入一定量的要素按照一种特定的组合，达到一种以最小的投入获得最大产出的状态，否则就是资源配置无效率。一旦资源配置无效率，就意味着大量的资源被闲置或者被浪费，这两种情况都不是我们所期望的。

（资料来源：张萌波. 李斯的经济思想 [J]. 上海经济研究，1984(6)：42-47. 经整理加工）

案例1-8

市场有一种无形的力量：看不见的手

一提到市场，可能很多人会马上想到离自己家不远的菜市场或者小集市。确实，在很多人的意识中，市场就是人们买东西的地方。从经济学上来讲，狭义的市场是买卖双方进行商品交换的场所。广义的市场是指为了买卖某些商品而与其他厂商和个人相联系的一群厂商或者个人。其实，市场是现代经济交往的平台，市场提供了一种机制，使人们相互进行交易，无论企业还是个人，价格和利益的激励引导着他们各自的选择。

人们为了生活需要，每天都要和衣食住行打交道。当我们去超市购买生活用品和其他商品时，我们有可能会面对商品大吃一惊：猪肉怎么又涨价了，这个品牌的洗发水现在的价格好低……怎么价格又变化了？是什么导致了这个商品的价格变化呢？我们到市场上去买新鲜的水果，夏天买西瓜比较便宜，冬天买就比较贵了。其实，这一切都受到市场的影响。而值得一提的是，市场规律是不可违抗的铁律。面对市场，要理性判断、理性应对，才能有所发展。

案例评析：

亚当·斯密在《国富论》中曾经这样说道："看起来似乎杂乱无章的自由市场实际上是个自行调整机制。如果某种需要的产品供应短缺，其价格自然上升，价格上升会使生产商获得较高的利润。由于利润高，其他生产商也想要生产这种商品。生产增加的结果会缓和原来的供应短缺，而且随着各个生产商之间的竞争，供应增长会使商品的价格降到'自然价格'，即其生产成本。谁都不是有目的地通过消除短缺来帮助社会，但是问题却解决了。"他用这只"看不见的手"来表明市场经济的作用，通过分散的、无数的、个人的决策在市场上进行相互交易，这样就能够促进社会的利益。

（资料来源：康珂. 看不见的手：起源、机理与反思《国富论》的启示（四）[J]. 现代商业银行，2020(23)：62-65. 经整理加工）

案例1-9

失去了约束机制注定疯狂

在市场发展的今天，人们更多的是以财富的多寡来衡量人的价值，这使道德在社会中的影响力减弱。很多时候，人们会心存疑问：为何传统社会的诚信比今天好些？难道是制度比今天的更佳？

山西票号高峰时期，分号遍布山西以外的地区，甚至国外。但他们用的人大部分来自山西本地，且规定如下：在同一票号内，用乡不用亲，外差不准带家属，个人收入存入总号，家信通过总号中转，经严格审查历史或有担保后录用，一旦发现信用问题，全部分号排斥此人，永不录用和发生交易。

看过《乔家大院》的人可能对雷履泰这个人比较熟悉，他创办的票号"日升昌"以"汇通天下"而著称于世。"日升昌"年汇兑白银100万～3800万两，历经100余年，累计创收白银1500万两。清朝道光年间，晋商以票号业开始迈向事业的顶峰。从1823年"日升昌"诞生到辛亥革命后票号衰落的近百年期间，票号经手汇兑的银两达十几亿两，其间没有发生过内部人卷款逃跑、贪污等事件。"日升昌"的内部高度廉洁并非只靠对自己人的信赖而确立的，主要在于其内部设置了详细的约束机制。晋商票号中员工的待遇相当好。一是实行供给制，所有员工吃住都在票号内，本地员工节假日可回家，驻外员工也有不同的假期。在票号内的吃住以及回家旅费都由票号承担。二是每个员工的收入包括两方面：①每年养家用的工资，出徒之后就可享有，一般为70两左右；②分红，这就是票号中独具特色的身股制。这些规定显然意在失信防备，采用的正是社会（亲属）关系抵押或信息流动控制和收入抵押的约束。

案例评析：

提高诚信更切实的方法是建立利益的约束，利用人们普遍的趋利避害动机，让不守信的行为最终破坏其自身利益。在诚信问题上，把重心放在制度道德而非个人道德上更有效。用利益约束的制度体系建设，支持诚信者的利益，打击失信者的利益，远比在道德上颂扬或者指责他们更有效。原因在于，有道德的制度不仅可以打击失信者的利益，而且可以激励守信者的道德。在这个意义上，好的利益约束机制比好的个人更可能承担起维持诚信的功能。如果我们想要一个更安全的、精神上更放松的社会，更有效的办法不仅仅是道德呼吁，还要建立对失信者未来利益的约束机制，让他的未来利益作为现在行为的"抵押品"，从而利用人类理性的利益衡量和评估来激励自我约束形成。只有让诚信行为有利于长远的自我利益，人们才会愿意自我约束。这一点正是考验制度设计的智慧所在。

（资料来源：张静. 诚信及其社会约束机制［N］. 光明日报，2011-08-23（11）. 经整理加工）

> **本节思考**
>
> 现实生活中，你认为市场这种配置资源的方式有效吗？你知道市场配置资源的弊端有哪些吗？

1.3 怎么研究经济学问题？

经济学家运用经济模型来回答问题。例如，外包对美国经济是好还是坏？对于像外包的效果这样一个复杂的问题，经济学家通常会运用若干模型来考察问题的不同方面。例如，薪酬决定模型会用于分析外包如何影响特定行业的工资，国际贸易模型会用于分析外包如何影响所涉及的国家的收入增长。有时可以利用现有的模型来分析问题，但在有些情况下，经济学家必须建立新的模型。

慕课 1-3

1.3.1 建立经济模型

1. 经济模型

经济模型是指用来描述所研究的经济事物的有关经济变量之间相互关系的理论结构。根据所研究的问题，从可计量的复杂经济现象中抽象出被认为是较重要的为数不多的变量，按照既定的原则和逻辑，把变量之间的关系结合成单一的或联立的方程式、图表、框图等，以表示现实经济运行和经济行为。

一般的，模型方程数目应与所包含的未知数数目相等，满足有解的要求。供给-需求模型就是反映产品价格如何由市场中买卖双方之间的相互作用所决定的一个简化版本。要建立新的模型，经济学家通常采取下面的步骤：

1）决定用于建立模型的假设。
2）形成可以加以检验的假说。
3）利用经济数据对假说进行检验。
4）如果模型不能很好地解释经济数据，对模型进行修正。
5）保留修正后的模型，帮助将来回答类似的经济问题。

2. 变量

模型中涉及各个变量，变量是模型的基本要素，这些变量的作用、意义是不同的，由此大致分为两类：一类是内生变量，是指在模型内所要决定的变化数值；另一类是外生变量，是指由模型以外的其他因素决定的已知的变量。这些变量是作为参数（系数）、假设既定的，或过去已确定的，或非经济力量决定的（如政治、气候、地震、传统等）。外生变量是模型据以建立的外部条件，关系着内生变量的值。假如外生变量值发生变动，将引起内生变量值发生变化。

3. 静态分析、比较静态分析和动态分析

（1）静态分析

静态分析就是分析经济现象的均衡状态，以及相关经济变量达到均衡状态所需具备的条件，但并不涉及达到均衡状态的过程。静态分析是与均衡分析密切联系的一种分析方法，运用此方法分析经济规律时，假定这些规律是在一个资本、人口、生产技术、生产组织和需求状况等因素不变这种设想的静态社会里起作用。

（2）比较静态分析

比较静态分析是将一种给定条件下的静态与新的条件下产生的静态进行比较。如果原有的已知条件发生了变化，则会导致有关变量发生一系列变化，从而打破原有的均衡，达到新的均衡。比较静态分析就是对新旧两种均衡状态进行对比分析。这种分析只是对既成状态加以比较，但并不涉及条件变化的调整过程或路径，不研究如何由原来的均衡过渡到新的均衡的实际过程。

（3）动态分析

动态分析则是要考察随条件变化而使经济均衡调整的路径或过程。经济动态是指在时间序列过程中的经济变动状态，动态分析的主要特征在于考虑了时间因素的作用，一方面分析人口、生产技术、资本数量、生产组织等在时间过程中的变化，这种变化如何影响经济体系的运动和发展；另一方面须明显地表示出经济变量所属的时间，而经济变量在某一时点上的数值要受以前时点上有关变量数值的制约。正是由于该方法研究变量在继起的各个时间的变化情况，因此又称该方法为"时间分析"或"序列分析"。

1.3.2 边际分析

边际分析就是运用导数和微分方法研究经济运行中微增量的变化，用以分析各经济变量之间的相互关系及变化过程的一种方法。在经济学中，我们把研究一种可变因素的数量变动会对其他可变因素的变动产生多大影响的方法，称为边际分析方法。这种分析方法广泛运用于经济行为和经济变量的分析过程，如对效用、成本、产量、收益、利润、消费、储蓄、投资、要素效率等的分析多用边际概念。

案例 1-10

一个人的快乐与几个人的幸福

他正在翻看着过去一周的电话清单：上一周，一共打出 43 个电话，时间总计是 3 小时

22 分钟。其中，属于工作的电话有 155 分钟，约占 77%；给朋友的电话时间为 42 分钟；给家里打的电话一共有两个，占用了 7 分钟——只占到了 3%。剩下的是其他电话，有应付推销的、市场调查的、莫名其妙打错的、预订车保修的，还有一堆自己早都忘了的。看完之后，他陷入了沉思：家庭在自己的生命中，真的只占 3% 吗？有多长时间没有给父母一个电话，谈谈自己的近况了？有多久没有安静地听听老婆的抱怨和倾诉了，哪怕只有 5 分钟？有多长时间没有留给自己，看看自己喜欢的书、听听喜欢的歌、和喜欢的人在一起安静地待着？家庭和事业，哪个更重要？

案例评析：

根据边际效应的理论，接到一个朋友的倾诉电话的快乐远远胜于听伴侣的倾诉；参加一个无聊但新鲜的聚会的快乐远远胜过老套的、人员固定的家庭聚会；客户的约见时间不确定，但自己看书的时间却是可以随时把握的。我们会给自己的这些选择寻找无数的理由：事业、责任心、友谊、勤奋……不管这些选择被赋予了多么美丽和不可侵犯的神圣招牌，在这些选择的背后可能有你追求短暂刺激和快乐的"花心"，不是吗？用经济学的观点来看，这些陌生而新鲜的人、事充满了不确定性，可以带给你更大的情感效用。于是，你孜孜不倦地追求它们，一次又一次地忽视身边的人，而他们才是你生命中最重要的。问问自己，自己身上有没有情感边际效应的影子？在追求快乐的同时，有没有伤害人生中重要的那些人？记住，千万不要因为一个人的快乐而剥夺几个人的幸福。

(资料来源：李淼. 浅谈情感的边际效应 [J]. 大视野，2009(3)：286. 经整理加工)

1.3.3 均衡分析

1. 均衡

均衡是指经济事物中有关的变量在一定条件的相互作用下所达到的一种相对静止的状态。经济事物之所以能够处于这样一种静止状态，是因为在这样的状态中有关该经济事物的各参与者的力量能够相互制约和相互抵消，也因为在这样的状态中有关该经济事物的各方面的愿望都能得到满足。正因如此，西方经济学家认为，经济学的研究往往在于寻找在一定条件下经济事物的变化最终趋于静止之点的均衡状态。

2. 均衡价格的决定

一种商品的均衡价格是指该商品的市场需求量和市场供给量相等时的同一价格。在均衡价格水平下的供求数量被称为均衡数量。商品的均衡价格是如何形成的呢？商品的均衡价格表现为商品市场上需求和供给这两种相反的力量共同作用的结果，它是在市场的供求力量的自发调节下形成的。当市场价格偏离均衡价格时，市场上会出现需求量和供给量不相等的非均衡状态。一般来说，在市场机制的作用下，这种供求不相等的非均衡状态会逐渐消失，实际的市场价格会自动恢复到均衡价格水平。当供求不平衡时，市场出现两种状态：过剩与短缺。当市场价格高于均衡价格时，市场出现供大于求的商品过剩或超额供给的状况，在市场自发调节下，一方面会使需求者压低价格来得到他要购买的商品量，另一方面又会使供给者减少商品的供给量。这样,该商品的价格必然下降,一直下降到均衡价格的水平。当市场价格低于均衡价格时,市场出现供不应求的商品短缺或超额需求的状况,同样在市场自发调节下,一方面需求者提高价格来得到他所需要购买的商品量,另一方面又使供给者增加商品的供给量。这样,该商品的价格必然上升,一直上升到均衡价格的水平。由此可见,当实际价格偏离时,市场上总存在着变化的力量,最终达到市场的均衡或市场出清。

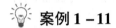

案例 1-11

均衡价格的形成

2001年9月,烟台安德利浓缩苹果汁有限公司在陕西省渭南市白水县投资8000万元,兴建了一家每小时加工50吨鲜果的现代化浓缩果汁厂,2002年9月12日正式投产,每天收购加工1000吨鲜果,每斤收购价0.15元,现金支付。果汁加工讲究生产的连续性,尤其是原料不能断档。由于苹果不像煤或矿石等原料,不能提前大量囤积,因此要形成一定规模的"排队",来保证正常的生产。怎样才能实现这个生产条件呢?

答案是价格。厂家通过相对偏高的收购价格,吸引周边的果源向自己集中,从而形成源源不断的供给链,保证生产的连续性。所以,从这个意义上说,"排队"的成本其实已经包含在收购价里面了。也就是说,没有相对偏高的价格激励,就不会有这么多人忍受"排队"之苦把苹果送到厂里来。由于装车后的苹果3天后质量会受到影响,因此厂家要时刻关注"排队"的情况,并及时调节收购价,以此来调整队伍的长度。队伍太长就降价,太短就提价,从而保证生产所需的均衡量,并实现成本最小化。

那么,分散在方圆几十公里内的果农又是如何接收到这个价格信息的呢?在厂家和果农之间还有一个环节,即"果贩"。他们不仅是信息传递的枢纽,而且还是苹果运输的主要组织者。在白水县的果农与厂家之间存在一支人数不少的果贩队伍,而且形成了若干体系。每个体系都有一个中心,他们通过自己的方式传递信息,指挥着各个分点上的果贩,下达在什么时间、以什么价格、收购多少苹果的指令,然后组织运输力量源源不断地向厂家供货。具体的情况是,果贩掌握了厂家"收购价",根据距离的远近,写出对果农的果园现场收购价,价差一般在4分/斤左右。果贩利润等于差价减去运输成本、平均"排队"成本、损耗等正常开支。据介绍,这一部分开支大约是2分/斤。这是一种不需要刻意安排的自发秩序。其实,有市场就会自发地出现分工,给交易各方都能带来好处。更重要的是,这些好处最终受惠的也包括消费者。

按照当地不成文的行规,长期以来三方之间形成了一种均衡价格,即果贩的收入在扣除各种费用(主要是运输成本)之后,最后利润必须守住2分/斤,这是果贩的利润底线。如果低于2分/斤,果贩就停止收购。当然,果贩的利润也可能太大。如果太大,果农就会自己租拖拉机送货,或其他竞争者进入,使价格回落,厂家也会相应调低收购价。在果农、果贩和厂家三方的交易中,2分/斤成为一个重要的均衡点,这个均衡点既影响果农与果贩之间的均衡价格,也影响果贩与厂家之间的均衡价格。

案例评析：

在均衡价格下，买者愿意且能够购买的数量正好与卖者愿意且能够出售的数量相等。换句话说，在均衡状态下，没有一个买者或卖者有动力改变价格和数量。在完全竞争的市场中，许多买者和卖者的活动自发地把实际价格推向均衡价格，即供给等于需求的价格。这被称为供求定律：任何一个物品价格的调整都会使物品的供给和需求达到均衡。

（资料来源：高小勇. 经济学帝国主义（第六卷）：《经济学消息报》精选文集 [M]. 北京：朝华出版社，2005. 经整理加工）

1.3.4 规范分析和实证分析

1. 规范分析

规范分析是指以一定的价值判断为基础，提出某些分析处理经济问题的标准，树立经济理论的前提，作为制定经济政策的依据，并研究如何才能符合这些标准。它是对经济行为或政策手段的后果加以优劣好坏评判的研究方法。

2. 实证分析

实证分析是指排除了主观价值判断，只对经济现象、经济行为或经济活动及其发展趋势做客观分析，只考虑经济事物之间相互联系的规律，并根据这些规律来分析和预测人们经济行为的效果。

实证分析方法与规范分析方法各有利弊，二者相互联系、相互补充，常常结合使用。实证分析方法是规范分析方法的基础，规范分析方法是实证分析方法的前提。一方面，人们要运用实证分析方法对经济事物进行分析、推理、归纳，得出其特点和规律，以及预测其未来趋势；另一方面，又必须运用规范分析方法，即根据一定的价值判断标准对经济活动的目标和政策做出选择。一般而言，目标层次越低的经济问题，其研究的实证性越强；目标层次越高的决策问题，其研究的规范性越强。

本节思考

你认为影响均衡价格的因素有哪些？这些因素是如何影响均衡价格的？

本章习题

【案例分析】

就地过年　年味依旧

春节将至，受疫情影响，为减少大规模流动可能引发的人口交叉感染，2021 年实行"就地过年"。中共中央办公厅、国务院办公厅印发的《关于做好人民群众就地过年服务保障工作的通知》更是为就地过年的"原年人"提供了更加细致入微的保障措施，人虽他乡，但年味依旧。

北京市免费开放市属公园,并提前启动了2021年度北京惠民文化消费电子券、冰雪公益体验券的发放工作。上海市为"原年人"准备了留沪大礼包,并且向生活困难补助对象一次性补贴700元。不仅有物质上的奖励,不少地区为了让年味不变也做出了各自的努力。浙江省湖州市德清县康乾街道联合村开展以"就地过年 共享幸福"为主题的传统民俗迎新年活动,打年糕、舞龙灯、做圆子、制礼糕,村民们与留在当地过年的外来务工家庭一起,感受乡村传统的民俗年味。不仅如此,还有的"原年人"过年不忘防疫,选择就地过年的河南开封李先生就积极投身到当地社区的疫情防控摸排宣传工作,让这个年过得更加有意义。同时,就地过年也衍生出了一些春节新风尚,租车本地游、年夜饭自提、直播云旅游、直播云祈福成为不少人的选择。

浓浓的年味中,吃好、玩好、身体好才是过年不变的真谛。不管在哪儿过,面对反复的疫情,每个人都不能放松警惕。据统计,春运前三天,全国铁路发送旅客量仅为2020年同期水平的1/4左右。可以看出,在国和家的抉择中,"原年人"积极响应号召,将归途变成了坚守,把"合家团聚"变成了"就地过年",他们这种舍小顾大的责任与担当,无疑是这一特殊春节的最亮底色。

谢谢过年不回家的你,为防疫牺牲团圆,每个人都了不起。

(资料来源:https://baijiahao.baidu.com/s?id=1690657847594331560&wfr=spider&for=pc. 经整理加工)

问题:

1. 你会选择就地过年吗?为什么?
2. 站在经济学的角度上,你在做选择的时候会考虑什么?

第 2 章 需求、供给与均衡价格

本章思维导图

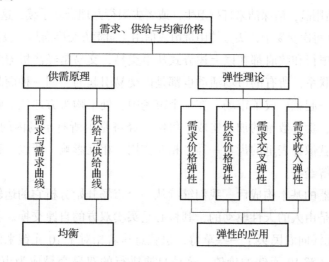

本章要点

1. 需求和供给。供求原理是微观经济学研究资源配置的核心理论。需求是消费者购买商品的愿望和能力的统一，供给是厂商向市场提供商品的愿望和能力的统一；需求和供给作为微观经济学的基础分析工具，对人类欲望的无限性和资源的稀缺性进行了延伸，是经济主体配置稀缺资源的决策依据。

2. 需求和需求量。需求可以通过需求表、需求曲线来表达。需求量的变动和需求的变动分别代表了价格因素和非价格因素变动情况下商品需求量的变动，研究需求量变动和需求变动是研究供求理论的基础。

3. 供给和供给量。供给可以通过供给表、供给曲线来表达。供给量的变动和供给的变动分别代表了价格因素和非价格因素变动情况下商品供给量的变动，研究供给量变动和供给变动是研究供求理论的基础。

4. 市场均衡。供给和需求相互作用决定了市场价格；反过来，价格又可以自动调节供给和需求，使市场达到均衡。这种调节功能就叫市场机制，又称价格机制。均衡价格是商品需求量等于供给量时的市场价格。价格管制是政府调控市场的微观经济政策，主要包括支持价格和限制管制。

5. 弹性。需求弹性是商品需求量变化对相关因素（如商品价格、收入、相关物品的价格等）变化的敏感程度。供给弹性是商品供给量变化对商品价格变化的敏感程度。弹性理论的基本应用主要是税负分担和谷贱伤农分析。

2.1 经济机器的基本构成

一谈到经济学,许多人的脑海中就会出现复杂的分析和运算,但经济虽然看起来复杂,其实却是可以抽象为简单和机械的方式运行的。经济可以由几个简单的零部件和无数次重复的简单交易组成。下面我们就来认识一下经济机器的基本构成吧!

慕课 2-1

在经济生活中,最基本的活动就是交易,而交易是一件非常简单的事情,它遍布于我们的身边,去超市采购生活用品、请保洁来打扫卫生,或者去银行办理贷款手续,这些都是交易,它时时刻刻都在发生。在每次交易中,买方使用货币或信用,向卖方交换商品、服务或金融资产。

个人、企业、银行和政府都在以上述方式从事交易,交易是经济机器的最基本零件,它们独立存在又相互联系,所有的市场活动也都是由交易引起的。同一种商品、服务、金融资产的买方和卖方在一起就形成了市场。在一个市场中,处于购买方地位的购买量加总起来就构成了需求,同样,卖方数量的加总构成了供给。经济是由所有市场内的全部交易构成的,这里面的各个市场就像钟表里的齿轮一样,相互作用,相互影响。所以,详细分析交易,了解市场,有助于理解经济。

在了解经济机器的基本构成后,我们继续从一个市场开始分析它的运转。

市场中的交易是由人的天性驱动的,其核心是买卖双方的自愿交换。我们来观察一个交易:当你花了 10 元钱向农民买了一些草莓,也就意味着相对于 10 元钱来说,你更看重草莓的价值,而农民更在意 10 元钱的价值,这种自愿进行的双赢交易成为市场中的主要动力。而整个市场中的全部动力则来自市场中全部买方力量和卖方力量的相互作用,市场中所有的买方(即消费者)作为一个整体决定了一种商品的需求,所有的生产者则作为另一个整体决定了商品的供给。

需求和供给对于市场来说非常重要,所以需要我们更加明确理解它们的含义。

2.1.1 需求和需求量

需求(Demand)是指买方购买某种商品的愿望(Willingness)和能力(Ability)。根据这个准确的定义,可以看到需求刻画的是消费者既要有购买欲望又要有购买能力,两者缺一不可。缺少这两个条件中任何一个都不能成为真正的有效需求,而只能算是潜在需求。

需求包含两方面的含义:一方面,需求产生于消费者的欲望和偏好,是一种主观意愿;另一方面,需求又必须受消费者收入和支付能力的约束,是一种客观存在。因此,需求是购买愿望与支付能力的统一。需求的概念提供了一种表达经济学"稀缺性"欲望的方法,它能够反映人们在有限资源条件下的决策。

💡 **案例 2-1**

"想上天"和"能上天"

2009 年 9 月 30 日,在哈萨克斯坦拜科努尔发射场,世界第 7 位太空游客、加拿大太阳马戏团的创始人及总经理盖·拉利伯特进行太空服测试。俄罗斯飞行控制中心宣布,拉利伯特和2名宇航员当天乘坐俄"联盟 TMA-16"载人飞船升空,前往国际空间站。他为这趟旅程付出了 3500 万美元。在空间站逗留期间,他还远程主持了一场有众多名人参加的慈善演出。10 月 11 日,他们安全返回。出舱时,他和升空时一样,戴着红色小丑鼻子。另据报道,在拉利伯特之前,美国人蒂托、南非人沙特尔沃思、美国人奥尔森、伊朗裔美国人安萨里、匈牙利裔美国人希莫尼和美国人加里奥特先后以太空游客的身份造访过空间站。

案例评析:

欲望与需求是有区别的,欲望是指人对某种物品的需要,它既有缺乏的感觉,又有满足的愿望。欲望是人类一切经济活动的原动力,也是产生需求的动机。如果消费者仅有购买欲望而无支付能力,那么它只是一种需要。若消费者具有购买能力而没有购买欲望,就不能产生有效的需求。需求是指买方购买某种商品的愿望和能力的统一。拉利伯特为这 10 多天的太空行程共付出了 3500 万美元。我们也许都有太空旅游的梦想,这些都是潜在需求,但真正能够支付 3500 万美元费用的人才能梦想成真。

(资料来源:https://news.sciencenet.cn/htmlnews/2009/10/223838.shtm. 经整理加工)

为了将需求概念进行准确表达,经济学使用了更为具体的需求量概念。需求量 (Quantity Demand) 是指在一定时期内,在某一价格水平下消费者愿意而且能够购买某商品的数量。与之相对应,在特定时间内,消费者对一定数量的商品愿意支付的最高价格叫作需求价格。可以看到,通过这样的表述,我们就能将每一价格水平和需求量很好地结合起来进行分析。

2.1.2 供给和供给量

供给 (Supply) 是指厂商向市场提供某种商品的愿望和能力。具体地讲,供给是指在某一时间内,厂商在每一价格水平下,对某种商品愿意并可能出售的产品数量。它包括新提供的物品和已有的存货。这种供给是指有效供给,它取决于厂商的供给愿望和供给能力两方面。因此,供给是厂商主观愿望和客观能力的统一。这一点类似于需求。供给的概念也同样提供了一种表达了经济学"稀缺性"欲望的方法,它能够反映厂商在有限资源条件下的决策。

供给量是指生产者在某一特定的时期内,在每一价格水平上愿意而且能够出售的商品数量。这同样要求生产者既要有生产的意愿,又要有生产的能力,这样才能形成有效供给。

案例 2-2

直播带货中的饥饿营销

"淘宝"购物平台最早进行直播带货,商家为了推动产品的销售而进行直播宣传,之后逐渐发展并形成规模,将直播娱乐行业与电商模式相结合。为了营造产品争抢的氛围,激发消费者的购买欲望,直播带货采用饥饿营销的模式。这种模式运用稀缺效应,让产品的存量有限制,然后雇"水军"刷单,一步一步让消费者陷入直播间的抢购狂潮之中,并且成为抢购的一分子，从而提高产品的销售量。李佳琦直播带货300秒卖出15 000支口红，罗永浩的直播间180分钟的交易额破1.1亿元，董明珠直播在半小时内交易额破10 000万元……这些都是直播带货中饥饿营销的例子，虽然其中有水分，但销售量确实有了飞跃。

饥饿营销模式对直播带货产生如此大的影响，吸引了许多权威主流媒体竞相尝试，除了以李佳琦为代表的网络红人已经积累了巨大的声望和品牌效应之外，还与网络直播带货作为一个独特的新媒体购物形式密切相关。一直以来，通过媒体介绍或营销的方式销售商品并不新鲜，这种渠道和传统购物未能产生与直播带货一样的重大影响，显然是因为在互联网新环境下，电商直播饥饿营销模式所独有的特点优势创造的效益远远超过传统媒体的营销模式，而这又影响了电商带货的格局，代表了未来网络销售的新趋势。

案例评析：

饥饿营销的产生是厂商在市场需求旺盛的前提下，对有效供应进行制约，利用"产能不足+饥饿营销"的手段，通过市场短缺来提升品牌影响力，以达到更好的销售效果。

（资料来源：徐琰. 直播带货中饥饿营销模式分析 [J]. 上海商业，2021(11)：13. 经整理加工）

2.1.3 价格

在需求和供给的定义中都出现了有关价格的表述，那么价格在市场中的作用又是怎样的呢？事实上，价格是市场将稀缺资源进行有效分配的重要信号，市场活动中的价格是需求方力量和供给方力量相互作用的结果。如果一个市场中需求方的力量强于供给方，就会形成买方市场，买方将获得较大收益并能决定市场的发展和走向。

以农民种草莓为例。如果种植草莓的农民很多，丰收时产出了大量的草莓，由于农民都急切地想卖掉草莓，草莓的价格就会下降，消费者将会得到较大的实惠。但价格下降意味着农民的利润减少，未来这些农民将会减少草莓的种植，转而种植其他的农作物。

当农民不再种植足够多的草莓时，情况就会发生逆转。随着草莓数量的减少，消费者为了能够购买到草莓将会抬高价格，这时，卖方就有了更多的话语权，同样，这样的价格变化会增加农民的利润，将会导致农民在未来愿意种植更多的草莓，于是未来草莓的价格又会下降。

这看起来是不是很有意思？价格就像信号灯一样，显示着市场的供求信息。不仅如此，价格还能像指挥棒一样，指挥生产方的生产，激励卖方提供高质量产品。试想，如果草莓个头较小、颜色不好，就没有人会买。如果你是消费者，当你真的不喜欢某个产品时，你就会选择在别处进行消费。所以，在市场上，消费者花的每一分钱都在告诉生产者，什么样的产品应该被生产、如何生产。

本节思考

你观察到身边利用价格手段进行营销的案例有哪些？请利用所学的理论知识进行具体分析。

2.2 什么影响了需求和供给？

本节我们来解决影响需求方力量和供给方力量的根源问题，也就是分析影响需求和供给变动的因素。

慕课 2-2

2.2.1 影响需求变动的因素

1) 商品本身的价格。这是影响商品需求量的决定性因素。在一般情况下，价格越低，需求量越大；反之，价格越高，需求量越小。但也有例外。

2) 消费者的收入。一般而言，在既定的价格条件下，收入增加会导致商品需求量的增加。但也有少数低档商品的需求会随着人们收入的提高而减少。

3) 相关商品的价格变化。对于一种商品来说，即使它自身的价格不变，由于其他相关商品的价格发生了变化，也会使该商品的需求量发生变化。所谓相关商品，是指商品之间具有互补关系和替代关系——互补品和替代品。

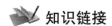 知识链接

互补品与替代品

互补品（Complements）是指能共同满足一种欲望的两种商品。换言之，互补品是需要互相补充配套才能发挥效用的商品，如照相机与胶卷、汽车与汽油、影碟机与光盘等。互补品之间的价格变动对需求的影响表现为：当一种商品的价格上升时会引起另一种商品的需求减少；反之，一种商品的价格下降，另一种商品的需求会增加。

替代品（Substitutes）是指可以互相替代来满足同一种欲望的两种商品，也就是在效用上可以相当程度地互相替换的商品，如影碟机与录像机、大米与白面、苹果与梨等。替代品之间的价格变动对需求的影响表现为：当一种商品的价格上升时会引起其替代品的需求增加；反之，当一种商品的价格下降时会引起其替代品的需求减少。

4) 消费者偏好。一种产品的价格虽然没有变动，但个人对这种产品的偏好（兴趣和爱好）发生了变化，那么对这种产品的需求量就会产生同方向变化。

5) 消费者的预期。如果消费者预期某一种商品未来的价格会显著上涨，就会使消费者对这种商品现在的需求量增加；如果预期未来的价格会下降，则现在的需求量就会下降。不管消费者的预期是否正确，由于消费者的趋众心理等因素的作用，都会出现预期价格越涨需求量越大、预期价格越降需求量越小的反常现象。这种对价格预期变化的反映程度，与各个国家的市场经济发达程度、消费者的文化素质、市场发育程度都有一定关系。

6) 民族风俗习惯。各个民族、国家风俗习惯的不同，也会引起需求量的不同变化。例如在我国的春节和西方的圣诞节时，当地消费者对食品、服饰、礼品等的需求量会大幅增加。

7) 政府的政策。政府可以通过宏观经济政策和一些行政政策，引导消费者对某些消费增加或减少，从而影响需求增减。例如，当一个国家处于通货膨胀的压力之下时，政府会采用提高利率、关税等政策来抑制人们的消费，从而使总需求减少。

此外，影响商品的需求量的因素还有许多，如消费结构的变化、消费信贷的条件、季节的变化、技术更新的周期、广告的引导等，都会对商品的需求产生不同程度的影响。

2.2.2 需求法则

需求法则（Law of Demand）又称需求定律，是指在其他条件不变的情况下，商品的价格与需求量呈相反方向变动的关系。商品的需求量随商品价格的上升而减少，随商品价格的下降而增加。需求曲线的基本特征是向右下方倾斜，表明商品的价格变化和需求量变化二者之间呈反向变动的关系。

这一法则的重要前提是"在其他条件不变的情况下"，也就是除价格因素以外的其他因素不变，只研究商品的价格因素对商品需求量的作用。对这一法则的解释是通过消费者的行为理论来说明的。实际上，它也基本符合人们的日常经验，具有普遍性。当然，需求法则概括的只是一般情形。

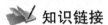
知识链接

需求法则例外情形

1)"吉芬商品"的需求。英国经济学家罗伯特·吉芬发现，在饥荒年间，马铃薯的价格与需求量呈同方向变动的关系。这种在特定条件下，随价格下跌而需求量减少（或随价格上涨而需求量增加）的特殊低档物品，被命名为"吉芬商品"。吉芬商品的价格与其需求量呈同方向变化，因而其需求曲线向右上方倾斜。

2)炫耀性消费品的需求。某些消费者对炫耀性消费品（如珠宝、文物、名画、名车等）的消费更多地是为了体现其地位、身份或满足消费者的特殊嗜好，因而这类商品的价格越高，越显示拥有者的地位，其对这类商品的需求量就越大；反之，当价格下跌，价格显示拥有者地位的作用下降时，其对这类商品的需求量就会下降。这类商品的价格与其需求量也呈同方向变化，因而其需求曲线也向右上方倾斜。

3)不同预期或投机性商品的需求。某些投机性商品（如证券、黄金等）的价格小幅升降时，需求量按需求法则变动；当价格大幅升降时，人们会因不同的预期而采取不同的行动，引起需求量的不规则变化。这类商品的需求曲线表现为不规则形状。

4)对某些商品或服务的一次性需求。人们对这类商品的需求无论其价格如何变化都只购买一次，其需求曲线是一条垂直线。

2.2.3 影响供给变动的因素

1)商品本身的价格。一般而言，商品的价格上涨，厂商就会设法增加产量，同时还会有新的厂商进入，从而使该种商品的供给量增加；商品的价格下降，就会减少供给量。

2)相关商品的价格。与消费领域一样，生产领域的产品也有替代作用和互补作用。例如同样的资源可以用来生产不同的商品，当某种产品的替代品涨价时，就会减少这种产品的供给量；当某种产品的互补品涨价时，这种产品也会随之涨价，从而增加这种产品的供给量。

3)生产技术水平。生产技术的进步意味着劳动生产率的提高和单位产品成本的下降。

在价格不变的情况下,生产技术的进步会给厂商带来更多的利润。一般而言,技术水平低,供给量小;技术水平高,供给量就大。

4）预期价格。如果预期某种商品的未来价格上升,即行情看涨,则厂商就会减少现在的市场投放量,而增加存货,即囤积居奇,待价而沽;反之,行情看跌,厂商就会抛售存货,从而增加现在的供给。

5）生产要素价格。生产要素价格的变化直接影响生产成本,从而影响利润。成本增加,供给量减少;成本减少,供给量增加。

6）政府的政策。政府的支持政策或限制政策都将影响供给量。政府的税收和最低工资方面的法律法规也会影响商品的成本,从而影响供给。

此外,气候变化、时间长短、自然灾害、旧资源的减少、新资源的开发、环境的改善、政治事件、战争因素等,都可能对供给产生巨大影响。

如果你感到这么多影响需求和供给的因素难以记忆,那么我们可以简单地把它们分为两类,第一类因素是商品的价格,第二类因素是收入、相关商品的价格、偏好和预期等其他因素。

2.2.4 供给法则

供给法则（Law of Supply）又称供给定律,是指在其他条件不变的情况下,商品的价格与供给量呈同方向变动的关系。商品的供给量随商品价格的上升而增加,随商品价格的下降而减少。供给曲线的基本特征是向右上方倾斜。

供给法则的重要前提是"在其他条件不变的情况下",也就是除价格因素以外的其他因素不变,只研究商品的价格因素对商品供给量的作用。对该法则的解释是通过企业生产和市场理论来说明的。

知识链接

供给法则例外情形

1）自然要素的供给。原始要素具有"天然禀赋""自然供给固定"或"只有一种用途"等特征时,无论其价格上涨或下跌,其供给量或市场供给量均不变,供给曲线是一条垂直线。

2）劳动的供给。单个消费者的劳动要素供给曲线并不是向右上方倾斜的,这类要素的价格在由低到高的上升过程中,其供给量依次发生增加、不变、减少的变化。当要素的价格上升而其供给量减少时,相应的供给曲线是一条"向后弯曲"的曲线。

3）供给曲线呈水平直线或向右下方倾斜。完全竞争厂商成本不变行业的长期供给曲线呈水平直线;而完全竞争厂商成本递减行业的长期供给曲线向右下方倾斜。

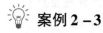

案例 2-3

冰激凌的供求

炎炎夏日,来个冰凉解渴的冰激凌是一件多么惬意的事情啊!可是,在你享受这份清凉的时候,是否考虑过影响冰激凌需求和供给的因素呢?

下面我们将商品聚焦于一种物品——冰激凌。

我们来看一下个人需求的决定因素。考虑一下你自己的冰激凌需求。你如何决定每个月买多少冰激凌，以及哪些因素影响你的决策呢？这里是一些你可能提到的答案。

1) 价格。如果每支冰激凌的价格上升了1元，你将会少买冰激凌，转而购买冷冻酸奶。如果每支冰激凌的价格下降了1元，你会多买一些。需求量会随着价格上升而减少，随着价格下降而增加。

2) 收入。如果某个夏天你失去了工作，你对冰激凌的需求会发生什么变化呢？很可能的情况是，需求会减少。收入较低意味着人们的总支出减少，因此你不得不在某些物品——也许是大多数物品上——少支出一些。当收入减少时，一种物品的需求减少了，这种物品就被称为正常物品。

并不是所有物品都是正常物品。当收入减少时，一种物品的需求增加了，这种物品就被称为低档物品。低档物品的一个例子是搭乘公共汽车。随着收入的减少，人们不大可能买汽车或乘出租车，而是更可能坐公共汽车。

3) 相关物品的价格。假定冷冻酸奶和冰激凌是替代品，当冷冻酸奶的价格下降时，你将多买冷冻酸奶，同时你也许会少买冰激凌。这是因为冰激凌和冷冻酸奶都是冷而甜的奶油甜食，它们满足相似的欲望。当一种物品价格下降减少了另一种物品的需求时，这两种物品被称为替代品。其他成对的替代品包括面包与馒头、牛肉与猪肉，以及作为能源用途的石油和煤炭。

现在假设冰激凌和奶昔是夏天大家喜欢一起吃的搭配，如果奶昔的价格下降，根据需求规律，你将会购买更多的奶昔，同时你也会增加冰激凌的购买量。当一种物品价格下降增加了另一种物品的需求时，这两种物品被称为互补品。其他成对的互补品包括汽油与汽车、计算机与软件等。

4) 偏好。决定需求的最明显因素是偏好。如果你喜欢冰激凌，你会买得多一些。我们并不想解释人们偏好的原因，我们更关心当偏好变动时会出现什么样的需求变化。

5) 预期。对未来的预期也会影响人们对物品与服务的需求。例如，如果你预期明天冰激凌的价格会下降，你就会不太愿意以今天的价格去买冰激凌。

下面我们转向市场的另一方，来考察卖者的行为。任何一种商品或服务的供给量是卖者愿意而且能够出售的数量。为了方便分析，我们仍然考虑冰激凌市场，并观察影响供给量的因素。现在假设你是一家生产并销售冰激凌的公司。什么因素决定你愿意生产并提供销售的冰激凌量呢？

1) 价格。冰激凌的价格是供给量的一个决定因素。当冰激凌价格高时，出售冰激凌是有利可图的，因此，供给量也大。作为冰激凌卖方，你会延长工作时间，购买许多台冰激凌机，并雇用许多工人。相反，当冰激凌价格低时，对你的经营不太有利，因此你将生产较少的冰激凌。在某个更低的价格时，你会选择完全停止营业，你的供给量减少为零。

由于供给量随着价格上升而增加，随着价格下降而减少，因此某种物品的供给量与价格是正相关的。价格与供给量之间的这种关系被称为供给规律：在其他条件相同时，一种物品价格上升，该物品供给量就增加。

2）投入价格。为了生产冰激凌，工厂使用了各种投入：奶油、糖、香料、冰激凌机、生产冰激凌的厂房，以及操作机器的工人劳动。当这些投入中的一种或几种价格上升时，生产冰激凌就不太有利，企业提供的冰激凌就较少。如果投入价格大幅上升，你会关闭企业，不提供冰激凌。因此，一种物品的供给量与生产这种物品的投入价格负相关。

3）技术。把各种投入变为冰激凌的技术是供给量的另一个决定因素。例如，机械化的冰激凌机的发明减少了生产冰激凌必需的劳动量。技术进步通过减少企业的成本增加了冰激凌的供给量。

4）预期。你现在供给的冰激凌量还取决于对未来的预期。例如，如果你预期未来冰激凌的价格会上升，你就会把现在生产的一些冰激凌储存起来，而减少供给量。

案例评析：

我们把影响需求和供给变动的因素总结在一起（见表2-1），要特别注意它们对需求和供给的影响方向。

表2-1 影响需求和供给变动的因素

影响需求变动的因素	影响供给变动的因素
价格	价格
收入	投入价格
相关物品的价格	技术
偏好	预期
预期	

（资料来源：曼昆. 经济学原理：上册：第3版［M］. 梁小民，译. 北京：机械工业出版社，2003：41-43. 经整理加工）

> **本 节 思 考**
>
> 如果你是消费者，请举例分析影响需求的因素有哪些？如果你是生产者，请举例分析影响供给的因素有哪些？

2.3 供需模型

在单独考虑了需求和供给的影响因素之后，我们进一步把它们放在一起来进行分析，为了分析更有效率，我们有必要引入新的分析工具——需求曲线和供给曲线，并以此构建供需模型。这听起来好像难度提高了很多，但事实并非如此，这些都是在前文的基础上得到的。

慕课2-3

2.3.1 需求曲线

根据需求的定义，一种商品的需求是指消费者在一定时期内在每一价格水平下对应的需求量。由此可见，需求不仅仅是"购买愿望＋购买能力"抽象的概念，而是在具体商品、具体时间下消费者需求价格和需求量的组合关系。我们可以用需求表和需求曲线来表示这种价格和数量的关系。

需求表是表示每一价格水平和与之相对应的需求量之间关系的数字序列表。需求函数表明一种商品的需求价格与该商品需求量之间存在对应的函数关系。因此，在对商品价格进行有序排列时，就能得到商品价格和与价格相对应的需求量之间关系的数字序列表，这一数字序列表称为需求表（见表2－2）。

表 2－2　某商品的需求表

价格－需求量组合	a	b	c	d	e	f
价格（元/千克）	1	2	3	4	5	6
需求量（千克）	100	90	80	70	60	50

由表2－2可知，当商品的价格为1元/千克时，商品的需求量为100千克，商品的价格－需求量组合为a；当价格为2元/千克时，商品的需求量为90千克，商品的价格－需求量组合为b；依次类推，当价格涨到6元/千克时，商品的需求量降至50千克，商品的价格－需求量组合为f。

如果我们将需求表中的内容描绘在平面坐标图上，就能够得到表示商品价格和需求量之间对应关系的需求曲线。它可以表示一定时期内消费者在各种可能的价格下愿意而且能够购买的商品或服务的数量，同时也表示消费者购买相应数量的商品或服务所愿意支付的需求价格。

如图2－1所示，横轴OQ表示商品的需求量，纵轴OP表示商品的价格，曲线D表示需求曲线。

图2－1中的需求曲线也可以这样得到：假设表2－2中商品的价格和需求量的变化都具有无限分割性，那么，根据表中的价格－需求量组合，在平面坐标图中描出相应的各点a、b、c、d、e、f，就可以得到一条反映商品的价格变动和需求量变动之间关系的曲线，即需求曲线。它表示一定时期内消费者在各种可能的价格下愿意而且能够购买商品的数量。

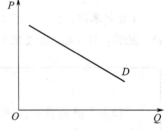

图2－1　某商品需求曲线

2.3.2　需求的变动与需求量的变动

根据影响商品需求的因素及变动形式的差异，需求数量的变化可以区分为需求的变动与需求量的变动。

需求的变动（Change in Demand）是指由除价格以外的其他因素变化所引起的消费者对商品需求量的变动，其表现为需求曲线的左右移动。除价格以外的其他因素包括消费者的收入水平、相关商品的价格、消费者的偏好和消费者对该商品的价格预期、消费者得到商品消费信贷的难易程度、消费政策等。需求的变动是需求曲线的整体变化（见图2－2）。需求曲线左移表示需求的减少，即价格不变的情况下，需求量减少；需求曲线右移表示需求的增加，即价格不变的情况下，需求量增加。需求曲线 D_0 移动到需求曲线 D_1 表示需求的减少，需求曲线 D_0 移动到需求曲线 D_2 表示需求的增加，对应的数量从 Q_0 减少到 Q_1 或者从 Q_0 增加到 Q_2。

需求量的变动（Change in Quantity Demanded）是指在其他条件不变的情况下，由商品的自身价格变动所引起的消费者对商品的需求量的变动，其表现为价格与需求量沿着需求曲线的移动。如图 2-3 所示，随着商品价格变动所引起的需求数量的变动，价格-数量组合点 b 沿着同一条既定的需求曲线移动到价格-数量组合点 a，或者从价格-数量组合点 b 移动到价格-数量组合点 c。对应的数量从 Q_0 增加到 Q_1 或者从 Q_0 减少到 Q_2。

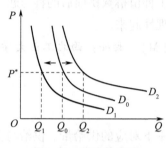
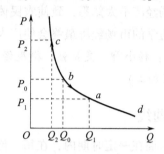

图 2-2　需求的变动　　　　图 2-3　需求量的变动

需求可以分为个别需求和市场需求。个别需求是指在一定时间内，某个消费者对一种商品的需求；市场需求是指某个市场所有消费者对一种商品的需求。市场需求不仅取决于消费者的个别需求，而且还取决于该市场消费者的数目。

一种商品的市场需求是每一价格水平下该商品的所有个别需求量的加总。由此推知，只要有了某商品的每个消费者的需求表（或需求曲线），就可以通过加总的方法，求出市场的需求表（或需求曲线）。

在进行个别需求与市场需求关系计算中应注意：①加总的变量是以价格为函数的需求量加总，不是以需求量为函数的价格加总；②个别需求函数加总时，需求量与价格不能为负值，因此不能进行函数的简单相加，应按照各区段需求量与价格为正值的部分相加，剔除价格或需求量为负的区段。

案例 2-4
猕猴桃给农民带来的喜与悲

陕西省周至县出产的猕猴桃在我国享有盛誉，它在满足人们对优质水果的需求的同时，也使当地农民发家致富。但是，猕猴桃带给农民的不仅仅是喜悦。

20 世纪 80 年代末，由于对猕猴桃可能带来的好处尚不了解，再加上猕猴桃的挂果期长达三年，所以，周至县猕猴桃的种植面积并不大，即供给量较小。但是，由于猕猴桃富含维生素 C，对人体有很大好处，因此，市场上对猕猴桃的需求量很大。大量的需求与少量的供给使猕猴桃的收购价在当时高达每斤 8~10 元，从而使种植猕猴桃的果农收入大幅增加。当年的高价格吸引了许多农民在第二年开始种植猕猴桃。

三年后，果农满心欢喜地看到自己家的树挂果了，但是等待他们的是什么呢？猕猴桃的产量大幅增加，供给量的增加使消费者愿意支付的价格下降，致使三年后的收购价下降为每斤1元左右。如此大的价格差异是农民始料不及的，可想而知，它给果农带来的是什么样的打击。于是，猕猴桃给农民带来的"好处"使他们不愿意再为此增加任何投入，甚至有人毁掉了猕猴桃树。结果，来年的猕猴桃供给量减少，于是价格又回升了，令农民后悔不已。

案例评析：

根据供求规律，当需求量大于供给量时，价格上升；当需求量小于供给量时，价格下降。这是市场价格变化的具体规律。因为农产品具有生产周期长、价格调节滞后等特点，再加上农民对市场经济不太熟悉，致使农民体会到了种植猕猴桃前后的喜与悲。但是，学费不会白付，边干边学的市场经济最终会使广大农民理性起来。

（资料来源：杨小卿，吴艳霞. 微观经济学 [M]. 西安：西北工业大学出版社，2003：95-96. 经整理加工）

2.3.3 供给曲线

供给是指厂商在一定时期内，在每一价格水平下对应的供给量。供给与供给量的区别在于：供给表述了厂商在每一价格水平和供给量的关系；而供给量则仅仅是指在某一特定的价格水平下厂商愿意出售且能够出售的商品数量，是一个特定数量的概念。同样，供给也可以用供给表和供给曲线来表示。

供给表是表示每一价格水平和与之相对应的供给量之间关系的数字序列表。供给函数表明一种商品的供给价格与该商品供给量之间存在对应的函数关系。因此，在对商品价格进行有序排列时，就能得到商品价格和与价格相对应的供给量之间关系的数字序列表，这一数字序列表称为供给表（见表2-3）。

表2-3 某商品的供给表

价格-供给量组合	a	b	c	d	e	f
价格（元/千克）	6	5	4	3	2	1
供给量（千克）	100	90	80	70	60	50

由表2-3可知，当商品的价格为6元/千克时，商品的供给量为100千克，商品的价格-供给量组合为a；当价格为5元/千克时，商品的供给量为90千克，商品的价格-供给量组合为b；依次类推，当价格降到1元/千克时，商品的供给量降至50千克，商品的价格-供给量组合为f。

供给曲线是在平面坐标图上表示商品价格和供给量之间对应关系的曲线。它可以表示一定时期内，厂商在各种可能的价格下愿意而且能够提供的商品数量；同时也表示为厂商提供相应数量的商品所要求得到的对应的最低价格。

如图2-4所示，横轴OQ表示商品的供给量，纵轴OP表示商品的价格，曲线S表示供给曲线。

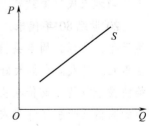

图2-4 某商品供给曲线

图 2-4 中的供给曲线可以这样得到：假设表 2-3 中商品的价格和供给量的变化都具有无限分割性，那么，根据表中的价格-供给量组合，在平面坐标图中描出相应的各点 a、b、c、d、e、f，就可以得到一条反映商品的价格变动和供给量变动之间关系的曲线——供给曲线。它表示一定时期内厂商在各种可能的价格下愿意而且能够向市场提供商品的数量。供给曲线是根据供给表画出的，是供给概念的几何图形表示。

实际上，供给曲线只是价格与供给量关系的几何描述，其形态由价格与供给量对应关系决定。当供给函数为一元一次线性函数时，相应的供给曲线就是一条直线；当供给函数为非线性函数时，相应的供给曲线是一条曲线。

2.3.4 供给的变动与供给量的变动

根据影响商品供给的因素及供给变动形式的差异，供给数量的变化可以区分为供给的变动与供给量的变动。

供给的变动（Change in Supply）是指由除了商品自身价格以外其他因素变化所引起的该商品的供给数量的变动，其表现为供给曲线的左右移动。除了商品自身价格以外其他因素包括生产要素的价格及生产成本、生产的技术和管理水平、相关商品的价格、厂商的预期和政府的经济政策等。供给的变动是供给曲线或函数的整体变化，如图 2-5 所示。供给曲线左移表示供给的减少，即价格不变的情况下，供给量减少；供给曲线右移表示供给的增加，即价格不变的情况下，供给量增加。供给曲线 S_0 移动到供给曲线 S_1（供给曲线向左平移）表示供给的减少，供给曲线 S_0 移动到供给曲线 S_2（供给曲线向右平移）表示供给的增加，相应的数量从 Q_0 减少到 Q_1 或者从 Q_0 增加到 Q_2。

供给量的变动（Change in Quantity Supplied）是指在其他条件不变时，由商品的自身价格变动所引起的该商品的供给数量的变动，其表现为：价格与供给量沿着供给曲线的移动。如图 2-6 所示，随着商品价格变动所引起的供给数量的变动，价格-数量组合点 b 沿着同一条既定的供给曲线移动到价格-数量组合点 a，或者从价格-数量组合点 b 移动到价格-数量组合点 c。对应的数量从 Q_0 减少到 Q_1 或者从 Q_0 增加到 Q_2。

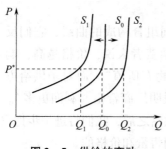

图 2-5 供给的变动

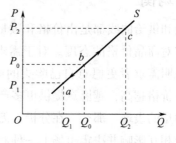

图 2-6 供给量的变动

供给可以分为个别供给和市场供给。个别供给是指在一定时间内，某厂商对一种商品的供给；市场供给是指某个市场所有厂商对一种商品的供给。市场供给不仅取决于厂商的个别供给，而且还取决于该市场厂商的数目。

一种商品的市场供给是每一价格水平下该商品的所有个别供给量的加总。由此推知，只要有了某商品的每个厂商的供给表（或供给曲线），就可以通过加总的方法，求出市场的供给表（或供给曲线）。

案例 2-5
1998 年旱灾对美国粮食供给的冲击

1988 年，美国中西部出现了有史以来最严重的旱灾。当年的玉米产量比原来预计下降了 35%，黄豆产量下降超过 20%，小麦产量下降超过 10%，而大麦和燕麦的产量下降超过 40%。随着灾情的发生和扩展，农产品的供给大幅减少，导致了农产品价格大幅上升。在当年夏末时节，玉米价格已经迅速上升了 80%，黄豆价格也上升了接近 70%，小麦价格则上升了 50%。由于谷物是许多其他产品尤其是畜牧产品的原料，经济学家同时预测这场旱灾对其他产品供求状况也会产生影响，随着谷物价格上升，养殖牛羊等各种牲畜的利润便相应下降，农民的积极性受到负面影响。因为牲畜每天都需要喂养，多留一天就要耗费更多的谷物，成本也相应提高，于是农场里出现了农民纷纷提前宰杀牲畜出售的现象，结果在 1998 年市场上可供选购的肉类供应量稍稍上升，虽然只是短期现象，却引起了肉类价格的下降。

案例评析：

在市场需求不变的前提下，供给的大幅减少会导致产品价格的快速升高，也会对相关产品的价格产生一定影响。

（资料来源：张云峰. 微观经济学 [M]. 西安：西北工业大学出版社，2004：43-44. 经整理加工）

本节思考

请找到身边供给和需求同时变化的例子并进行分析。

2.4 市场均衡

需求曲线和供给曲线都是由价格和数量的不同组合构成的曲线，它们反映了供需双方对商品价格的态度。对于需求方的消费者来说，价格越高，购买量越少，说明需求者更愿意自己购买的商品"物有所值"。而对于供给方的厂商来讲，价格越高，越愿意提供更多产品，说明厂商希望"利润更多"。这就是市场中的两种重要力量的表现。那么，在分析了需求与供给之后，我们将进一步把它们结合起来说明它们是如何相互影响并决定市场上一种商品的销售量和价格的。

慕课 2-4

2.4.1 市场机制

在经济学中，市场（Market）是市场经济的中枢，也是买者和卖者相互作用并共同决定商品的价格和交易数量的机制。家庭在市场上出售自己的劳动和其他投入品而获得收入，进而购买企业生产出来的产品；企业按市场上雇用的劳动力数量和投入的厂房、机器设备等成本来确定自己所生产的产品价格，继而在市场上出售。

在自由的市场经济条件下，企业和消费者作为一种"经济人"在追求利益的过程中，自发地进行商品交易。尽管没有专门的个人或者组织专门负责生产、消费、分配和定价等一系列问题，但市场却能有条不紊地运行。这一切都源于市场机制和价格对消费者和企业的各种经济活动的协调。这一原理是由亚当·斯密提出来的，它把市场机制比作一只"看不见的手"（Invisible Hand）。

什么是市场机制？供给和需求相互作用决定了市场价格；反过来，价格又可以自动调节供给和需求，使市场达到均衡。这种调节功能就叫市场机制（Market Mechanism），又称价格机制。

案例 2-6

"傻子瓜子"与需求规律

20世纪80年代初，安徽芜湖出现了一条新闻：当时市场上瓜子的价格是2.4元/斤，一家个体户却只卖1.76元/斤，每斤比市场价格便宜6角以上，卖瓜子的人都非常气愤，骂他是个十足的傻子，顾客却欢天喜地，纷纷拥向"傻子"的店铺。"傻子瓜子"粒大饱满，一嗑就开，回味无穷，又比别人的瓜子便宜许多，很快便名扬大江南北。"傻子"也因此迅速扩大了自己的经营，成为风云一时的人物。面对"傻子"的挑战，芜湖市的300多家瓜子摊贩和国营商店也不得不把瓜子的价格降下来，并不断提高瓜子的质量，创造自己的特色。很快，"迎春""胡大"等名牌产品纷纷上市，在瓜子市场形成了激烈的竞争局面，使芜湖一度成为全国有名的瓜子城。在这里，需求向下倾斜的规律在"傻子瓜子"的经营中表现得非常明显，"傻子瓜子"价格便宜，需求量上升。

案例评析：

这就是"看不见的手"调节瓜子市场价格的一个小小案例。在市场供求决定价格水平的同时，价格的变动又能够影响整个市场的供求，从这个角度来看，"傻子"并不傻，也就是说，如果能够充分发挥市场的作用，经济将会得到良好发展。

（资料来源：朱晓东. 微观经济学[M]. 南京：东南大学出版社，2014：19. 经整理加工）

2.4.2 均衡价格

假设某种商品的市场需求曲线和供给曲线如图2-7所示，现在分析市场价格与需求量、供给量之间的关系。当某种商品的市场价格为P_1时，市场需求量和市场供给量分别为Q_{d1}和Q_{s1}，市场上出现供给过剩（供大于求，$Q_{d1}-Q_{s1}<0$）。为了消除供给过剩，供给方按照自己提供商品的愿望和能力——供给曲线，降低市场价格，减少供给量；在市场价格下降的情况下，需求方也按照自己购买商品的愿望和能

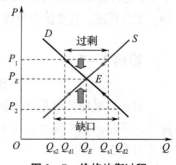

图2-7 价格均衡过程

力——需求曲线，增加需求量。此时，市场价格与需求量、供给量的变化过程具体表现为：一方面，市场需求沿着需求曲线 D 向 E 点方向移动（需求量增加）；另一方面，市场供给沿供给曲线 S 向 E 点方向移动（供给量减少）。当商品价格下降到 P_E 时，需求曲线和供给曲线在 E 点相交。在 E 点的需求量和供给量相等，市场价格处于稳定状态。

反过来，在图 2-7 中，当某种商品的市场价格为 P_2 时，市场需求量和市场供给量分别为 Q_{d2} 和 Q_{s2}，市场上存在需求缺口（供不应求，$Q_{d2} - Q_{s2} > 0$）。为了消除需求缺口，需求方按照自己购买商品的愿望和能力——需求曲线，提高市场价格，减少需求量；在市场价格上升的情况下，供给方按照自己提供商品的愿望和能力——供给曲线，增加供给量。此时，市场价格与需求量、供给量的变化过程具体表现为：一方面，市场需求沿着需求曲线 D 向 E 点方向移动（需求量减少）；另一方面，市场供给沿供给曲线 S 向 E 点方向移动（供给量增加）。当价格上升到 P_E 时，需求曲线和供给曲线在 E 点相交。在 E 点的需求量和供给量相等，市场价格处于稳定状态。

经济学中，把需求曲线和供给曲线相交的 E 点称为均衡点，对应于 E 点的市场价格 P_E 称为均衡价格（Equilibrium Price），在 E 点的市场需求量或供给量 Q_E 称为均衡量。

2.4.3 价格管制

这是一种政府根据形势需要和既定政策，运用行政权力直接规定某些产品的价格并强制执行的做法，称为价格管制（Controlled Price）。它是一种最常用、最重要的价格政策。价格管制不仅不受市场的影响，反而可以影响市场，从而调整供求关系，以达到一定的预期目标。价格管制可分为四大类：限制价格、支持价格、双面管制和绝对管制。

限制价格（Ceiling Price）又称最高价格，是指政府为了限制某些产品的价格上涨而规定这些产品的最高价格。限制价格低于市场均衡价格。在一般情况下，政府也会对诸如房租、利息、水电、煤气等采取限价，以保证基本的生产和生活。

如图 2-8 所示，假设政府为了限制某种商品的价格水平，强制规定价格上限为 P_1，此时，$P_1 < P_0$，对应于最高价格 P_1，需求量为 Q_2，供给量为 Q_1，$Q_1 < Q_2$，市场存在一个供不应求的缺口。由此可见，限制价格造成过度需求（Excess Demand）。为了维持这种限制价格并解决商品短缺的矛盾，政府会采取配给制，实行凭证、凭票供应等措施以限制需求量的增加。

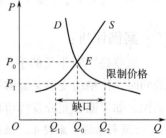

图 2-8 某商品的限制价格

💡 案例 2-7

租金管制：向所有人提供廉价住房？

租金管制的目的是使低收入家庭免受由住房短缺造成的租金飞涨的困扰，使穷人住得起房子。不过，在实践中，很多经济学家认为，这种租金管制只是使大部分人的境况变差了。这是为什么？

假定某一所住处的租金最初处于均衡水平，现在假定通过一项法律，规定最高租金限额为低于均衡价格的水平。从需求方来看，在租金低于均衡时，确实有更多的家庭愿意租房住，出租房的需求量在较低的价格下增加了。同时，短期内供给相对无弹性，原因是房东不能马上将其出租房转作他用，尽管租金下降了，但出租的房产供给只是稍有减少。这种短缺相对比较小，因此，只有相对少数人不能找到住处，其他人将因这种较低的租金而获益。

然而，在长期，很多房东会对这种较低的租金做出反应，他们会把房屋另做他用，也可能会减少维修支出。而且，保险公司、养老基金和其他潜在的住房投资者会发现投资于租金不受控制的办公楼、购物中心等更有利可图，供给曲线将变得更有弹性，出租房产的供给将下降。这样，随着出租房屋减少，短缺更加严重，无家可归的人甚至比在无管制市场下更多。

因此，反对租金管制的人认为，租金管制扭曲了市场信号，从而导致资源配置不当，即配置到出租住房的资源太少，而配置到其他用途上的资源太多。尽管租金管制通常是为了减小住房短缺的影响，然而实际上管制却是造成这些短缺的一个主要原因。

而那些支持租金管制的人反对这些论点，认为出租房屋的需求曲线和供给曲线是非常无弹性的。就拿需求曲线来说，人们已经住在某处，如果租金管制被废除，人们将不得不支付较高的房租，或者变成无家可归者。而且，只要人们没有其他办法才亏本出租他们的住房，那么，需求就会保持无弹性，房租可能会提高到很高的水平。

📝 **案例评析：**

一般经济学认为，房租最高限价并非是解决住房严重短缺的一项适当措施。这是因为限价实际上是扭曲了市场决定的价格，不能很好地发挥市场的资源配置作用。但这里的目的绝不是判断房租管制的反对者的是非曲直，而是要表明我们所讨论的微观经济学概念在了解这些问题时所发挥的重要作用。

（资料来源：徐为列. 微观经济学 [M]. 杭州：浙江工商大学出版社，2015：55 – 56. 经整理加工）

支持价格（Support Price）又称最低价格，是指政府为扶持某一行业的生产而规定一个高于均衡价格的最低价格。通常，各国对工资和农产品都有最低限价的规定。

如图 2 – 9 所示，政府为了支持农业的发展，对粮食实行支持价格，规定的粮食收购价格高于市场均衡价格，即 $P_1 > P_0$，对应于 P_1 的需求量 Q_1 和供给量 Q_2，$Q_1 < Q_2$，出现了部分的剩余粮食，也就是说，支持价格造成过度供给。为了维持支持价格，政府就把过剩的粮食收购储存起来，用于备战、备荒、出口或援外。

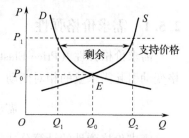

图 2 – 9　对粮食的支持价格

双面管制是政府对某些产品既规定价格上限，又规定价格下限，只准价格在这个范围内上下浮动，目的是防止物价暴涨暴跌，维持正常的经济秩序。

绝对管制是政府对某些产品直接规定一种价格，卖方和买方都必须按照这种价格交易，没有任何伸缩余地。例如政府希望增加棉花的供应，就可以规定一种较高的棉花价格；政府为了保证消费者的一般生活必需品，就可以直接规定自来水、煤气和民用电在一定数量内的较低价格。

> **本节思考**
>
> 如何理解"看不见的手"的作用？你认为市场机制作用下一定能够达到市场均衡吗？

2.5 弹性及应用

在讨论需求的决定因素时，我们注意到，当一种商品的价格低、买者的收入高、替代品的价格高或互补品的价格低时，买者对该商品的需求量通常更多。但我们对需求的讨论仅仅停留在定性方面，而不是定量的。这就是说，我们仅讨论需求量变动的方向，而没有衡量变动的大小。本节我们将利用弹性的方法来衡量需求对其决定因素变动的反映程度。

慕课 2-5

弹性分析是微观经济学中一种基本的分析方法，并且在企业经营管理中被广泛应用。经济学借用物理学术语"弹性"一词，用于说明经济变量之间一个变量对另一个变量变化的反映程度。

在经济学中，弹性（Elasticity）是指测定因变量变化对自变量变化的敏感程度的一种方法，其大小可以用两个变量变动的百分比的比率来测定。

在经济学中，弹性的一般公式为

$$\text{弹性系数} = \frac{\text{因变量变动的百分比}}{\text{自变量变动的百分比}}$$

弹性分为需求弹性（Elasticity of Demand）和供给弹性（Elasticity of Supply）。经济学中常用的弹性包括需求价格弹性、需求收入弹性、需求交叉弹性和供给价格弹性等，下面我们分别进行说明。

2.5.1 需求价格弹性

需求价格弹性（Price Elasticity of Demand）是指在其他条件不变的情况下，一种商品价格变动引起需求量的相对变动。它是需求量变动的百分比与价格变动的百分比的比率。

$$\text{需求价格弹性} = \frac{\text{需求量变动的百分比}}{\text{价格变动的百分比}}$$

需求价格弹性的计算公式为

$$E_d = -\frac{\Delta Q}{\Delta P}\frac{P}{Q} \tag{2-1}$$

式中，E_d 为需求价格弹性；Q 为需求量；ΔQ 为需求变动量；P 为价格；ΔP 为价格变动量。由于价格与需求量呈反方向变动，因此需求价格弹性为负值，式中加了负号以保证需求价格弹性的取值为正。

根据需求价格弹性的大小，可以把需求价格弹性分为五种类型：富有弹性、单位弹性、缺乏弹性、完全无弹性、完全弹性。

1）富有弹性（Elastic），即 $1 < E_d < \infty$。如图 2-10a 所示，需求量变动的百分比大于价格变动的百分比，需求曲线是一条比较平坦的曲线。当价格有很小变动时，这类商品的需求量会有大幅波动，奢侈品多属于这种情况。

2）单位弹性（Unit Elasticity），即 $E_d = 1$。如图 2-10b 所示，需求曲线是一条正双曲线，需求量变动的百分比与价格变动的百分比相等。这类商品接近于生活必需品，如水果，特别是季节性强的水果。

3）缺乏弹性（Inelasticity），即 $0 < E_d < 1$。如图 2-10c 所示，需求量变动的百分比小于价格变动的百分比，需求曲线是一条比较陡峭的曲线。这类商品多属于生活必需品，如食盐、粮食、食用油等。

4）完全无弹性（Zero Elasticity），即 $E_d = 0$。如图 2-10d 所示，需求曲线是一条与横轴垂直的直线。无论价格如何变动，需求量都固定不动，即不管 ΔP 的数值如何，ΔQ 都是零。

5）完全弹性（Infinite Elasticity），即 $E_d = \infty$。如图 2-10e 所示，当价格既定时，需求量可以任意变动，不受数量限制。这时的需求曲线是一条与横轴平行的直线。这类商品一般数量有限，如政府按既定价格收购的黄金、珠宝、贵重药材等。

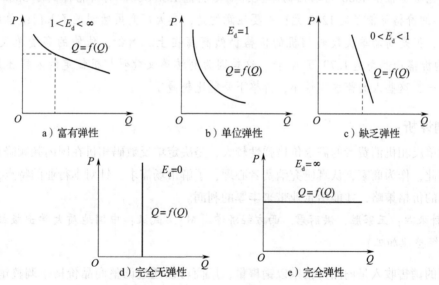

图 2-10 需求价格弹性的五种类型

案例 2-8

单反数码相机大降价的经济学解读

2009 年，单反数码相机在我国卷起了普及之风，因为单反数码相机已经从几年前的动辄几万元，下降到了 5000 元以内。索尼公司于 2009 年推出的入门级单反数码 α350 的售价在 4000 元以内，已经达到了我国普通城市家庭所能承受的范围。

在2008年之前，单反数码相机价格一直都很高，单机（不带镜头）价格一般都在1万~2万元。大幅降价是从2008年真正开始的。在2008年以前，单反数码相机锁定的人群主要是摄影师等专业人士。对于摄影师等专业人士来说，单反数码相机是生产资料，是赚钱的工具，价格再高也能赚得回。这些人对于数码相机的成像质量要求是第一的，对于其价格的关心倒是其次，也就是说，他们对于价格的变动不敏感，即需求缺乏弹性。按经济学中弹性与收益的关系，缺乏弹性的商品降价之后厂商的收益会减少。所以，在2008年之前，单反数码相机的价格降得很慢。即使有降价，也基本是成本降低推动的。

但是到了2008年，欧洲和美国受到金融危机的冲击，人们的收入锐减。而我国经济还在快速增长，爱好摄影的人也越来越多了，普及单反数码相机的呼声越来越高，渴望拥有单反数码相机的摄影爱好者越来越多。摄影爱好者的相机一般是家用，他们对于价格的变动很敏感，也就是说，摄影爱好者对于单反数码相机的需求弹性是较大的。根据经济学中需求价格弹性与收益的关系，弹性大于1时，降价反而能扩大厂商的收益。像我国这样一个大国，摄影爱好者市场是一个巨大的市场，厂商当然不会放过。于是厂商就顺应这个要求，设计了一些入门级单反数码相机，通过大幅降低价格来吸引广大摄影爱好者（这类人的数量可比摄影师等专业人士多多了）。2008年价格最低的单反数码相机是索尼公司生产的α200，价格在4000元以内。到了2009年，索尼把这款机型升级到了α350，价格还是在4000元以内。其他厂商也纷纷推出4000元以内的单反，如佳能把EOS 450D的价格降到了3500元左右，比2008年的价格降低了近1200元！需要注意的是，各大厂商虽然调低了入门级单反数码相机的价格，但是高端单反数码相机的价格仍然高高在上。例如，佳能的高端单反EOS 5D Mark I的价格仍然高达1.79万元/台。这是因为高端单反数码相机锁定的人群还是摄影师等高端人士，这些人的需求弹性小，价格下降就比较慢了。

案例评析：

我国单反相机消费者的需求价格弹性较大，是决定单反数码相机在国内频频降价的主要原因。因此，作为商家，认真研究消费者心理，了解市场需求，针对本行业的特点，制定出适合自己的价格策略，才能给企业带来丰厚的利润。

（资料来源：王家胜，洪丽君. 西方经济学 [M]. 武汉：中国地质大学出版社，2013：59-60. 经整理加工）

厂商的销售收入是商品价格乘以销售量，厂商可以通过调整商品价格来调整销售收入。商品的需求价格弹性表示商品需求量的变化率对价格变化率的反应程度。当一种商品价格 P 变化时，其需求量 Q 以及销售收入 PQ 的变化情况必然取决于该商品的需求价格弹性的大小。商品的需求价格弹性与销售收入的关系归纳如下：

1）对于富有弹性的商品，降低价格会增加厂商的销售收入；相反，提高价格会减少厂商的销售收入。即商品的价格与厂商的销售收入呈反方向变动关系。

2）对于缺乏弹性的商品，降低价格会减少厂商的销售收入；相反，提高价格会增加厂商的销售收入。即商品的价格与厂商的销售收入呈同方向变动关系。

3）对于单位弹性的商品，降低或提高价格对厂商的销售收入都没有影响。

案例 2-9

"永不消逝的电波"

"上帝创造了何等奇迹！"1844 年 5 月 24 日，莫尔斯在美国华盛顿特区的国会大厦说出了这句话。这就是人类历史上的第一封电报。在手机、互联网普及的今天，很多年轻人或许从来没见过电报。

2014 年，上海地区国内电报交换量 500 份，大部分发报者是公司。2015 年 7 月第一周，位于延安东路 1122 号的电信大楼共发出了近 20 封电报，相当于以往两个月的发报量。发电报的有些是怀旧的中老年人，还有些是尝鲜的年轻人，他们或许不知道，在电报行业最为鼎盛的 1988 年，国内电报交换量曾达到 4497.83 万份，是当时最便捷、最经济的通信方式。然而，从 20 世纪 90 年代开始，电报行业盛极而衰。固定电话的普及，手机、传真机和互联网的兴起，使电报交换量迅速下跌。

过去十几年，荷兰、美国、泰国、印度等国家的电报公司纷纷终止服务。计算机代替了莫尔斯电报机，能够熟背《标准电码本》的报务员越来越少。电报作为一门通信技术，已经光荣地完成了其历史使命。而电报作为城市历史的见证者，其所浓缩的生活中的酸甜苦辣，必将永远留在人们心里。

案例评析：

1988 年之后，我国居民收入水平有了大幅增长，国内电信业务以每年 43% 的速度增长，但同时，电报业务却以每年 30% 的幅度急剧递减。由此可见，电信服务需求本身虽然在随着居民收入水平的提高而增长，但其中电报服务一项却成为一种"低档商品"，逐渐被更为快捷方便的长途电话、无线寻呼、移动手机、图文传真、电子邮件等业务取代。

2.5.2 需求收入弹性

需求收入弹性（Income Elasticity of Demand）是指在其他条件不变的情况下，消费者收入变动引起商品需求量的相对变动。其计算公式为

$$E_I = \frac{\Delta Q}{\Delta I} \frac{I}{Q} \qquad (2-2)$$

式中，E_I 为需求收入弹性；Q 为需求量；ΔQ 为需求变动量；I 为收入；ΔI 为收入变动量。

根据 E_I 的大小，能够测定消费者收入变动对商品需求量变动的影响程度，而且也可以将各类商品分为正常品和劣等品两类。

当某种商品的需求量随收入的提高而增加，即需求量与收入呈现相同方向变动时，该物品称为正常品（Normal Goods）。正常品的需求收入弹性 $E_I > 0$。

其中，又可以按照 E_I 是否大于 1，将正常品分为奢侈品和必需品。

1）奢侈品。若 $E_I > 1$，则说明该商品的需求量变动相对收入变动更大，这种商品称为奢侈品，如首饰等。

2）必需品。若 $0 < E_I < 1$，则说明该商品的需求量变动相对收入变动较小，这种商品称为必需品，如大米、食用油、食盐等。

当某种商品的需求量随收入的提高而减少，即需求量与收入呈相反方向变动时，该物品称为劣等品（Inferior Goods），又称低档品。劣等品的需求收入弹性 $E_I < 0$。劣等品是根据需求收入弹性判定的，并不一定意味着商品的性能、质量、类别属于劣质的。

2.5.3 需求交叉弹性

需求交叉弹性 E_{XY}（Cross Elasticity of Demand）是指在其他条件不变的情况下，一种商品价格变动引起相关商品需求量的相对变动。其计算公式为

$$E_{XY} = \frac{\Delta Q_X}{\Delta P_Y} \frac{P_Y}{Q_X} \qquad (2-3)$$

式中，E_{XY} 为需求交叉弹性；Q_X 为 X 商品需求量；ΔQ_X 为 X 商品需求变动量；P_Y 为 Y 商品价格；ΔP_Y 为 Y 商品价格变动量。

当 $\Delta P_Y \to 0$ 时：

$$E_{XY} = \frac{dQ_X}{dP_Y} \frac{P_Y}{Q_X} \qquad (2-4)$$

根据 E_{XY} 的大小，能够测定一种商品价格变动对另一种商品需求量变动的影响程度，并且可以按照 E_{XY} 正负值情况把两种商品分为替代品、互补品和无关品三类，如图 2-11 所示。

1）替代品。若 $E_{XY} > 0$，则相关商品为替代品。替代品之间相互交叉的价格与需求量同方向变动。

2）互补品。若 $E_{XY} < 0$，则相关商品为互补品。互补品之间相互交叉的价格与需求量反方向变动。

3）无关品。若 $E_{XY} = 0$，则相关商品之间没有关系，为无关品，又称独立品。

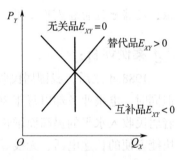

图 2-11　需求交叉弹性与商品分类

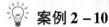

案例 2-10

喷墨打印机和墨盒的定价

在打印机市场上，彩色喷墨打印机和墨盒的定价很反常，彩色喷墨打印机一台售价仅为 300 元，价格很诱人，使很多有计算机的用户购买了一台这样的打印机，买到打印机后再考虑买墨盒，发现一个墨盒的价格是 200 元。墨盒是易耗品，消费者如果使用打印机，购买墨盒就是经常的。事实也就是这样，买下后才发现等到一种色彩的油墨用完，如果不换墨盒就不能保证画面质量，而换四个墨盒的价格比一台彩色喷墨打印机还贵。这时，消费者才意识到买得起打印机、买不起墨盒。

案例评析：

彩色喷墨打印机和墨盒是互补产品，打印机是基本品，应定价低；墨盒是配套品，应定

价高。根据交叉弹性的定价原理,面对基本品——打印机,定价过高,消费者处于主动地位,需求弹性较大,只有定低价才能吸引消费者购买,一旦基本品买下,配套品的选择余地就小了,消费者往往处于缺乏替代品的被动地位,此时定高价能够获取较高利润。如果基本品定价高,会导致需求者寥寥无几,那么配套品定价再低也已失去意义。懂得需求的交叉弹性为企业决策和个人投资有很大的帮助。总之,企业在制定产品价格时,应考虑替代品与互补品之间的相互影响。否则,价格变动可能会对销路和利润产生不良后果。

(资料来源:https://wenku.baidu.com/view/4e3b69c45527a5e9856a56125d380eb63942323.html. 经整理加工)

2.5.4 供给价格弹性

供给价格弹性(Price Elasticity of Supply)是指在其他条件不变的情况下,一种商品价格变动引起供给量的相对变动。它是供给量变动的百分比与价格变动的百分比的比率。

$$供给价格弹性 = \frac{供给量变动的百分比}{价格变动的百分比}$$

供给价格弹性的计算公式为

$$E_s = \frac{\Delta Q}{\Delta P} \frac{P}{Q} \quad (2-5)$$

式中,E_s 为供给价格弹性;Q 为供给量;ΔQ 为供给变动量;P 为价格;ΔP 为价格变动量。

与需求价格弹性相似,供给价格弹性也可以分为五种类型。

1)$E_s = 0$,供给完全无弹性。供给曲线是一条垂直于横轴的直线,它表示无论价格如何变动,供给量都保持不变,如一些无法复制的文物、艺术品、邮票等。

2)$E_s = \infty$,供给有无限弹性。供给曲线是一条与横轴平行的直线,它表示在某一既定的价格水平上,供给量可以无限增加。

3)$E_s = 1$,单位供给弹性。它表示价格变动的百分比等于供给量变动的百分比。

4)$0 < E_s < 1$,供给缺乏弹性。供给曲线是一条向右上方倾斜且较为陡峭的曲线,它表示供给量变动的百分比小于价格变动的百分比。

5)$1 < E_s < \infty$,供给富有弹性。供给曲线是一条向右上方倾斜且较为平坦的曲线,它表示供给量变动的百分比大于价格变动的百分比。

影响供给价格弹性的主要因素如下:

1)生产时期的长短。在短期内,生产设备、劳动等生产要素无法大幅增加,从而供给量无法大量增加,供给弹性也就小。尤其在特短期内,供给只能由存货来调节,供给弹性几乎是0。长期中,生产能力可以提高,因此供给弹性也就大。这是影响供给弹性最重要的因素。

2)生产的难易程度。一般而言,容易生产而且生产周期短的产品对价格变动的反应快,其供给弹性大。反之,生产不易且生产周期长的产品对价格变动的反应慢,其供给弹性也就小。

3)生产要素的供给弹性。产品供给取决于生产要素的供给。因此,生产要素的供给弹性大,产品供给弹性也大;反之,生产要素的供给弹性小,产品供给弹性也小。

4）生产所采用的技术类型。采用资本密集型技术生产的产品，生产规模一旦固定，变动较难，从而其供给弹性较小；采用劳动密集型技术生产的产品，生产规模容易变动，其供给弹性较大。

2.5.5 弹性的应用

1. 税收负担分摊

税收负担在卖者与买者之间的分摊比例取决于很多因素，这里主要研究供给弹性、需求弹性对税收分摊的影响。在政府对企业征税的情况下，供给曲线向上平移的距离表现为税率值。

（1）供给弹性与税收分摊

税收负担在卖者与买者之间的分摊比例部分取决于供给弹性。先分析两种特殊情况：①在完全无弹性时，税收全由卖者支付；②在完全弹性时，税收全由买者支付（见图 2-12）。在正常情况下，供给既不是完全弹性，也不是完全无弹性，税收由买者与卖者分摊。这种分摊比例取决于供给弹性。供给弹性越大，买者分摊的比例越大；供给弹性越小，买者分摊的比例越小。

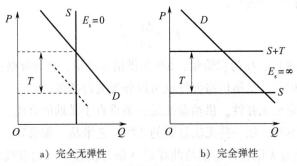

a）完全无弹性　　b）完全弹性

图 2-12　供给弹性与税收分摊

（2）需求弹性与税收分摊

税收负担在卖者与买者之间的分摊比例部分取决于需求弹性。先分析两种特殊情况：①在完全无弹性时，税收全由买者支付；②在完全弹性时，税收全由卖者支付（见图 2-13）。在正常情况下，需求既不是完全弹性，也不是完全无弹性，税收由买者与卖者分摊。这种分摊比例取决于需求弹性。需求弹性越大，卖者分摊的比例越大；需求弹性越小，卖者分摊的比例越小。

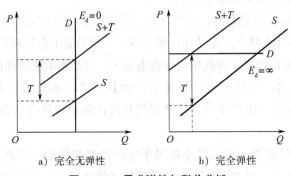

a）完全无弹性　　b）完全弹性

图 2-13　需求弹性与税收分摊

2. 谷贱伤农

粮食丰收反而会带来农民收入的下降。"谷贱伤农"是指风调雨顺时,农民收获的粮食数量增加,但卖粮收入反而减少的现象。其背后的经济学逻辑是什么呢?这主要是由于农民种粮的收入受到粮食供求关系的影响,而粮食需求缺乏需求弹性,当粮食获得丰收时,其供求关系发生较大变化,供给量与需求量(供给价格和需求价格)的相对关系较之前不同,供给量的增幅大于需求量的增幅,粮食出售价格的降幅大于需求量增加(销售量增加)的幅度,因而农民的收入下降。认识到粮食市场的这一特性后,就不难理解下面的现象:当粮食大幅增产后,农民为了卖掉手中的粮食,只能竞相降价。但是由于粮食需求缺少弹性,农民只有在大幅降低粮价后才能将手中的粮食卖出,这就意味着在粮食丰收时往往粮价要大幅下跌。如果出现粮价下跌的百分比超过粮食增产的百分比,则就出现增产不增收甚至减收的状况。

图 2-14 中,农产品的需求曲线 D 是缺乏弹性的。农产品的丰收使供给曲线由 S 向右平移到 S',在缺乏需求弹性的需求曲线作用下,农产品的均衡价格大幅度地由 P_1 下降为 P_2。由于农产品均衡价格的下降幅度大于农产品的均衡数量的增加幅度,最后导致农民总收入量减少,总收入的减少量相当于矩形 $OP_1E_1Q_1$ 和 $OP_2E_2Q_2$ 的面积之差。

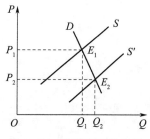

图 2-14 谷贱伤农的分析

本 节 思 考

你身边还能找到关于弹性的例子吗?请用我们学过的理论进行分析。

本章习题

【案例分析】

西方情人节时对鲜花与贺卡的供给与需求

在一年中的任何时候,人们都会购买贺卡和玫瑰花。但当情人节临近时,毫无疑问,贺卡和玫瑰花将变得很紧俏,这两种商品的需求将会大幅攀升。

从需求与供给模型分析可知:我们预期这两种商品的价格将会上升。但是,玫瑰花价格的上升幅度总是会比贺卡价格的上升幅度大,为什么呢?原因在于这两种商品的供给价格弹性有别。情人节当天,贺卡供应量比玫瑰花的供应量更加富有弹性。贺卡是一种可以储存的物品,所以生产者可以轻易地逐步增加产量,并且在情人节前准备大量的存货。贺卡的供应充足有弹性。因此,需求增加推动价格的上涨幅度有限。相反,玫瑰花属于娇嫩的、容易凋谢的商品,只有在情人节那天定制的玫瑰花才适合销售,要临时增加供应量相对来说是比较困难的。这就意味着,玫瑰花的供应量是相对缺乏弹性的,而紧接着发生的事情就不足为奇了,需求的增加将导致其价格大幅攀升。

(资料来源:徐为列. 微观经济学 [M]. 杭州:浙江工商大学出版社,2015:52. 经整理加工)

问题:
1. 什么是需求价格弹性?
2. 你认为案例中的鲜花和贺卡的价格波动幅度为什么会不同?

第3章 消费者选择

本章思维导图

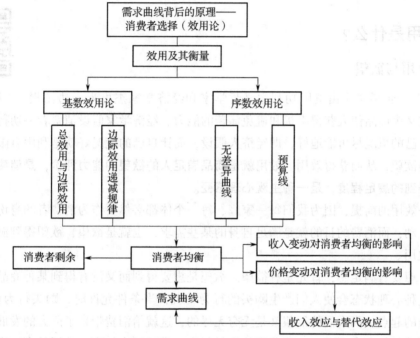

🎯 本章要点

1. 效用的概念。效用是商品满足人的欲望的能力评价，是消费者在商品消费中所得到的满足程度。基数效用论者认为，效用是可以衡量和加总的；序数效用论者则认为，效用无法用数字计量，只能表示出不同效用的高低顺序。

2. 边际效用递减规律。在一定时期内，随着消费者对某种商品或服务的消费量不断增加，在其他商品或服务消费量不变的条件下，消费者从每增加一单位该商品或服务的消费中所获得的效用增加量是逐渐递减的。

3. 预算线。预算线表示在消费者收入与商品价格既定时，他可以购买的不同商品的可能组合。预算线的斜率绝对值等于两种商品的价格之比。

4. 无差异曲线。无差异曲线代表消费者对商品消费组合的偏好。无差异曲线表示能够给消费者带来相同效用水平或满足程度的两种商品的所有组合。消费者对较高无差异曲线上各点对应的消费组合偏好大于较低无差异曲线上的各点。无差异曲线上任何一点的斜率绝对值是商品的边际替代率。

5. 消费者均衡。消费者在既定收入约束条件下实现了最大化效用满足，并保持这种状况不变，此时就称消费者处于均衡状态，简称消费者均衡。

6. 收入效应和替代效应。一种商品价格变动所引起的该商品需求量变动的总效应可以被分解为收入效应和替代效应。收入效应是由价格变动所引起的消费者实际收入水平变动，进而由实际收入水平变动所引起的商品需求量变动。替代效应是由价格变动所引起的商品相对价格的变动，进而由商品的相对价格变动所引起的商品需求量的变动。

7. 消费者剩余。消费者剩余是指消费者在购买一定数量的某种商品时愿意支付的最高总价格与实际支付的总价格之间的差额。

3.1 效用是什么？

3.1.1 效用与欲望

慕课3-1

"效用"一词最早是由英国功利主义哲学家和经济学家杰里米·边沁提出的，被定义为商品使人获得幸福和避免痛苦的能力。经济学家假设消费者一切行为的出发点就是让自己的境况尽可能地好，即经济人假设，而让自己的境况好就是利用有限的收入来满足自己的欲望，从而获得效用。**效用就是商品满足人的欲望的能力评价，是消费者在商品消费中所得到的满足程度，是一种主观心理感受。**

欲望是效用的前提，因为我们每一家庭、每一个体都必然要作为消费者的身份在市场上进行消费活动，而消费的目的就是满足自身的某些需求，也就是欲望，欲望得到满足时我们就会获得效用。

因此，想要有满足感，首先是有欲望。欲望是想要得到而又没有得到某种商品的一种心理状态，这种心理状态会使人们产生购买的行为动机，当条件允许时，购买行为就会发生。欲望是消费的起点，而人们的欲望又是无穷无尽的，这就给消费带来了巨大的发展空间。而效用就是当欲望得到实现后，心理获得的满足程度。满足程度越高，效用越大；满足程度越低，效用越小。

效用和欲望都与我们常说的"幸福感"有很大的关系。有人说，我们消费的目的是获得幸福。但是，幸福和效用其实还是有区别的。经济学家萨缪尔森曾用一个著名的幸福方程式来表达这两者之间的关系：

$$幸福 = \frac{效用}{欲望}$$

也就是说，消费的直接结果是获得满足感，即收获了效用，但如果欲望很大，幸福感就会降低；反之，如果欲望不大，同样的效用会使我们感到非常幸福。

参照幸福方程式，我们可以很容易找到增加幸福感的有效方法：

1）欲望不变而提高效用，即增加消费来满足我们的欲望；

2）效用不变而降低欲望，即在消费不变的情况下降低内心的欲望，"知足者常乐"讲的就是这个道理。

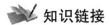 知识链接

需求层次论

马斯洛主张将人的基本需求划分为五个层次，其排序为：生理需求—安全需求—交往需求（社交的需求）—尊重需求（自尊的需求）—自我价值实现需求（成就的需求）。他认为，五种需求像阶梯一样从低到高，按层次逐级递升，但这个次序不是完全固定的，可以变化，也有种种例外情况。人们在多种需求未获满足前，首先要满足迫切的需求；该需求满足后，后面的需求才显示出其激励作用。马斯洛所揭示的五层次需求又可以大致归为两大类，前两层次可以归于人的本能需求，它们是人类一切行为的基础，反映出人的自然属性；后三层次可以归于人的精神需求，它们反映出人的社会属性。马斯洛的五个需求层次之间存在着相互关联、依次递进的关系。在特定时刻和特定环境中，一个人、一个群体对实现某一需求的迫切程度也会明显变化，并且还会在个别方面的需求占主导地位时可以自觉或不自觉地抑制、缓和其他方面的需求；贫困人群专注于第一、二层的需求，而随着条件的改善，人们则会在第一、二层的需求基本满足基础上把注意力更多地投入到第三、四、五层的需求。

有学者认为，需求本质的诠释乃是一道难解的千年课题。需求层次理论已经超越了心理学范畴，它给经济学、社会学、管理学、伦理学和人类学研究开拓了更加宽阔的视野。

（资料来源：陈争平.《十不足》、恩格尔定律拓展与需求层次论 [J]. 经济学家茶座，2012(3)：73-77. 经整理加工）

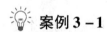 案例 3-1

"果粉"追求的是什么？

近年来，苹果的手机 iPhone、平板计算机 iPad、计算机 Mac、数码播放器 iPod 等数码电子产品席卷全球，引来一些消费者的热捧。如今把那些狂热追求某一产品的消费者称为"粉丝"，苹果产品的爱好者被称为"果粉"。"果粉"追求的是什么呢？

1）在硬件上，苹果产品的设计和操作的确有独到之处。苹果产品无论手机还是平板计算机，外形都十分新颖时尚；只有一个功能键，操作简便；触屏敏锐，随重力作用自由旋转；可手指伸缩，显示可随意扩大或缩小；屏幕分辨率高，图像清晰。

2）在软件上，操作系统独特，软件丰富。苹果的产品都装载其独有的操作系统，界面优美，操作简便；软件安装自动完成，方便简单；第三方应用软件种类丰富，功能实用。

3）在产品定位上，苹果宣传其产品的个性化和时尚化，不仅成为追求个性和时尚的年轻人的标志性产品，也成为成功人士的地位和形象的代表性产品。

总之，苹果产品在竞争上采取的是差异化策略。其产品功能和服务上的客观差异是次要的，主要的还是宣传和定位上的主观差异。让那些"果粉"追求的可能并不是苹果产品在功能上的与众不同，而是感觉上的主观差异，显示其时尚和身份，赶得上时髦，没有"out"（落伍），这可能是"果粉"的真正意图。

📝 **案例评析：**

苹果利用其明确的产品定位，赋予其时尚和身份的标签，迎合了某类消费群体的青睐，在满足他们特定偏好的前提下，购买苹果产品的消费者获得了很大的心理满足感，消费者为获得这一效用而忠实于苹果产品的消费。

（资料来源：宋胜洲．"苹果"现象的经济学分析［J］．经济学家茶座，2012(2)：81 - 85．经整理加工）

3.1.2　效用的特点

西方经济学家认为，效用是消费者对商品和服务的主观评价，是一种主观的心理感觉，其本身不包括有关是非对错等的价值判断。效用主要有如下几个特点：

1）效用是一个主观概念，不具有伦理学的意义，只取决于每个人的不同偏好，对同一种商品的评价不同，效用大小就不同，但效用没有好与坏的区分。效用是消费者的主观感受，取决于消费者对该商品的偏好情况，越偏好哪种商品，其消费该商品时带来的效用就越大，消费者就越愿意购买。当然，要改变人们对某种商品的效用评价，可以通过影响和改变人们的思想认知和价值观念来实现。

2）商品的效用因人、因时、因地而不同。同样一条鱼，喜欢吃鱼的人获得的效用就会大于一个不喜欢吃鱼的人。即使对于同一个人来说，对于同样一种商品在不同的时机消费时也会产生不同的效用，例如在大热天里，口干舌燥时吃西瓜会比在空调屋里吃西瓜感觉更甜、更美味。

3）商品的效用与其本身的使用价值大小无关。我们来关注一下鸡蛋市场上的一个变化。以前市场上的鸡蛋大多以红壳鸡蛋为主，因为我国很多地区的人们都偏爱红壳鸡蛋，红色给人一种吉祥、健康、喜庆的感觉，因此，多数人都会选择红壳鸡蛋购买，而白壳鸡蛋就渐渐退出了市场。但是随着红壳鸡蛋占据市场时间的延长，人们对红壳鸡蛋的满足感也逐渐降低，稀少的白壳鸡蛋会被打上绿色、五谷的标签而逐渐走俏。现在市场上反而白壳鸡蛋的价格高于红壳鸡蛋了。但是，据科学研究，无论鸡蛋的味道还是营养价值，都跟蛋壳的颜色毫无关系。这就说明商品给人们带来的效用并非是由自身的使用价值决定的。

消费者之所以能够判别出不同商品带来的不同效用，是由于消费者在购买商品时，不同的消费者对不同商品的喜欢和爱好程度不同，这是偏好所决定的。在初级微观经济学中，消费者偏好必须满足以下三个基本假设：

1）偏好的完全性。消费者能对任意两种商品的不同组合进行比较或排序。对于两个商品组合 A 和 B，消费者能确定对两个组合的喜欢程度的比较，如对 A 的偏好大于对 B 的偏好，对 B 的偏好大于对 A 的偏好，对 A、B 的偏好相同，三者必居其一。

2）偏好的可传递性。偏好在逻辑上是一致的。对于任何三个商品组合 A、B、C，如果消费者对 A 的偏好大于对 B 的偏好，对 B 的偏好大于对 C 的偏好，那么对 A 的偏好一定大于对 C 的偏好，即若 $A > B$、$B > C$，则必有 $A > C$。

3）偏好的非饱和性。当全部商品都值得拥有时，消费者总是偏好数量较多的商品组合。

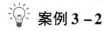

案例 3-2

经济探案的故事

著名经济学家斯蒂格利茨曾经说到过这样一个经济探案的故事:

有一个名叫史蒂文森的罪犯在犯罪后潜逃他国。经过侦察,将可能的嫌疑对象圈定为加拿大的布朗、法国的葛朗台和德国的许瓦茨,并拿到了这三名疑犯的消费记录。大侦探福尔摩斯接手了此案,但在几经分析之后因为没有新的发现只好宣布证据不足,无法定案。这时他的朋友萨谬尔森正好在一旁,他研究了史蒂文森和三名疑犯的消费记录之后发现:

1) 史蒂文森在潜逃之前每周消费10千克香肠和20升啤酒,啤酒每升为1英镑,香肠每千克为1英镑。

2) 布朗每周消费20千克香肠和5升啤酒,啤酒每升为1加元,香肠每千克为2加元。

3) 葛朗台每周消费5千克香肠和10升啤酒,1升啤酒和1千克香肠均为2欧元。

4) 许瓦茨每周消费5千克香肠和30升啤酒,1升啤酒为1欧元,1千克香肠为2欧元。

萨谬尔森在做出四个人的预算之后,分析指出,除非史蒂文森改变其偏好,否则布朗不必受到怀疑(因为布朗所消耗的香肠比例大于其啤酒比例,其他三人则均相反)。在剩下的两名疑犯中,萨谬尔森又指出,史蒂文森既然选择前往某地,其处境一定比以前好。只要其偏好未改变,他就一定是德国的许瓦茨(因为葛朗台的总消费水平与史蒂文森具有相同的效用,而许瓦茨则更大)。后来经过追查,果然罪犯为许瓦茨。

案例评析:

虽然故事是虚构的,但是我们却能在其中发现两个有意义的结论:

1) 一个人的消费偏好一旦确定,往往难以变更。

2) 一个人的生活条件发生改变时(无论这种改变是由远赴异国还是由收入增加引起的),他往往会倾向于选择一种更好的处境,但仍然不会改变其消费偏好。

(资料来源:肖力. 经济探案与消费偏好 [N]. 经济学消息报, 2001-06-22(4). 经整理加工)

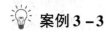

案例 3-3

偏好对汽车销售的影响

20世纪70年代—80年代,在美国汽车产能充足的情况下,却出现了从日本进口汽车增长的现象。原因是什么呢?一项在美国进行的有关汽车需求的研究表明,在过去的20年时间里,大多数消费者偏好款式而不是性能。20世纪70年代—80年代,美国生产的小汽车中,每年只有15%有一个大的款式变化,而在从日本进口的汽车中,这项比例达到了23%。

案例评析:

考虑到偏好对销售业绩的影响,汽车公司的经理必须考虑在什么时候引进新性能的车型,或者投资多少钱用于款式的重新设计。日本汽车厂商注重款式的设计,这迎合了消费者的偏好，从而增加了汽车销售量。由此可见，消费是由偏好带来的效用决定的。

(资料来源：https：//zhuanlan.zhihu.com/p/37086566．经整理加工)

案例 3-4

朱元璋与珍珠翡翠白玉汤

朱元璋幼时家境贫寒，常年食不果腹，衣不蔽体。一年天闹大旱，赤地千里，饿殍横野，朱元璋被送进庙堂当了和尚，以图能够吃口饭，不至于被饿死。因闹灾荒，寺中香火冷落，他只好外出化缘。大灾之年何缘好化？一连三日粒米未进，饿得朱元璋饥肠辘辘。恰遇一富家喜庆，老厨婆见朱元璋瘦骨伶仃，已饿得奄奄一息，怜悯之心油然而生，见主人不在，忙将碗盘中的残羹剩饭和青菜豆腐倒进锅里烧热给朱元璋吃。朱元璋一阵狼吞虎咽之后，舌唇之上还残留着美味余香，回味无穷，问老婆婆自己吃的是什么菜，老厨婆答道："珍珠翡翠白玉汤。"（珍珠即米饭粒，翡翠即青菜叶，白玉即豆腐块。）朱元璋做了皇帝后，还经常思念那位老婆婆做的"珍珠翡翠白玉汤"的美妙之味，于是把那位老婆婆请到京城去，让她再做"珍珠翡翠白玉汤"给他吃。朱元璋吃后，觉得平淡无味，没有以前那么鲜美爽口，问："婆婆做的汤怎么没有从前那么好吃了？"婆婆笑说："饥者食味美，如今你当了国君，食尽天下美味佳品，那汤只是普通百姓家的家常食品，怎抵皇家御膳美味……"朱元璋恍然大悟。

案例评析：

从这个故事中我们可以看出，即使是同一个人，同一种物品在不同情境、不同时刻带来的效用差别也是很大的。由此可见，商品的效用是因时因地而异的。

(资料来源：广玄．朱元璋的珍珠翡翠白玉汤［J］．泉州文学，2019(1)：60-61．经整理加工)

案例 3-5

钻石和木碗

有一个穷人，家徒四壁，只得头顶着一只旧木碗四处流浪。一天，他上了一只渔船去帮工，却在航行中遇到了特大风浪，他被海水冲到一个小岛上。岛上的酋长看见他头顶的木碗感到非常新奇，便用一大口袋最好的钻石换走了木碗，并把他送回了家。一个富人听到了穷人的奇遇，就想：一只木碗都能换回这么多宝贝，如果我送去很多可口的食物，该换回多少宝贝！于是，富人装了满满一船山珍海味和美酒，找到了穷人去过的小岛。酋长接受了富人送来的礼物，品尝之后赞不绝口，便把他认为的最珍贵的东西——木碗送给了富人。

案例评析：

这个故事告诉我们，对于穷人和富人而言，钻石是稀少的，所以珍贵；对于酋长而言，木碗则是稀少而珍贵的。物以稀为贵，效用与商品的实际价值无关。

(资料来源：https：//club.1688.com/threadview/32116513.html．经整理加工)

3.1.3 效用的衡量

效用作为一种心理的主观感受,该如何去衡量它的大小呢?西方经济学家先后提出了两种效用的衡量方法:基数效用论和序数效用论。

1. 基数效用论

基数效用论(Cardinal Utility)认为,效用的大小可以用基数(1,2,3…)来表示,可以计量并加总求和。 基数效用论采用的是边际效用分析法。

基数效用论形成于 19 世纪。基数效用论认为,消费者的心理满足感(即效用的大小)可以具体衡量,并用效用单位"尤特尔"来表示,人们可以用这个效用计数单位来衡量不同商品带来的效用大小。例如小丽吃第一个苹果时获得 10 个效用单位的心理满足感,吃第二个苹果时获得 9 个效用单位的心理满足感,那么小丽吃两个苹果总共获得 19 个效用单位的心理满足感,即 10 个 + 9 个 = 19 个效用单位,并且第一个苹果比第二个苹果给小丽带来的满足感更大,即多出 1 个效用单位。所以,基数效用论认为,效用的大小可以用基数(1,2,3…)来表示,可以计量并加总求和,也能相互比较。

2. 序数效用论

序数效用论(Ordinal Utility)产生于 20 世纪 30 年代。这一理论认为,效用作为一种心理现象完全取决于消费者的主观评价,因此,效用的绝对量大小根本无法测量,无法具体地用统一的计量单位表示出来,更不能加总求和。**序数效用论认为,只能根据消费者个人偏好按满足程度的高低排列出效用大小的顺序,即效用只能用序数(第一、第二、第三……)来表示。** 序数效用论采用的是无差异曲线分析法。

对于日常消费的各种商品所带来的满足感,我们也更容易按照满足程度的高低进行排序。序数效用论还认为,就分析消费者行为来说,以序数来度量效用的假定比以基数度量效用的假定所受到的限制要少,它可以减少一些被认为是值得怀疑的心理假设。因此,用序数效用论的观点去衡量效用的大小被认为更加合理可行。

💡 案例 3-6

朝三暮四的猴子

战国时期,宋国有一个很喜欢饲养猴子的人,名叫狙公。他家养了一大群猴子,他能理解猴子的意思,猴子也懂得他的心思。狙公宁可减少全家的食用,也要满足猴子的需求。然而,不久后,家里越来越穷,狙公打算减少给猴子吃栗子的数量,但又怕猴子不顺从自己,就先欺骗猴子说:"给你们的栗子,早上三个晚上四个,够吃吗?"猴子一听,都站了起来,十分恼怒。过了一会儿,狙公又说:"给你们栗子,早上四个,晚上三个,这该够吃了吧?"猴子一听,一个个都趴在地上,非常高兴。为什么看似愚弄猴子的骗术却使猴子有不同的态度呢?

📝 案例评析:

从经济学的角度看,虽然总量没有发生变化,但是对于猴子来说,"朝三暮四"和"朝

"四暮三"给它们带来的总效用是有差异的,这两种组合在时间节点的消费数量是不同的,它们可以区分出这两种不同的消费组合给自己带来的不同效用水平。对猴子来说,"朝四暮三"的总效用确实要大一些。

(资料来源:姚瑶,张樱. 成语中读出现代经济学 [J]. 新一代,2009(2):10-11. 经整理加工)

本节思考

你是如何评价你在消费时不同的心理感受的?你认为效用的说法和衡量办法有用吗?

3.2 "喜新厌旧"中的经济学原理

3.2.1 总效用与边际效用

基数效用论者提出了总效用和边际效用来研究消费者的消费行为。为了研究消费者消费不同商品数量时的满足程度的变化情况,我们首先明确一下商品的总效用和边际效用这两个概念。

1. 总效用

总效用是指消费者在一定时间内从一定数量的商品消费中所得到的效用量的总和,用 TU 来表示。

TU 的大小取决于所消费的商品量的多少,所以它是消费商品数量的函数。TU 也可以由连续消费的每一单位商品所获得的边际效用加总得到。假定消费者对一种商品的消费数量为 Q,则总效用函数为

$$TU = f(Q) \tag{3-1}$$

2. 边际效用

边际效用是指消费者在一定时间内每增加一单位商品的消费所带来的总效用的增量,用 MU 来表示。相应的边际效用函数为

$$MU = \frac{\Delta TU(Q)}{\Delta Q} \tag{3-2}$$

当商品的增加量趋于无穷小(即 $\Delta Q \to 0$)时,有

$$MU = \lim_{\Delta Q \to 0} \frac{\Delta TU(Q)}{\Delta Q} = \frac{dTU(Q)}{dQ} \tag{3-3}$$

3. 总效用和边际效用的关系

关于总效用和边际效用的变化规律及两者的关系,我们可以通过观察两者的具体数量变化得出。假设某消费者在消费苹果时的效用变化情况见表 3-1。

表 3-1　消费苹果的效用

商品数量	总效用	边际效用
0	0	
1	10	10
2	18	8
3	24	6
4	28	4
5	30	2
6	30	0
7	28	-2

由表 3-1 可知，总效用等于边际效用之和，并且呈现先增大后减小的变化趋势。而边际效用的数值是逐渐减小的。我们还可以根据表 3-1 绘制出总效用和边际效用的曲线，如图 3-1 所示。

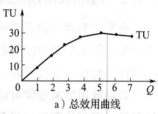

a) 总效用曲线

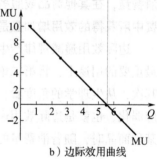

b) 边际效用曲线

图 3-1　某商品的效用曲线

图 3-1 中，横轴表示商品的数量，纵轴表示效用量，TU 曲线和 MU 曲线分别为总效用曲线和边际效用曲线。由于边际效用被定义为每消费一单位商品数量所带来的总效用的变化量，且图中的商品消费量是离散的，因此，MU 曲线上的每一个值都记在相应的两个消费数量的中点上。

图 3-1 中，MU 曲线因边际效用递减规律而呈现出向右下方倾斜，相应的，TU 曲线则随着 MU 的变动而呈现先上升后下降的变动特点。

从数学意义上讲，如果效用曲线是连续的，则每一消费量上的边际效用值就是总效用曲线上相应的点的斜率。

从两者的曲线中可以明显地看出，当边际效用大于 0 时，总效用会增加；当边际效用小于 0 时，总效用会降低；当边际效用等于 0 时，总效用曲线达到最高点，总效用达到最大，处于由上升到下降的拐点；而边际效用始终是递减的。这就是边际效用递减规律。边际效用递减规律反映在图形上就是边际效用的曲线向右下方倾斜，并且可以递减为负值。

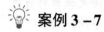　**案例 3-7**

对春晚的评价的变化

从 20 世纪 80 年代开始，我国老百姓在过春节的年夜饭中增添了一套诱人的内容，那就是春节联欢晚会。1983 年第一届春晚的播出，在当时娱乐产业尚不发达的我国引起了极大的轰动。晚会的节目成为全国老百姓在街头巷尾和茶余饭后津津乐道的题材。晚会年复一年地办下来，投入的人力和物力越来越大，可是，人们观看春晚的热情却一年不如一年，对春晚的评价越来越差，原先在街头巷尾和茶余饭后的赞美渐渐变成了批评指责和各种吐槽。不仅守在电视前看春晚的人数减少，甚至出现了越来越多的出国过年现象。

案例评析：

对春晚的评价的变化其实并不是春晚的质量下降，更多的是微观经济学中的一个重要原理——边际效用递减规律的作用结果。随着观看春晚的年数增加，由于消费者对同一事物再次出现的感受是逐渐减弱的，因此每年观看所带来的满足程度越来越小，即效用的增量逐年下降。尽管节目本身的质量在提升，但是由于反应神经越来越迟钝，人们对节目的感觉越来越差。因此，节目的创新成为节目制作者们不得不考虑的问题。

（资料来源：李雯. 从春晚看边际效应递减规律 [J]. 环球市场信息导报，2017（39）：139. 经整理加工）

3.2.2 边际效用递减规律

通常，消费者消费商品获得的效用具有规律性，即随着消费数量的不断增加，总效用逐渐增加，但增加的速度逐渐减小，也就是每增加一个消费数量所增加的效用增量在递减。这一规律被称作边际效用递减规律。它是基数效用论中的一个重要心理假定。

边际效用递减规律可以表述为：在一定时期内，随着消费者不断增加某种商品或服务的消费量，在其他商品或服务消费量不变的条件下，消费者从每增加一单位该商品或服务的消费中所获得的效用增加量是逐渐递减的。

边际效用递减规律产生的原因是什么呢？首先，消费者总是会将第一单位的消费品用在最重要的用途上，将第二单位的消费品用在次要的用途上。因此，满足程度就会逐渐减弱。其次，从生理学的角度看，人们在反复接受某种刺激时，反应神经就会越来越迟钝。刺激反应弱化，也就是边际效用递减。因此，一般来说，在其他条件不变的前提下，一个人在消费某种商品时，随着消费量的增加，他从中得到的效用增量是越来越少的。

案例 3-8

农民大伯的四袋粮食

在大山中有一个农民大伯，他以种粮为生。有一年，他收获了四袋粮食。按照需求的喜好顺序，他做出了以下计划：

第一袋作为口粮，是未来这一年的食物；第二袋用作饲料，喂养禽畜，可以吃肉；第三袋用来酿酒，饮酒解馋；第四袋用来喂鸟，丰富娱乐生活。这个计划中的安排是按照对各种需求的偏好大小或者满足该需求带来的效用大小或者对大伯的重要程度来排序的。

第二年，由于天气不好，大伯只收获了三袋粮食，于是大伯理性地放弃了喂养小鸟。第三年，由于持续干旱，他只收获了两袋粮食，大伯就放弃了酿酒。第四年，他只收获了一袋粮食，大伯就放弃了喂养禽畜，只保证自己的口粮。

案例评析：

在大伯心里，每袋粮食实现的功能的重要程度是有次序的，或者每袋粮食带来的边际效用是不同的，而边际效用是按照递减的顺序排列的。在大伯理性的选择中，总把效用最高的排在前面,把效用最低的排在后面。当粮食减产时,大伯总是先把边际效用最低的那个功能舍弃。这种理性的排序也是边际效用递减规律产生的重要原因。

(资料来源:董彦龙,王东辉.微观经济学简易案例教程[M].武汉:武汉大学出版社,2014:57. 经整理加工)

3.2.3 货币的边际效用

基数效用论认为,货币如同商品一样,也具有效用。消费者用货币购买商品,就是用货币的效用去交换商品的效用。商品的边际效用递减规律对于货币也同样适用。对于一个消费者来说,随着某消费者货币收入的逐步增加,每增加一单位货币给该消费者所带来的效用增加是越来越小的。

但是,在分析消费者行为时,基数效用论又通常假定货币的边际效用是不变的。据基数效用论的解释,在一般情况下,单位商品的价格只占消费者总货币收入量中的很小一部分,所以,当消费者对某种商品的购买量发生很小的变化时,所支出货币的边际效用变化是非常小的。对于这种微小的货币边际效用的变化,可以略去不计。这样,货币的边际效用便是一个不变的常数,我们经常用 λ 来表示。

💡 **案例 3-9**

第四个鸡蛋的故事

有人说,假如用四个鸡蛋才能烤制出一个蛋糕,那么第一个、第二个和第三个鸡蛋的边际效用肯定没有第四个鸡蛋的边际效用大,因为有了第四个鸡蛋才能做成蛋糕;如果没有第四个鸡蛋,蛋糕就不能做好。所以,边际效用递减不是一定发生的。如何解释该问题呢?

📝 **案例评析:**

边际效用递减规律表明,每增加一单位商品的消费,该商品对消费者的边际效用是递减的。在这一案例中,关键的问题在于,由四个鸡蛋做成的蛋糕和由一个、两个或三个鸡蛋做成的蛋糕不是同一商品,其效用也不同,因而不具有相互替代性。在这种情况下,要使边际效用递减规律成立的唯一办法就是将每组四个鸡蛋的蛋糕当作同一商品。因此,这个例子与边际效用递减并不矛盾。

(资料来源:陈威.论边际效用递减规律[J].金融经济,2011(8):84-85. 经整理加工)

3.2.4 边际效用递减规律的现实意义

生活中有很多边际效用递减规律发挥作用的例子:"喜新厌旧"隐喻了边际效用的递减;"审美疲劳"说明了边际效用的递减;人们在谈论收入的调整和收入补助等问题时,常主张要雪中送炭,而不要锦上添花。因为"雪中送炭"的边际效用高,而"锦上添花"的边际效用低。

边际效用递减规律还可以用来指导企业的生产决策与产品营销策略。消费者购买商品是为了效用最大化，而且商品的效用越大，消费者越愿意购买。因此，企业在决定生产什么时，首先要考虑商品能给消费者带来多大效用。企业要使自己生产出的商品卖得好，就要分析消费者的心理，满足消费者的偏好。消费者连续消费一种商品的边际效用是递减的。如果企业只生产一种商品，它带给消费者的边际效用在递减，消费者购买的意愿就降低了。因此，边际效用递减规律告诉我们，企业要不断创新，生产不同的商品，满足消费者需求，以减少和阻碍边际效用递减。这就是为什么手机更新换代这么快的一个经济学道理。

案例 3—10

怎样做才是会学习？

假如你是一位经济管理类专业的在校大学生，你决定在经济学这门课上拿100分。你把这个想法告诉了经济学教授，并猜想一定会得到他的夸赞和欣赏，但结果你的老师告诉你，如果你在经济学课程上拿了100分，那就说明你根本就没有学好经济学，这不是理性的选择。为什么会是这种评价呢？

案例评析：

因为你的学习总分，除了经济学这门课，还包含好多门课。在经济学这门课上，从60分变成80分相对容易，从80分变成90分就很难了，并且增加的分数带来的效用在递减。最后，从99分提高到100分的时候，所要付出的努力会非常大，而这些努力带给你的边际效用却非常低，甚至会让你为了得到100分把时间都花在学习经济学上，却忽略了其他课程的学习，总分反而受到了影响。所以，我们应该利用好自己有限的时间、有限的精力，在自己所需要顾及的领域分配好时间和精力，从而使总效用达到最大。

（资料来源：薛兆丰. 薛兆丰经济学讲义 [M]. 北京：中信出版集团，2018：113－114. 经整理加工）

案例 3—11

第二杯半价

麦当劳、肯德基这些快餐巨头企业，常常会采用"第二杯半价"的营销模式让大家开心地去购买更多的饮料。为什么它们愿意以第二杯半价的形式出售第二杯饮料呢？有一种解释是，对于麦当劳而言，一杯饮料的成本包括店面租金、水电费、人工费、原材料费，随着消费数量的增加，分摊到第二杯的平均成本一定小于第一杯，也就是说边际成本越来越小，所以，第二杯半价也能使麦当劳从中赚取利润。而有些经济学家反对这种解释，理由是消费者的边际效用递减，而不是边际成本递减，喝了一杯后，需求已经满足，对于第二杯的需求就会减弱，带来的满足感是低于第一杯的，所以人们不会花同样的价钱买第二杯。麦当劳也不会因为第二杯的成本低就半价出售。

案例评析：

麦当劳是以利润最大化为目标的，按原价卖给消费者第一杯后，并不满足于只赚第一杯的钱,但由于边际效用递减,消费者也不肯为第二杯支付原价,所以,为了多卖出一杯,获得更多盈利,麦当劳就采取第二杯半价的策略,从而提高了总利润。

(资料来源:王佳琳. 麦当劳第二杯半价策略分析 [J]. 今日财富,2018(16):163. 经整理加工)

本节思考

如果有一辆需要四个轮子才能开动的汽车,当你拥有第四个轮子时,这第四个轮子的边际效用似乎高于第三个轮子的边际效用,此现象是否违反边际效用递减规律呢?

3.3 消费的最优组合,你选对了吗?

假如本月你获得了 3000 元奖金,这部分钱可以由你自由支配,你会如何进行消费呢?在做出购买决策时,你将会受到两种相反力量的激励和制约:一方面,为了获得最大的满足感,尽可能多地购买自己心仪的商品,例如永远觉得不够的衣服、手提包,还有爱吃的牛排、车厘子,还有早想更新换代的手机、计算机等,但是,你要想到自己只有 3000 元。所以,你需要把有限的收入在自己喜爱的商品中合理配置,以便从消费中获取最大"利益",即获得最大的心理满足感,而这种心理满足感就是效用,要实现自身消费的"利益"最大化,就是让自己把 3000 元正好用完并感到心满意足,也就是让自己在消费中获取最大化的效用。本节我们将要探讨这样一个问题,即"我应该怎样花钱才能获得最大的效用?"我们将分别使用两种不同的效用理论来解决消费者效用最大化的均衡实现问题。

慕课 3-3

3.3.1 消费者均衡的概念

消费者效用最大化即消费者均衡。消费者均衡主要研究消费者如何把有限的货币收入分配在各种商品的购买中以获得最大的效用。也可以说,它主要研究单个消费者在既定收入下实现效用最大化的均衡条件。作为消费者,总是希望花费一定量的货币能获得最大效用,总效用最大化原则是支配消费者购买行为的基本法则。这里的均衡是指消费者实现最大效用时既不想再增加、也不想再减少任何商品购买数量的一种相对静止的状态。基数效用论和序数效用论分别用边际效用分析和无差异曲线分析来建立自己的消费者均衡理论。下面我们将分别阐述两种不同分析框架下的消费者均衡实现条件。

💡 **案例 3-12**

"去哪儿"的最优消费组合

"去哪儿"是一家旅游搜索引擎公司,它聚合了线上旅游订票网站、酒店网站、航空公司直销网站的数据,帮助消费者在出行之前搜索最好的旅游产品、最适合的旅游价格。"去哪儿"自 2005 年成立以来,获得了长足发展。在"去哪儿"网站上搜索,会发现很多不同的报价，有些价格比一些主流的在线预订网便宜很多。同时，"去哪儿"还提供一些攻略，帮助消费者灵活地组织和安排行程，节约更多的费用。

案例评析：

大多数人在进行旅游消费时，都面临着整个过程中多种商品或服务的消费组合问题，而且人们也大多要受到收入的预算约束。我们该如何利用有限的收入实现效用的最大化呢？这就涉及消费的最优组合选择。现在兴起的很多替消费者选择最优策略的公司或者网站都是将线上资源进行整合，帮助消费者选出质量最好、价格最优，性价比最高的商品，以达到在预算约束下实现消费者的最优组合。"去哪儿"存在的重要意义就是帮助消费者"用最少的钱，实现最大的效用"。

（资料来源：李德荃. 微观、宏观经济学案例分析 [M]. 北京：经济科学出版社，2010：41－42. 经整理加工）

3.3.2 基数效用论下的消费者均衡

假设小丽在大学期间每个月有 300 元用于娱乐支出，她喜欢看电影或喝咖啡。电影每场 30 元，咖啡一杯 15 元。那么，小丽把每个月的 300 元花掉，她要看几场电影，喝几杯咖啡，心理的满足感才能达到最大？

从表 3－2 我们可以看出，随着小丽看电影和喝咖啡的数量的不断增加，每多看一场电影或多喝一杯咖啡的边际效用是变化的。

表 3－2　小丽看电影和喝咖啡的不同数量的边际效用

消费数量	1	2	3	4	5	6	7	8	9	10
看电影的边际效用	55	50	45	40	35	**30**	25	20	15	7
喝咖啡的边际效用	40	38	35	32	29	25	20	**15**	10	5

小丽如果选择看 1 场电影和喝 1 杯咖啡，总效用是 55 个 + 40 个 = 95 个效用单位，总支出为 45 元，还剩 255 元，那么她可以继续看电影和喝咖啡来增加她的总效用，所以，1 场电影和 1 杯咖啡不是最优选择。因此，小丽要继续看电影和喝咖啡，直到看了 6 场电影和喝了 6 杯咖啡，总效用就是表 3－2 中第 2～7 列的边际效用的加总，一共是 454（55 + 50 + 45 + 40 + 35 + 30 + 40 + 38 + 35 + 32 + 29 + 25 = 454）个效用单位，总支出为 270 元，还剩 30 元，那么她还可以继续看电影或喝咖啡来增加她的总效用。所以，看 6 场电影和喝 6 杯咖啡也不是小丽的最优选择。

由于此时小丽只剩 30 元，对她而言，电影每场 30 元，咖啡一杯 15 元，那么她只能多看 1 场电影，或者多喝 2 杯咖啡了。那么，此时小丽就有两个选择：看 7 场电影、喝 6 杯咖啡，或者看 6 场电影、喝 8 杯咖啡，都能把 300 元花完，然而哪种组合是最优的呢？

小丽选择看 7 场电影和喝 6 杯咖啡，总效用在 454 的基础上又增加了 25 个效用单位，变成 479（454 + 25 = 479）个效用单位。小丽如果选择看 6 场电影和喝 8 杯咖啡，总效用是 489（454 + 20 + 15 = 489）个效用单位。所以，看 6 场电影、喝 8 杯咖啡的总效用最大。小丽的最优选择是看 6 场电影、喝 8 杯咖啡。

在这个最优组合上，第 6 场电影的边际效用是 30，电影的价格是 30 元，第 8 杯咖啡的边际效用是 15，咖啡的价格是 15 元。那么，30/30 = 15/15 = 1，即最后一元钱无论看电影还是喝咖啡，边际效用是相同的，都是 1，对小丽而言，看电影或者喝咖啡是相同的（即 $MU_{电影}/P_{电影} = MU_{咖啡}/P_{咖啡}$），所以她不会再增加或者减少看电影或喝咖啡的数量了，那么看 6 场电影、喝 8 杯咖啡就是小丽的最优选择。

因此，基数效用论下效用最大化的实现条件是：

在消费者偏好既定、收入既定、商品价格既定的前提下，使预算支出刚好花完，且花费的最后一元钱所带来的效用恰好相等。或者，消费者应使所购买的各种商品的边际效用与价格之比相等，且等于货币的边际效用。可以用以下公式来表示：

$$\sum P_i X_i = I \quad i = 1,2,3,\cdots,n \qquad (3-4)$$

$$MU_i/P_i = \lambda \qquad (3-5)$$

式中，I 为消费者的收入；P_i、X_i 和 MU_i 分别为第 i 种商品的价格、消费量和边际效用；λ 为货币的边际效用。式（3-4）是限制条件；式（3-5）是在限制条件下消费者实现效用最大化的均衡条件。

与式（3-4）和式（3-5）相对应，在购买两种商品情况下的消费者效用最大化的均衡条件为

$$P_1 X_1 + P_2 X_2 = I \qquad (3-6)$$

$$\frac{MU_1}{P_1} = \frac{MU_2}{P_2} = \lambda \qquad (3-7)$$

下面对 $MU_1/P_1 = MU_2/P_2$ 这一条件做以下进一步分析：

当 $MU_1/P_1 < MU_2/P_2$ 时，这说明对于消费者来说，同样的一元钱购买商品 1 所得到的边际效用小于购买商品 2 所得到的边际效用。这样，理性的消费者就会调整这两种商品的购买数量：减少对商品 1 的购买量，增加对商品 2 的购买量。在这样的调整过程中，一方面，消费者减少商品 1 的购买由此带来的商品 1 的边际效用的减少量是小于商品 2 的边际效用的增加量的，这意味着消费者的总效用是增加的。另一方面，在边际效用递减规律的作用下，商品 1 的边际效用会随其购买量的不断减少而递增，商品 2 的边际效用会随其购买量的不断增加而递减。当消费者将其购买组合调整到同样一元钱购买这两种商品所得到的边际效用相等时，即达到 $MU_1/P_1 = MU_2/P_2$ 时，他便得到了由减少商品 1 购买和增加商品 2 购买所带来的总效用增加的全部好处，即消费者此时获得了最大的效用。

相反，当 $MU_1/P_1 > MU_2/P_2$ 时，这说明对于消费者来说，同样的一元钱购买商品 1 所得到的边际效用大于购买商品 2 所得到的边际效用。根据同样的道理，理性的消费者会进行与前面相反的调整过程，即增加对商品 1 的购买量，减少对商品 2 的购买量，直至 $MU_1/P_1 = MU_2/P_2$，从而获得最大的效用。

由 $MU_i/P_i = \lambda (i = 1, 2)$ 这一条件式同样可以做出以下分析：

当 $MU_i/P_i < \lambda (i = 1, 2)$ 时，这说明消费者用一元钱购买第 i 种商品所得到的边际效用

小于所付出的这一元钱的边际效用。也可以理解为,消费者这时购买的第i种商品的数量太多了,事实上,消费者总可以把这一元钱用在至少能产生相等的边际效用的其他商品的购买上去。这样,理性的消费者就会减少对第i种商品的购买,直至$MU_i/P_i = \lambda (i=1, 2)$为止。

相反,当$MU_i/P_i > \lambda (i=1, 2)$时,这说明消费者用一元钱购买第$i$种商品所得到的边际效用大于所付出的这一元钱的边际效用。也可以理解为,消费者这时购买的第i种商品的消费量是不足的,消费者应该继续购买第i种商品,以获得更多的效用。这样,理性的消费者就会增加对第i种商品的购买。在边际效用递减规律的作用下,直至$MU_i/P_i = \lambda (i=1, 2)$为止。

案例 3-13

钻石与水的价值悖论

亚当·斯密在《国富论》中提出了著名的价值悖论:"没有什么东西比水更有用,但它几乎不能购买任何东西……相反,一块钻石有很小的使用价值,但是通过交换可以得到大量的其他商品。"

钻石和水的价格的不同在于它们的稀缺性不同。亚当·斯密说:"仅仅想一下,水是如此充足便宜以至于提一下就能得到;再想一想钻石的稀有……它是那么珍贵。"因此,当供给条件变化时,产品的价值也会发生变化。亚当·斯密注意到一个迷失在阿拉伯沙漠里的富裕商人会以很高的价格来评价水。如果工业能成倍地生产出大量的钻石,钻石的价格将大幅下跌。19世纪70年代,三位经济学家门格尔、杰文斯和瓦尔拉斯分别说明价格(交换价值)由它们的边际效用来决定,而不是由它们的全部效用(使用价值)来决定。

案例评析:

因为水是丰富的,增加一单位水所得到的边际效用很小,所以水的价格很便宜;而钻石是极端稀缺的,获得一单位钻石的边际效用很高,所以钻石是昂贵的。

(资料来源:王瑶. 重新解读亚当·斯密的"钻石与水之谜"[J]. 中国社会科学院研究生院学报, 2009(2): 68-74. 经整理加工)

3.3.3 序数效用论下的消费者均衡

接下来,让我们看一下序数效用论是如何实现消费者效用最大化的。

1. 预算线

对前面例子中的小丽来说,她用于看电影和喝咖啡的支出是300元,这样就可以得出她可以购买的两种商品的所有可能性组合。这些组合点的集合可以用预算线来表示(见图3-2)。

预算线是收入与商品价格既定时,消费者所能购买

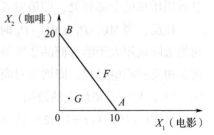

图 3-2 小丽的预算线

到的两种商品最大数量的组合线。可以用公式 $P_1X_1 + P_2X_2 = I$ 来表示。300 元全部用来看电影可以看 10 场，全部用来喝咖啡可以喝 20 杯，分别对应了预算线的横截距和纵截距，而预算线的斜率绝对值等于 2，正好是电影与咖啡的价格比，即预算线的斜率等于两种商品的价格比的负值。如果选择预算线内的 G 点，例如 2 场电影和 2 杯咖啡，花费 90 元，300 元没有花完；如果选择预算线外的 F 点，例如 7 场电影和 7 杯咖啡，需要花费 315 元，小丽无法实现。

因此，在横轴 X_1 上的截距表示全部收入用来购买商品 1 的数量；纵轴 X_2 上的截距表示全部收入用来购买商品 2 的数量。预算线的斜率是两种商品的价格之比的负值，即 $-P_1/P_2$。预算线以外的区域中的任何一点，是消费者利用全部收入都不可能实现的商品购买的组合点。预算线以内的区域中的任何一点，表示消费者的全部收入在购买该点的商品组合以后还有剩余。唯有预算线上的点，才是消费者的全部收入刚好花完所能购买到的最大数量的商品组合点。

从以上分析可知，只要给定消费者的收入 I 和两商品的价格 P_1 和 P_2，则相应的预算线的位置和形状也就确定了。也可以推断，只要消费者的收入 I、商品价格 P_1 和 P_2 这三个量中有一个量发生变化，就会使原有的预算线发生移动。

预算线的移动可以归纳为以下三种情况：

第一种情况：两商品的价格 P_1 和 P_2 不变，消费者的收入 I 发生变化，预算线平行移动。由于价格 P_1 和 P_2 不变，意味着预算线的斜率 $-P_1/P_2$ 保持不变。于是，I 的变化只能使预算线的横、纵轴截距 I/P_1 和 I/P_2 发生变化。当收入增加时，预算线向右平行移动；当收入减少时，预算线向左平行移动。

第二种情况：消费者的收入 I 不变，两种商品的价格 P_1 和 P_2 同比例、同方向发生变化，相应的预算线的位置也会发生平移。由于 P_1 和 P_2 同比例、同方向的变化，并不影响预算线的斜率 $-P_1/P_2$，而只能使预算线的横、纵截距 I/P_1 和 I/P_2 发生变化。当 P_1 和 P_2 同比例上升时，预算线向左平移；当 P_1 和 P_2 同比例下降时，预算线向右平移。

第三种情况：消费者的收入 I 不变，一种商品的价格发生变化，而另一种商品的价格保持不变。此时，预算线的斜率 $-P_1/P_2$ 会发生变化，预算线的某一截距也会发生变化，另一截距不变，即预算线围绕某一点旋转移动。

2. 无差异曲线

我们还发现，小丽看电影和喝咖啡可以有不同的组合，其中一些组合给小丽带来的效用是相同的，那么这些偏好相同的组合可以用曲线表达出来，即无差异曲线。

无差异曲线，又称等效用线。它是用来表示两种商品的不同数量的组合给消费者所带来的效用完全相同的一条曲线。与无差异曲线相对应的效用函数为

$$U = f(X_1, X_2) = U_0 \tag{3-8}$$

式中，X_1、X_2 分别为商品 1 和商品 2 的数量；U_0 为常数，表示某个效用水平。其含义是消费不同的 X_1、X_2 的组合给消费者带来相同的效用，即消费者获得的总效用是无差异的。这些使消费者效用无差异的点的轨迹就是无差异曲线。由于无差异曲线表示的是序数效用，因

此这里的 U_0 只表示某个效用水平，而不表示一个具体数值的大小。

如图 3-3 所示，在不考虑预算的前提下，在小丽的消费组合中，对于 6 场电影和 6 杯咖啡的效用水平等于 7 场电影和 5 杯咖啡组合下的效用水平。也就是说，她对于 6 场电影和 6 杯咖啡的偏好等于 7 场电影和 5 杯咖啡的偏好，由此可以得到一条无差异曲线 U_1。小丽对于 6 场电影和 8 杯咖啡的偏好等于 9 场电影和 5 杯咖啡的偏好，这一相同水平的偏好组合同样可以得出第二条无差异曲线 U_2，而小丽对于 7 场电影和 7 杯咖啡的偏好等于 8 场电影和 6 杯咖啡的偏好，这一相同水平的偏好组合同样

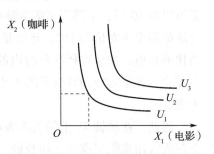

图 3-3 小丽消费咖啡和电影的无差异曲线

可以得出另一条无差异曲线，即第三条较高的无差异曲线 U_3。由于对于任何商品，多了总比少了好，且偏好具有非饱和性，因此消费数量多的无差异曲线一定离原点更远，代表更高的效用水平，并且任何两条无差异曲线是不能相交的，这是由偏好的可传递性决定的。

因此，我们可以总结出无差异曲线具有以下特点：

1) 离原点越远的无差异曲线代表的效用水平越高。由于通常假定效用函数是连续函数，即在同一坐标平面上的任何两条无差异曲线之间存在着无数条无差异曲线。可以这样想象：我们可以画出无数条无差异曲线，以致覆盖整个平面坐标图。根据消费者偏好的非饱和性假设，所有这些无差异曲线之间的相互关系是：离原点越远的无差异曲线代表的效用水平越高，离原点越近的无差异曲线代表的效用水平越低。

2) 在同一坐标平面上的任何两条无差异曲线不会相交。如图 3-4 所示，不同的无差异曲线代表的是不同的效用水平，而且根据无差异曲线的定义，由无差异曲线 U_1 可得 a、b 两点的效用水平是相等的，由无差异曲线 U_2 可得 a、c 两点的效用水平是相等的。于是，根据偏好可传递性的假定，必定有 b、c 这两点的效用水平是相等的。但是，观察和比较图中 b、c 这两点的商品组合，可以发现 c 组合中的每一种商品的数量都多于 b 组合，于是，根据偏好的非饱和性假定，必定有 c 点的效用水平大于 b 点的效用水平。这样一来就违背了偏好的假定。由此证明：对于任何一个消费者来说，两条无差异曲线不能相交。

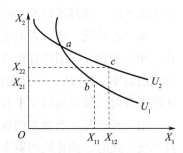

图 3-4 违反偏好假定的无差异曲线

3) 一条无差异曲线上任一点的"边际替代率"（斜率）为负，因此无差异曲线是从左上方向右下方倾斜的。因为两种商品都可带给消费者效用，任何一种商品的增加都会使消费者的效用增加。既然无差异曲线上的商品组合必须使消费者的效用维持不变，因此当消费者对一种商品的消费增加时，对另一种商品的消费必然减少，唯有负斜率的无差异曲线才符合这种反向关系。

4) 在无差异曲线上，"边际替代率"的绝对值有递减倾向，因此无差异曲线是凸向原点的。这就是说，无差异曲线不仅向右下方倾斜，而且以凸向原点的形状向右下方倾斜。这一特征在图 3-3 中表现得很明显。为什么无差异曲线具有凸向原点的特征呢？这取决于商

品的边际替代率递减规律。

3. 商品的边际替代率

商品的边际替代率（Marginal Rate of Substitution，MRS）概念也是无差异曲线分析中的重要内容。

（1）商品的边际替代率的含义

在维持效用水平不变的前提下，消费者增加一单位某种商品的消费数量时所需要放弃的另一种商品的消费数量，被称为商品的边际替代率。商品1对商品2的边际替代率的定义公式为

$$\text{MRS}_{12} = -\frac{\Delta X_2}{\Delta X_1} \tag{3-9}$$

式中，ΔX_1 和 ΔX_2 分别为商品1和商品2的变化量。由于 ΔX_1 是增加量，ΔX_2 是减少量，当一个消费者沿着一条既定的无差异曲线上下移动时，两种商品的数量组合会不断地发生变化，而效用水平却保持不变。这说明，在维持效用水平不变的前提条件下，消费者在增加一种商品的消费数量的同时，必然会放弃一部分另一种商品的消费数量，即两种商品的消费数量之间存在着替代关系。

为表示两种商品消费量变化方向相反，边际替代率公式中加了一个负号。这样使 MRS_{12} 的计算结果取正值。

当商品数量的变化趋于无穷小时，商品的边际替代率公式为

$$\text{MRS}_{12} = \lim_{\Delta X_1 \to 0} -\frac{\Delta X_2}{\Delta X_1} = -\frac{dX_2}{dX_1} \tag{3-10}$$

显然，无差异曲线上某一点的边际替代率就是无差异曲线在该点的斜率的绝对值。

（2）商品的边际替代率递减规律

商品的边际替代率递减规律的内容是：在维持效用水平不变的前提下，随着一种商品的消费数量的连续增加，消费者为得到每一单位的这种商品所需要放弃的另一种商品的消费数量是递减的。之所以会普遍发生商品的边际替代率递减的现象，是因为消费者对某一商品拥有量较少时，对其偏爱程度高，而拥有量较多时，偏爱程度较低。所以随着一种商品的消费数量的逐步增加，消费者想要获得更多的这种商品的愿望就会减少，从而，他为了多获得一单位的这种商品而愿意放弃的另一种商品的数量就会越来越少。

商品的边际替代率递减，意味着无差异曲线的斜率的绝对值越来越小，因此无差异曲线必定凸向原点。

（3）边际替代率与边际效用的关系

任意两种商品的边际替代率等于这两种商品的边际效用之比，即

$$\text{MRS}_{12} = \frac{MU_1}{MU_2} \tag{3-11}$$

因为在同一条无差异曲线上，为保持效用不变，要求增加的商品所带来的效用增量应等于减少的商品所减少的效用。因此，对于效用函数 $U = U(X_1, X_2)$，指定任一条无差异曲线 $U(X_1, X_2) = c$，c 为常数，表示既定的效用水平，当消费者所消费的 X_1 与 X_2 商品发生变动

(X_1 的变动量为 dX_1，X_2 的变动量为 dX_2）后，要维持效用水平不变，即效用增量 $dU = 0$，这种变化的关系用数学公式可表示为

$$dU = \frac{\partial U}{\partial X_1}dX_1 + \frac{\partial U}{\partial X_2}dX_2 = 0 \qquad (3-12)$$

整理式 (3-12) 得到

$$-\frac{dX_2}{dX_1} = \frac{\partial U / \partial X_1}{\partial U / \partial X_2} \quad 即 \ MRS_{12} = \frac{MU_1}{MU_2}$$

从式 (3-11) 看，边际效用递减规律暗含了边际替代率递减规律。因为在维持效用水平不变的条件下，随着 X_1 的增加，MU_1 是递减的；随着 X_2 的减少，MU_2 是递增的。所以 $MRS_{12} = MU_1/MU_2$ 是递减的，即商品的边际替代率是递减的。

4. 序数效用论下消费者均衡的实现

下面我们就来探讨一下，小丽花完 300 元，她要看几场电影，喝几杯咖啡，心理的满足感才能达到最大，即总效用才能最大。把前面学习过的无差异曲线和预算线结合在一起，来分析消费者追求效用最大化的购买选择行为。

需要明确的是，消费者的最优购买行为（即消费者均衡的实现）必须满足两个条件：①最优的商品购买组合必须是能够给消费者带来最大效用的商品组合；②最优的商品购买必须位于给定的预算线上。

我们把小丽的预算线和无差异曲线结合在一起（见图 3-5），发现预算线和 U_1 有两个交点——G 点和 F 点，说明 300 元花完了，效用水平是 U_1；预算线和 U_0 相切，说明 300 元花完了，效用水平是 U_0；预算线和 U_2 相离，说明 300 元达不到 U_2 的效用水平。而比较 U_1 和 U_0，我们发现，小丽同样花 300 元，U_0 大于 U_1，所以小丽的最优选择是 U_0 和预算线的切点 E 点所对应的商品组合。因此，序数效用论下效用最大化的实现条件是：预算线与无差异曲线相切的点，就是消费者获得最大效用水平或满足程度的均衡点。

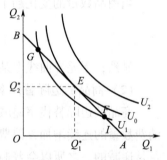

图 3-5 序数效用论下消费者均衡的实现

消费者获得最大效用（效用达到极大值）的均衡条件是：商品的边际替代率等于商品价格的比率，即

$$\frac{P_1}{P_2} = -\frac{\Delta X_2}{\Delta X_1} = MRS_{12} \qquad (3-13)$$

最后，我们把消费者效用最大化的均衡条件总结如下：

在一定的预算约束下，为了实现最大的效用，消费者应该选择最优的商品组合，使两种商品的边际替代率等于两种商品的价格比。公式表示为

$$\begin{cases} MRS_{12} = \dfrac{P_1}{P_2} \\ P_1 Q_1 + P_2 Q_2 = I \end{cases}$$

最后，我们还发现，由于边际替代率等于两种商品的边际效用之比，即 $MRS_{12} = MU_1/MU_2$，因此，消费者均衡的条件又可以表示为 $MRS_{12} = P_1/P_2 = MU_1/MU_2$。

由此可见，序数效用论所得出的消费者均衡条件与基数效用论的均衡条件是一致的。

案例 3-14

现金和实物哪个好？

对消费者实行补助有两种方法：一种是发给消费者一定数量的实物补助；另一种是发给消费者一笔现金补助，这笔现金额等于按实物补助折算的货币量。到底哪一种补助方法能给消费者带来更大的效用呢？

案例评析：

一般来说，发给消费者现金补助会使消费者获得更大的效用。其原因在于，在现金补助的情况下，消费者可以按照自己的偏好来购买商品，以获得尽可能大的效用（见图 3-6）。

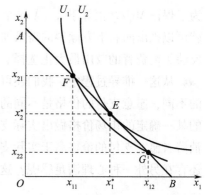

图 3-6 实物与现金的效用曲线

在图 3-6 中，直线 AB 是在按实物补助折算的货币量构成的现金补助情况下的预算线。在现金补助的预算线 AB 上，消费者根据自己的偏好选择商品 1 和商品 2 的购买量，从而实现了最大的效用水平 U_2，即表现为预算线 AB 和无差异曲线 U_2 相切的均衡点 E。

而在实物补助的情况下，则通常不会达到最大的效用水平 U_2。例如，当实物补助的商品组合为 F 点（即两种商品数量分别为 x_{11}、x_{21}）或者 G 点（即两种商品数量分别为 x_{12} 和 x_{22}）时，则消费者能获得无差异曲线 U_1 所表示的效用水平，显然，$U_1 < U_2$。

（资料来源：王新珠，牛永革，李蔚. 促销方式对质量感知的影响 [J]. 软科学，2016，30(4)：111-119. 经整理加工）

本节思考

基数效用论和序数效用论所得出的消费者均衡条件实质上是一致的，但是，二者寻找消费者效用最大化的方法却是不同的，你可以说一说两者的不同点吗？

3.4 你在购买中感到快乐了吗？

3.4.1 从基数效用论推导消费者的需求曲线

基数效用论以边际效用递减规律以及效用最大化均衡条件为基础推导需求曲线。

慕课 3-4

因为商品的需求价格是指消费者在一定时期内对一定量的某种商品所愿意支付的价格，它取决于商品的边际效用。边际效用越高，愿意支付的价格就越高。而由于商品的边际效用具有递减规律，因此，随着商品消费量的增加，在货币的边际效用不变的条件下，商品的价格是下降的，即消费量与价格反方向变动。如图3－7所示，随着消费量的增加，边际效用递减，但消费者在每一消费水平下都满足效用最大化，即 MU/P 保持不变，且始终等于货币的边际效用。因此，价格将随边际效用的递减而下降，即消费者愿意支付的价格就会随着购买量增加引起的边际效用递减而相应地递减。

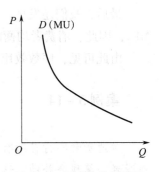

图3－7　需求曲线的推导

可从 MU/P = λ 进一步说明，对于任一商品来说，随着需求量不断增加，MU 是递减的，为了保证 MU/P 恒等于 λ（λ 是个不变的值），商品的价格随 MU 的递减而递减，由此我们就可以推出向右下方倾斜的需求曲线。因此，需求曲线上的任意一点都满足 MU/P = λ，都反映了消费者的效用最大化选择。

从这一推导过程中，我们还可以发现，消费者对于每一消费量的商品由于边际效用大小的不同，愿意支付的价格是不同的。但是，在现实的市场交易中，消费者往往是根据该商品的某一确定的市场价格做出实际支付，这就存在一个愿意支付与实际支付之间的差额。如果消费者愿意支付的价格高于实际支付的价格，那么，消费者除了获得消费商品的效用，是否还存在另外一种心理满足感呢？这就是一个重要的经济学概念——消费者剩余。

3.4.2　消费者剩余

前面章节中我们已经学习了消费者效用最大化的实现，那么在消费者的购买行为中，除了效用实现了最大化，还有什么其他的快乐之源吗？

消费者之所以购买某种商品，是因为这种商品能够满足他的某种欲望。由于不同的消费者对某些商品的效用评价不同，他们愿意为这些商品所支付的最高金额也会不同。而愿意支付的金额与实际支付的金额之间往往也会不同，愿意支付的价格与实际支付的价格之间的差额称为消费者剩余。当拥有正的消费者剩余时，消费者就会有一种买得很超值、很划算的满足感。

消费者剩余被定义为：消费者在购买一定数量的某种商品时愿意支付的最高总价格和实际支付的总价格之间的差额，即

消费者剩余 = 消费者愿意付出的价格 － 消费者实际付出的价格

消费者剩余是消费者的主观心理评价，反映消费者通过购买商品所感受到的福利。消费者剩余是主观的，并不是消费者实际货币收入的增加，仅仅是一种心理上满足的感觉。

消费者剩余是由边际效用递减规律决定的。我们知道，随着消费者购买某种商品数量的增加，他所获得的边际效用是递减的，因而他所愿意支付的需求价格也是递减的。在达到消费者均衡的条件之前，只要消费者从消费商品中获得的边际效用大于货币的边际效用，消费者的消费行为就会不断地进行下去，直到他所获得商品的边际效用等于货币的边际效用。而

在这之前，消费者愿意支付的价格大于商品的实际价格，这之间的差额就形成了消费者剩余。例如，某消费者想购买3块蛋糕，由于边际效用递减，其愿意为第1、2、3块蛋糕支付的最高价格依次为10元、8元、5元，而消费者面对的市场价格为5元一块，因此，他就获得了5元+3元=8元的总消费者剩余。

在日常生活中，消费者剩余可以用来衡量消费者购买并消费某种物品或服务所得到的福利大小。消费者购买和消费物品或服务是为了得到经济福利，一种物品或服务给消费者带来的消费者剩余越大，即市场价格越低于消费者愿意支付的最高价格，消费者就越愿意购买；反之，如果市场价格高于消费者愿意支付的最高价格，那么消费者就会认为购买该物品或服务不值得，或者消费者剩余为负数，那么消费者就不会购买。

例如，你在商场里看中了一件上衣，价格是100元，在购买前你向卖衣服的人"砍价"，问80元卖不卖，卖衣服的人理解消费者的这种心理，往往会同意让些利，促使消费者尽快决断，否则消费者就会有到其他柜台看看的念头。讨价还价之后，可能会在90元成交。在这个过程中，消费者追求的是效用最大化吗？显然不是，这90元实际是消费者对这件衣服的主观评价而已，就是为所购买的物品支付的最高价格。如果市场价格高于你愿意支付的价格，你就会放弃购买，觉得不值，这时你的消费者剩余是负数，你就不会购买了；相反，如果市场价格低于你愿意支付的价格，你就会购买，觉得划算，这时就有了消费者剩余。买了消费者剩余为负的商品也感觉不到金钱的实际损失，无非是心理上"挨宰"的感觉而已。例如，春节期间一场电影的票价为60元，但你预期的价格是50元，你又很想去看，那么消费者剩余就是负的，此时你感觉到不值。但如果你早预期到春节行情，预估心理价位是70元，那么就有了10元的消费者剩余，这反倒会提升自己的心理满足感。

案例3-15

邮票的拍卖

在一个拍卖会上，有一套纪念邮票正在进行拍卖，你和另外三个集邮爱好者张三、李四、王五出现在拍卖会上。你们每一个人都想拥有这套邮票，但每个人为此愿意支付的价格都有限，这反映了你们四个人的不同支付意愿。你愿意为这套邮票支付1000元，张三愿意支付750元，李四愿意支付700元，王五愿意支付500元。卖者为了卖出这套邮票，从100元开始叫价。由于四个买者愿意支付的价格要高得多，于是价格很快上升。当卖者报出800元时，你得到了这套邮票。你用800元就买到了心仪的东西，是不是感觉到很快乐呢？

案例评析：

在这个案例中，涉及一个经济学词汇——消费者剩余。你本来愿意为这套邮票支付1000元，但实际只支付了800元。你得到了200元的消费者剩余，即1000元-800元=200元。而其余三个人在参与拍卖中没有得到消费者剩余，因为他们没有得到邮票，也没有花一分钱。

案例 3-16

买贵了为什么反而高兴？

南北朝时期，有一个叫吕僧珍的人，世代居住在广陵地区。他为人正直，很有智慧和胆略，品德高尚，因此受到人们的尊敬和爱戴，远近闻名，人们都愿意和他接近和交谈。有一个名叫宋季雅的官员，被罢官后，由于仰慕吕僧珍的名声，特地买下了吕僧珍宅屋旁的一幢普通的房子，与其为邻。吕僧珍问宋季雅："你花多少钱买了这幢房子？"宋季雅答："1100金。"吕僧珍听了大吃一惊："怎么这么贵？"宋季雅笑着说："我用100金买房子，用1000金买个好邻居。"这就是"千金买邻"的典故。

案例评析：

从这个故事中我们可以看出，1100金买一幢房子在一般人看来太贵了，但是宋季雅却认为很值得，也就是说，这个金额完全符合他对这个房子的消费预期，因为房子的邻居好，房子的价格就值1100金。他为此房子支付1100金，并且还很开心，就说明他愿意为此房子支付的价格一定不低于1100金，他从这一购买中获得了满足感，这种满足感也就是消费者剩余。

（资料来源：张立辉. 每天读点趣味经济学［M］. 北京：中华工商联合出版社，2012：156. 经整理加工）

3.4.3 消费者剩余的计算

消费者剩余可以用图3-8来表示。$P^d = f(Q)$ 为反需求函数，表示消费者为购买每一单位商品所愿意支付的最高价格。购买数量越多，由于边际效用递减，消费者愿意支付的价格就越低，因此，需求曲线从 A 点逐渐向右下方倾斜。从 O 到 Q_0 区间需求曲线以下的面积就是消费者为购买 Q_0 数量的商品所愿意支付的最高总金额。但实际支付是按照 P_0 的价格，实际支付的总金额是市场价格 P_0 乘以数量 Q_0 的矩形面积部分，所以消费者剩余就是这两部分面积的差，即需求曲线以下、市场价格线以上的阴影部分面积。

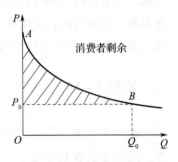

图3-8 消费者剩余

消费者剩余也可以用数学公式来表示。令反需求函数 $P^d = f(Q)$，价格为 P_0 时的消费者的需求量为 Q_0，则消费者剩余为

$$CS = \int_0^{Q_0} f(Q) \, dQ - P_0 Q_0 \qquad (3-14)$$

式中，CS 为消费者剩余；$\int_0^{Q_0} f(Q) \, dQ$ 为消费者愿意支付的总金额；$P_0 Q_0$ 为消费者实际支付的总金额。

综上所述，我们利用单个消费者的需求曲线得到了单个消费者剩余，这一分析可以扩展到整个市场。相类似的，我们可以由市场的需求曲线得到整个市场的消费者剩余，市场的消费者剩余可以用市场需求曲线以下、市场价格线以上的面积来表示。

最后需要指出的是，消费者剩余是消费者的主观心理评价，它反映消费者通过购买和消费商品所感受到的状态的改善。因此，消费者剩余通常被用来度量和分析社会福利问题。

3.4.4 消费者剩余的实际应用

消费者剩余的概念经常被商家利用。因此，在现实生活中，消费者并不总是能够得到消费者剩余。在竞争不充分的情形下，商家可以对某些消费品提价，使额外利益归商家所有。此外，有些商家所卖商品并不明码标价，消费者去购买商品时要进行讨价还价。消费者要想在讨价还价中获得消费者剩余，平时就必须注意观察各种商品的价格和供求情况，要货比三家，以合适的价格成交，才能获得消费者剩余。如果我们的实际支付小于获得的满足感，那么我们就能在交易中获取额外的利益，社会福利也会不断增长。

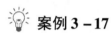

案例 3-17

中奖后的选择

一次，小明买了一瓶饮料，拧开瓶盖，发现自己中奖了，奖品是一张电影票，但是这张票只能本人去观看，不能出售，不能转让。对于这场电影，小明能够接受的最高价格是60元。而小明喜欢的歌手演唱会也在同一时间，票价为100元，这个消息让他很高兴，因为他能接受的心理价位是180元，100元对他来说很划算。小明最终选择了去听演唱会。这一选择符合理性吗？

案例评析：

我们可以用消费者剩余的理论进行分析。小明对于看电影能接受的最高价格是60元，而他免费获得了一张电影票，因此小明看电影可以获得60元-0元=60元的消费者剩余。小明对演唱会的最高心理接受价格是180元，实际支付了100元，因此听演唱会的消费者剩余为180元-100元=80元，从这两个消费行为的消费者剩余比较来看，选择去听演唱会的消费者剩余更高，带来的满足感更大，所以，小明最终选择去听演唱会是理性的选择。

（资料来源：董彦龙，王东辉. 微观经济学简易案例教程 [M]. 武汉：武汉大学出版社，2014：67. 经整理加工）

本节思考

商家往往会通过提高顾客的消费者剩余来促成交易的达成，那么你认为商家的打折促销是否真的很优惠？商家为什么要这样做呢？

3.5 消费者均衡的变动、收入效应与替代效应

3.5.1 消费者均衡的变动

消费者对商品的需求显然要以实现效用最大化为原则，前文已经找到了

慕课 3-5

效用最大化的均衡点,均衡点是无差异曲线与预算线相切之点,预算线变化,均衡点必变化。而预算线又是由消费者的收入和商品的价格决定的,如果消费者的收入与商品的价格发生了变化,将引起预算线变化,进而消费者的选择会发生变化。

1. 收入变动对消费者均衡的影响

收入变动对消费者均衡的影响可以用收入-消费曲线来表示。

收入-消费曲线是在消费者的偏好和商品价格不变的条件下,消费者的收入变动引起的消费者效用最大化的均衡点的轨迹。它反映了收入变化引起的消费者均衡点变动的情况。

假定价格不变,消费者收入变化,引起预算线平行移动,与新的无差异曲线相切,导致均衡点的移动。

以图3-9为例来具体说明收入-消费曲线的形成。

在图3-9中,随着收入水平的不断增加,预算线由 AB 平移至 $A'B'$,再平移至 $A''B''$,于是形成了三个不同的消费者效用最大化的均衡点 E_1、E_2 和 E_3。如果收入水平的变化是连续的,则可以得到无数个这样的均衡点的轨迹,这便是图3-9中的收入-消费曲线。

由消费者的收入-消费曲线可以推导出消费者的**恩格尔曲线**。

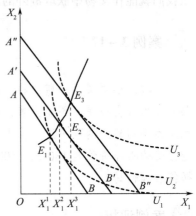

图3-9 收入-消费曲线(正常品)

恩格尔曲线表示消费者在每一收入水平下对某商品的需求量。与恩格尔曲线相对应的函数关系为 $X=f(I)$。式中,I 为收入水平;X 为某种商品的需求量。

图3-9中的收入-消费曲线反映了消费者的收入水平和商品的需求量之间存在着一一对应的关系:以商品1为例,当收入水平为 I_1 时,商品1的需求量为 X_1^1;当收入水平增长为 I_2 时,商品1的需求量增加为 X_1^2;当收入水平增长为 I_3 时,商品1的需求量变为 X_1^3……把这种一一对应的收入和需求量的组合描绘在相应的平面坐标图中,便可以得到相应的恩格尔曲线,如图3-10所示。

图3-10a中的商品1是正常品,商品1的需求量 X_1 随着收入水平 I 的上升而增加。图3-10b中的商品1由正常品转变为劣等品。或者说,在较低的收入水平范围,商品1的需求量与收入水平呈同方向变动;在较高的收入水平范围,由于收入水平提高了,商品1变成了劣等品,其需求量与收入水平开始呈反方向变动。

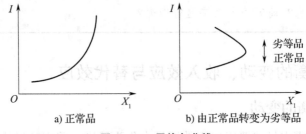

a) 正常品   b) 由正常品转变为劣等品

图3-10 恩格尔曲线

19世纪,德国统计学家恩格尔发现,家庭对不同商品的支出比例与家庭收入高低之间有非常明显的关系。在低收入家庭中,食物的支出占收入的绝大部分,当收入逐渐增加时,食物支出占收入的比例则逐渐缩小。由于此种现象普遍存在于不同国家之间,故我们称之为恩格尔定律。食物支出与收入之比称为恩格尔系数,所以恩格尔定律也可表述为:随着收入的提高,恩格尔系数是递减的。恩格尔系数可以反映一国或一个家庭富裕程度与生活水平。一般来说,恩格尔系数越高,富裕程度与生活水平越低;恩格尔系数越低,富裕程度与生活水平越高。

2. 价格变动对消费者均衡的影响

价格变动对消费者均衡的影响可以通过价格-消费曲线来具体说明。

(1)价格-消费曲线

价格-消费曲线是指在收入不变的条件下,商品价格变动引起的消费者均衡点移动的轨迹。它反映商品价格变化引起的需求量变动的情况。

当其他条件均保持不变时,一种商品价格的变化会使消费者效用最大化的均衡点的位置发生移动,由此可以得到价格-消费曲线。价格-消费曲线是在消费者的偏好、收入以及其他商品价格不变的条件下,与某一种商品的不同价格水平相联系的消费者效用最大化的均衡点的轨迹。具体以图3-11来说明价格-消费曲线的形成。

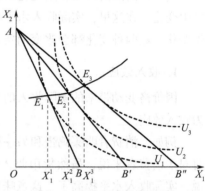

图3-11 价格-消费曲线

在图3-11中,假定商品2的价格不变,商品1的初始价格为P_1,相应的预算线为AB,它与无差异曲线U_1相切于效用最大化的均衡点E_1。如果商品1的价格由P_1下降为P_2,相应的预算线由AB移至AB',于是,AB'与另一种较高无差异曲线U_2相切于均衡点E_2。如果商品1的价格由P_2继续下降为P_3,相应的预算线由AB'移至AB'',于是,AB''与另一条更高的无差异曲线U_3相切于均衡点E_3……不难发现,随着商品1价格的不断变化,可以找到无数个诸如E_1、E_2和E_3那样的均衡点。它们的轨迹就是价格-消费曲线。

价格-消费曲线不是消费者对商品1的需求曲线,而是当商品1价格下降时,消费者会购买的商品1和商品2不同组合的数量。因此,它不一定完全向右下方倾斜。

(2)由价格-消费曲线推导消费者的需求曲线

如图3-12所示,价格-消费曲线上的三个均衡点E_1、E_2和E_3上,对于X_1都存在着价格与需求量之间的对应关系。根据这种对应关系,把每一个商品1的价格

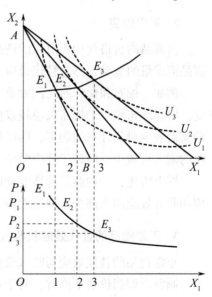

图3-12 需求曲线的推导

数值和相应的均衡点上的 X_1 数量绘制在商品的价格－数量坐标图上，便可以得到消费者对商品1的需求曲线。

通过消费者均衡的分析，我们得出了需求曲线，并且通过需求曲线的推导，我们清楚地看到，需求曲线上的每一个点都是消费者在每一价格水平下的效用最大化的均衡点。

但是，需求曲线的形状不一定总是向右下方倾斜的。由商品价格的变动引起需求量的变动，这是收入效应和替代效应两方面作用的结果。收入效应和替代效应作用的结果不同，价格变动引起需求量变动的情况会有所不同，需求量增加较多或较少，甚至减少，这就产生了正常物品、一般低档物品、吉芬物品的区别。

3.5.2 收入效应与替代效应

当一种商品的价格发生变化时，会对消费者产生两种影响：①使消费者的实际收入水平发生变化。在这里，实际收入水平的变化被定义为效用水平的变化。②使商品的相对价格发生变化。这两种变化都会改变消费者对该种商品的需求量。

1. 收入效应

因价格变动带来的实际收入的变动而导致需求量的变动，并且引起效用水平的变动，称为收入效应。

例如，消费者购买鸡蛋和另一种商品，当鸡蛋的价格下降时，另一种商品价格不变，这时对于消费者来说，虽然货币收入也不变，但是现有的货币收入的购买力增强了，也就是说，实际收入水平提高了。这意味着在不减少其他商品购买量的情况下，可以买进更多的鸡蛋。实际收入水平的提高会使消费者改变对这两种商品的购买量，从而达到更高的效用水平，这就是收入效应。

收入效应在图上表现为均衡点从一条无差异曲线上移动到另一条无差异曲线上。

2. 替代效应

由商品的价格变动所引起的商品相对价格的变动，进而由商品的相对价格变动所引起的商品需求量的变动，称为替代效应。替代效应不改变消费者的效用水平。

例如，棉布和化纤布之间存在着可替代关系，假设棉布的价格下降，化纤布的价格不变，即化纤布相对于棉布来说较以前昂贵了。商品相对价格的变化会使消费者增加对棉布的购买而减少对化纤布的购买，即用棉布替代化纤布，这样对棉布的需求量会增加，而对化纤布的需求量减少。但替代效应的整个变动过程不改变消费者的效用水平。

综上所述，一种商品价格变动所引起的该商品需求量变动的总效应可以被分解为替代效应和收入效应两个部分，即总效应＝替代效应＋收入效应。

3. 正常物品的替代效应和收入效应

正常物品的替代效应与收入效应均使需求量与价格反方向变动，这决定了需求曲线向右下方倾斜。即当价格下降时，对于正常物品，替代效应的作用是增加需求量，收入效应的作用也是增加需求量。

如何确定替代效应和收入效应的作用程度呢？可以通过作一条平行于新的预算线并切于原有的无差异曲线的补偿（补充）性预算线来区分。图 3-13 表示了正常物品价格下降时的替代效应和收入效应。

补偿性预算线的含义是：当价格变动引起消费者实际收入发生变动时，补偿性预算线是用来表示以假设的货币收入的增减来维持消费者实际收入水平不变的一种分析工具。具体来说，在商品价格下降引起实际收入提高时，假设可取走一部分货币收入，以使消费者的实际收入维持原有的效用水平。图 3-13 中，FG 曲线即为补偿性预算线。

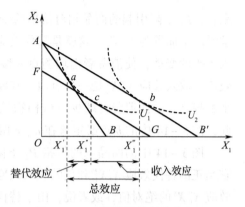

图 3-13　正常物品的替代效应和收入效应

当商品 1 的价格下降时，替代效应使需求量的增加量为 $X_1'X_1''$，收入效应使需求量的增加量为 $X_1''X_1'''$。商品 1 的需求量的增加量为 $X_1'X_1'''$，这便是商品 1 的价格下降所引起的总效应。

在这里，P_1 下降时，替代效应所引起的需求量的增加量 $X_1'X_1''$ 是一个正值，即符号为正，也就是说，正常物品的替代效应引起的需求量变化与价格变化呈反方向。收入效应引起的需求量的增加量 $X_1''X_1'''$ 也是一个正值，表明当 P_1 下降使消费者的实际收入水平提高时，消费者必定会增加对正常物品商品 1 的购买。也就是说，正常物品的收入效应引起的变化与价格呈反方向变动。

由此可见，对于正常物品来说，替代效应与价格呈反方向变动，收入效应也与价格呈反方向变动，在它们的共同作用下，总效应必定与价格呈反方向变动。正因如此，正常物品的需求曲线是向右下方倾斜的。

4. 一般低档物品的替代效应和收入效应

一般低档物品：替代效应的作用使需求量与价格呈反方向变动，收入效应的作用使需求量与价格呈正方向变动，但替代效应的作用大于收入效应的作用，总效应的结果仍使需求量与价格呈反方向变动。

以图 3-14 为例分析一般低档物品价格下降时的替代效应和收入效应。

对于一般低档物品，当价格下降时，替代效应的作用是增加需求量，收入效应的作用是减少需求量（价格下降使实际收入增加，需求量反而减少）。图 3-14 中，商品 1 的价格 P_1 变化前的消费者的效用最大化的均衡点为 a 点，P_1 下降以后的消费者的均衡点为 b 点，因此，价格下降所引起的商品 1 的需求量的增加量为 $X_1'X_1''$，这便是总效应。运用与上一节相同的方法，即通过作与预算线 AB' 平行且与无差异曲线 U_1 相切的补偿预算线 FG，便可将总效应分解成替代效应和收入效应。具体

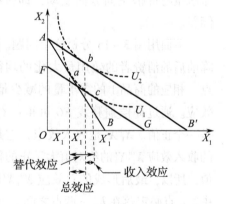

图 3-14　一般低档物品的替代效应和收入效应

来看，P_1 下降引起的商品相对价格的变化，使消费者由均衡点 a 移动到均衡点 c，相应的需求量的增加量为 $X_1'X_1'''$，这就是替代效应，它是一个正值。而 P_1 下降引起的消费者的实际收入水平的变动，使消费者由均衡点 c 移动到均衡点 b，需求量由 X_1''' 减少到 X_1''，这就是收入效应。收入效应 $X_1'''X_1''$ 是一个负值，其原因在于，价格 P_1 下降所引起的消费者的实际收入水平的提高，会使消费者减少对低档物品的商品 1 的需求量。由于收入效应是一个负值，因此，图 3-14 中的 b 点必定落在 a、c 两点之间。

图 3-14 中的商品 1 的价格 P_1 下降所引起的商品 1 的需求量的变化的总效应为 $X_1'X_1''$，它是正的替代效应 $X_1'X_1'''$ 和负的收入效应 $X_1'''X_1''$ 之和。由于替代效应 $X_1'X_1'''$ 的绝对值大于收入效应 $X_1'''X_1''$ 的绝对值，或者说，由于替代效应的作用大于收入效应，因此，总效应 $X_1'X_1''$ 是一个正值。

综上所述，对于一般低档物品来说，替代效应与价格呈反方向变动，收入效应与价格呈同方向变动，而且在大多数的场合，收入效应的作用小于替代效应的作用。所以，总效应与价格呈反方向变动，相应的需求曲线是向右下方倾斜的。

5．吉芬物品的替代效应和收入效应

但是，在少数的场合，某些低档物品的收入效应的作用会大于替代效应的作用，于是就会出现违反需求曲线向右下方倾斜的现象。这类物品就是吉芬物品。

英国人吉芬于 19 世纪发现，1845 年爱尔兰发生灾荒，马铃薯价格上升，但是需求量反而增加了。这一现象在当时被称为"吉芬难题"。这类需求量与价格呈同方向变动的特殊商品也被称为吉芬物品。

对于吉芬物品而言，替代效应的作用使需求量与价格呈反方向变动，收入效应的作用使需求量与价格呈同方向变动，且收入效应的作用大于替代效应的作用，从而总效应的作用是需求量与价格呈同方向变动，即价格下降时，需求量也下降。因此，需求曲线向右上方倾斜。

下面用图 3-15 分析这个问题。图 3-15 中，商品 1 是吉芬物品。商品 1 的价格 P_1 下降前后的消费者的效用最大化的均衡点分别为 a 点和 b 点，相应的商品 1 的需求量的减少量为 $X_1''X_1'$，这就是总效应。通过补偿预算线 FG 可得：$X_1''X_1'''$ 为替代效应，它是一个正值。$X_1'''X_1'$ 是收入效应，它是一个负值，而且负的收入效应 $X_1'''X_1'$ 的绝对值大于正的替代效应 $X_2'X_1'''$ 的绝对值，所以，最后形成的总效应 $X_1''X_1'$ 为负值。在图 3-15 中，a 点必定落在 b、c 两点之间。

很清楚，吉芬物品是一种特殊的低档物品。作为低档物品，吉芬物品的替代效应与价格呈反方向变动，收入效应则与价格呈同方向变动。吉芬物品的特殊性就在于，收入效应的作用很大，以致超过了替代效应的作用，从而使总效应与价格呈同方向变动。这也就是吉芬物品

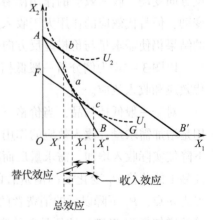

图 3-15　吉芬物品的替代效应和收入效应

的需求曲线呈现出向右上方倾斜的特殊形状的原因。

运用以上分析的结论就可以解释"吉芬难题"了。在19世纪中叶的爱尔兰，购买马铃薯的消费支出在大多数贫困家庭的收入中占据较大的比例，于是，马铃薯价格的上升导致贫困家庭实际收入水平大幅下降。在这种情况下，变得更穷的人们不得不大量地增加对劣等马铃薯的购买，这样形成的收入效应是很大的，它超过了替代效应，造成了马铃薯的需求量随着马铃薯价格的上升而增加的特殊现象。

现将正常物品、低档物品和吉芬物品的替代效应和收入效应所得到的结论综合于表3-3中。

表3-3 商品价格变化所引起的替代效应和收入效应

商品类别	替代效应与价格的关系	收入效应与价格的关系	总效应与价格的关系	需求曲线的形状
正常物品	反方向变化	反方向变化	反方向变化	向右下方倾斜
低档物品	反方向变化	同方向变化	反方向变化	向右下方倾斜
吉芬物品	反方向变化	同方向变化	同方向变化	向右上方倾斜

案例 3-18

可口可乐降价的效应

"好消息！现在可口可乐便宜了，我们收入的购买力增加了。我们比以前更富了。我们可以买更多可口可乐和其他商品。"

"现在可口可乐的价格下降了，我放弃雪碧可以得到更多的可口可乐。"

哪一种说法更有说服力？

案例评析：

事实上，这两种说法都有道理，可口可乐价格的下降使消费者状况变好。可口可乐与雪碧都是正常物品，消费者购买力的提高可以更多地购买这两种商品。同时，消费可口可乐比消费雪碧变得更便宜了。这种替代效应使消费者选择更多的可口可乐和更少的雪碧。

（资料来源：曼昆. 经济学原理：第7版 [M]. 梁小民，梁砾，译. 北京：北京大学出版社，2017：475. 经整理加工）

案例 3-19

保姆赚"小费"

一位朋友虽事业蒸蒸日上，但为特别爱哭泣的小孩伤透了脑筋。为此夫妻二人想了不少办法，但收效甚微，经过一段时间的摸索，最后总算找到了"偏方"：小孩特别爱吃一种小颗粒糖，也爱玩欢乐球，每当小孩快要哭的时候，买一两个欢乐球或吃几粒糖，小孩很快就会安静下来，若多些球或糖，小孩甚至还会高兴得手舞足蹈。要是不让小孩哭，每周至少得破费50多元（大致54元），包括购买100多个（大致为105个）价格为0.25元的欢乐球和约 280 粒价格为 0.1 元的糖。

他们从保姆市场雇了一名保姆专门照顾小孩，基本要求是不能让小孩哭，当然每周的预算仍然是 54 元左右。在他们的帮助下，保姆很快学会了如何买球和糖，以及对付小孩哭泣的招数。

一个多月后，欢乐球降价了，由原来的 0.25 元降到 0.15 元。保姆当然很高兴，因为现在虽然买 280 粒糖仍需 28 元，但买 105 个欢乐球不需要 26 元了，而只需要 16 元，每周就可以省出 10 元。但保姆没有把省下来的钱交还给他们，而是进了自己的腰包，算是赚点"小费"。而后保姆琢磨着，既然球降价了，为什么不多买点球，而少买点糖？经过不断尝试，她觉得花上 44 元，买 145 个欢乐球和 220 粒糖的效果也能保证小孩不哭泣。

转眼春节临近，保姆打算回家过年，期间只能由他们去买东西和照顾小孩。如果他们去买东西，必使其赚"小费"之事暴露无遗。为此，她以退为进，把他们所给的 54 元全部购买球和糖。至于购买的数量，经尝试，最后觉得每周买 180 个球和 270 粒糖能使小孩非常高兴。见此情景，他们当然非常高兴，夸保姆很能干，而保姆就将球降价的事告诉了他们，还得了个"诚实"的美名。

案例评析：

如图 3-16 所示，假设"小孩不哭"为低的无差异曲线，"小孩高兴"为较高的无差异曲线。

起初在球和糖的价格分别是 0.25 元和 0.1 元的条件下，总预算为 54 元就达到了较低的无差异曲线，球和糖的均衡量分别为 105 个和 280 粒。当球的价格降至 0.15 元后，理性的保姆经过调整商品组合，赚了 10 元"小费"，这 10 元"小费"是补偿性预算线下形成的成本差额，球由 105 个增至 145 个，这增加的 40 个就是球降价的替代效应。

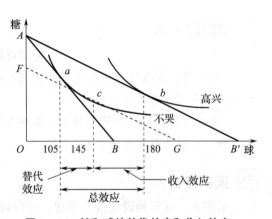

图 3-16　糖和球的替代效应和收入效应

最后，由于怕暴露目标，保姆放弃所能得到的"小费"，达到了较高的无差异曲线的效用水平，球的均衡数量达到了 180 个，比降价前增加了 75 个，这就是欢乐球的全部降价效应。收入效应使欢乐球增加 35 个。

（资料来源：曲晨. 保姆赚"小费"的故事［N］. 经济学信息报，2001-12-28(6). 经整理加工）

💡 案例 3-20

吉芬物品的收入效应

有谁见过任何真实的吉芬物品吗？一些历史学家指出，在 19 世纪爱尔兰灾荒时期，马铃薯实际上是吉芬物品。马铃薯是当时对人们如此重要的食品，以至于其价格上升会产生很强的收入效应。人们对自己生活水平下降的反应是削减奢侈品——肉，从而更多地购买马铃薯这种主食，因此可以认为马铃薯价格上升，实际上引起了马铃薯需求量增加。

Robert Jensen 和 Nolan Miller 的研究提出了类似但更为具体的存在吉芬物品的证据。这两位经济学家在我国湖南省进行了5个月的实地考察。他们随机送给所选家庭购物券以补贴这些家庭对当地主要食物（大米）的购买，并利用调查来衡量大米消费量对价格变动的反应。他们发现了有力的证据，贫穷的家庭表现出吉芬行为，补贴带来的大米价格下降引起这些家庭减少他们的大米消费，取消补贴则起了相反的作用。Jensen 和 Miller 写道："就我们所知，这是吉芬行为的第一个严格的经验证据。"

消费者选择理论使需求曲线可以向右上方倾斜，而且有时这种奇怪的现象的确会发生。因此，我们之前说明的需求定理并不完全可靠，但是可以确定的是，吉芬物品是极为罕见的。

📝 案例评析：

该案例中的大米，对于贫穷家庭而言，在政府给予补贴使其收入增加时，贫穷家庭转而购买其他更好的商品，而大米价格的下跌使人们转而更多地购买大米的替代效应小于因收入增加而减少大米购买的收入效应，最终的结果是政府补贴反而引起了大米的消费减少。

（资料来源：胡卉. 浅析生活中的收入效应、替代效应和吉芬物品［J］. 科技经济导刊，2017，27(26)：204 - 205. 经整理加工）

本 节 思 考

随着孩子年龄增长，家长给未成年孩子的零用钱也将增加。增加的方法有两种：第一种方式是无论孩子如何使用，每月都增加一定金额；第二种方式是将这笔钱用于补贴孩子购买课外书籍，即只有当孩子购买图书等学习用品时才能获得一定金额的补贴。你认为，这两种方式对鼓励孩子读书和增加学习开支、减少娱乐和零食开支的效果一样吗？

本 章 习 题

【案例分析】

春节年货买卖忙，消费升级趋势明显

"忙了一年，春节前买些礼物犒劳自己和家人，让生活多点仪式感。"临近春节，上海市杨浦区某银行职员李某的手机购物车里装满了各类年货：送给爸妈的保健品、送给丈夫的跑步机、送给孩子的钢琴、送给自己的化妆品，还有来自五湖四海的年夜饭食材……这几天，晚上下班回到家，她就和家人一起选购下单，很是热闹。

从商务部和各大平台公布的数据看，春节消费市场供给丰富，年味浓、销售旺，买年货、吃年夜饭等传统消费持续火热，网购年货、网上订餐等也备受青睐，品质化趋势更为明显。品质是年货消费市场的一大关键词。根据各大平台发布的数据，年俗商品、绿色食品、珠宝首饰、智能家电、数码产品等销售保持较快增长，有机杂粮、绿色蔬菜、保健品礼盒等健康类食品销售火热。商务部发布的数据显示，各地各企业顺应消费升级大趋势，围绕年夜饭、年货、年俗等"过年"场景，不断提高健康、绿色、智能消费品供给能力。据商务大数据监测，"2021全国网上年货节"前十天，全网除菌类洗衣机销售额同比增长137.8%，跳绳、拉力器、哑铃等宅家便捷健身器材分别同比增长351.1%、91.9%和78.9%。

随着居民收入水平的提高，创新升级产品成为消费热点，消费者对个性化、多样化产品的需求日益增长，健康、绿色、智能的消费品更受市场欢迎。在天猫平台上，半成品年夜饭、擦窗机器人、智能马桶盖等成为增速靠前的新年货。智能家居"黑科技"成为年轻人的抢手货，暖被机、面条机、牛排机、洗地机、洗碗机等销量增幅都超过100%。与此同时，人们对健康更加关注，蛋白粉、益生菌、温度计、血压计、按摩仪等居家美容健身商品销售增长较快。

人们的年夜饭也更加丰富多彩。数据显示，某平台上的中高端食材消费总量增长显著，肉蛋禽等优质蛋白消费量增速达到15%，优质牛羊肉增速达到20%以上。

2021年春节的主题是"就地过年"，根据统计，2021年有70%以上的春运"候鸟"暂栖原地。即便独自过年，这个特别的春节也要过好、过舒心。这就意味着2021年春节消费市场势必会出现很多适应当下变化的新消费形式，同时这些消费新理念有望随着消费者接受程度的逐渐加深和市场的不断洗礼，为未来消费转型升级带来更多契机。

（资料来源：https://baijiahao.baidu.com/s?id=16911808588210
13470&wfr=spider&for=pc. 经整理加工）

问题：

1. 为什么会产生消费升级现象？
2. 消费升级将如何影响我国的恩格尔系数？

第4章 企业的生产和成本

📍 **本章思维导图**

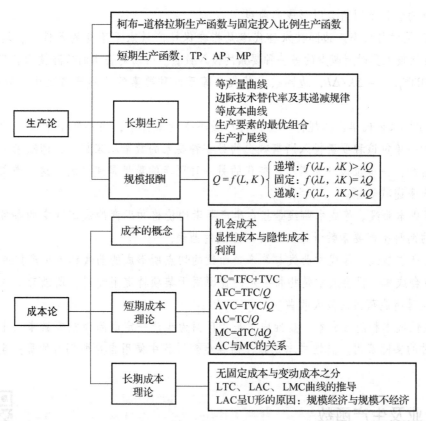

🎯 **本章要点**

1. 企业的概念。企业,即生产者或厂商,是能够做出统一的生产决策的个体经济单位。厂商进行生产所追求的目标是利润最大化。

2. 生产函数。生产函数是指在一定时期内,在技术水平不变的条件下,生产中所使用的各种生产要素的数量与所能生产的最大产量之间的关系。

3. 总产量。总产量是指短期内在某种特定生产规模下,利用一定数量的某种生产要素(如劳动)所生产产品的全部数量,其表达式为:$TP_L = f(L)$。

4. 平均产量。平均产量是指总产量除以要素投入量,即平均每一单位可变要素的产量,其计算公式为:$AP_L = \dfrac{TP}{L}$。

5. 边际产量。边际产量是指增加一单位可变要素的投入所增加的产量。边际产量的计算公式为：$MP_L = \dfrac{\Delta TP}{\Delta L}$ 或 $MP_L = \lim\limits_{\Delta L \to 0} \dfrac{\Delta TP}{\Delta L} = \dfrac{dTP}{dL}$。

6. 边际报酬递减规律。边际报酬递减规律是指在技术水平不变的条件下，在连续等量地把一种可变生产要素增加到一种或几种数量不变的生产要素上的过程中，当这种可变生产要素的投入量小于某一特定值时，增加该要素投入所带来的边际产量是递增的；当这种可变要素的投入量连续增加并超过这个特定值时，增加该要素投入所带来的边际产量是递减的。

7. 等产量曲线。等产量曲线是指在技术水平不变的情况下，生产一定产量的两种生产要素投入量的各种不同组合所形成的曲线。

8. 边际技术替代率。边际技术替代率是指在保持产量水平不变的条件下，增加一个单位的某种要素投入量时所减少的另一种要素的投入数量。劳动对资本的边际技术替代率可用公式表示：$MRTS_{LK} = -\Delta K/\Delta L$，边际技术替代率等于两种要素的边际产量之比，即 $MRTS_{LK} = MP_L/MP_K$。

9. 边际技术替代率递减规律。在保持产量不变的条件下，当不断地增加一种要素投入量时，增加一单位该种要素投入所需减少的另一种要素的数量越来越少，即随着一种要素投入的不断增加，一单位该种要素所能替代的另一种要素的数量是递减的。这一现象被叫作边际技术替代率递减规律。

10. 等成本曲线。等成本曲线是指在生产要素的价格和厂商的成本既定的条件下，厂商可以购买的两种生产要素数量最大组合所形成的曲线。

11. 生产扩展线。等成本曲线与等产量曲线的切点所形成的曲线称为生产扩展线。

12. 机会成本。机会成本是指将一定的资源用于某项特定用途时，所放弃的该项资源用于其他用途时所能获得的最大收益。

13. 显性成本和隐性成本。显性成本是指厂商为生产一定商品而在要素市场上购买生产要素所支付的实际费用。隐性成本是指厂商在生产过程中使用自身所拥有的那些生产要素的价值总额。

4.1 企业及生产函数

4.1.1 企业的概念及类型

1. 企业的概念

慕课 4-1

在西方经济学中，生产者亦称厂商或企业，是指能做出统一生产决定的单个经济单位。企业使用各种生产资源从事产品或服务的生产，以赚取利润为主要目标。传统的微观经济学理论把企业的生产过程看作一个任何人都能操作的机器：从一端放进猪肉，从另一端产出香肠。而实际上几乎所有的生产都是由专业组织去完成的，即主宰现代经济的企业。那么，为什么需要企业？下面我们将从两个角度进行阐述。

（1）分工与协作可以提升生产效率

成语"铁杵磨针"的故事讲的是唐朝大诗人李白，他小时候在四川象耳山读书，很不用功，天天在山中打猎玩耍。有一天，他在山下小溪旁边遇见一位老婆婆在那里磨铁杵，李白问她在做什么？老婆婆说："只要功夫深，铁杵也可以磨成针。"老婆婆向他讲了这个道理后，李白顿时领悟，于是在山中好好学习，成为大诗人。这是我国"铁杵磨针"的故事，英国的亚当·斯密对一个大头针厂进行参观，工人之间的专业化引起的规模经济给他留下了深刻的印象。他在《国富论》中写道：

"一个人抽铁丝，另一个人拉直，第三个人截断，第四个人削尖，第五个人磨光顶端以便安装圆头；做圆头要求有两三道不同的操作；装圆头是一项专门的业务，把针涂白是另一项；甚至将大头针装进纸盒中也是一门职业。"

亚当·斯密说："由于这种专业化，大头针厂每个工人每天生产几千枚针。"他得出的结论是，如果工人选择分开工作，而不是作为一个专业工作团队，那么他们不能每人每天制造出 20 枚大头针，或许连一枚也造不出来。换句话说，由于专业化，大头针厂可以比小大头针厂实现更高的人均产量和每枚大头针更低的平均成本。

亚当·斯密在大头针厂观察到的专业化，在现代经济中也普遍存在。例如，你想盖一栋房子，你可以自己努力去做每一件事。但大多数人找建筑商，建筑商又雇用木匠、瓦匠、电工、油漆工和许多其他类型的工人。这些工人专门从事某种工作，而且这使他们比作为通用型工人时做得更好。实际上，运用专业化实现规模经济是现代社会繁荣的一个重要原因，企业则充当了专业化生产的组织者和实践者。

（2）企业相比市场而言可以降低交易费用

什么是交易费用呢？任何交易都可以看作交易双方达成的契约，那么交易费用就是围绕交易契约所产生的费用。以大学生毕业找工作为例，如果顺利，则其中的费用可能包括：

1) 撰写并制作多份个人履历表，取得各种证明自己素质的文件所花费的费用。
2) 获得与自己专业有关的各种工作信息的费用。
3) 各种交通、通信费用。
4) 为参加面试而进行的形象包装费用。
5) 一旦发生纠纷的解决费用。

这些都是大学生找工作的交易费用，这些交易费用主要包括搜寻的费用、协议的费用、订约的费用、监督的费用和违约的费用。

早在 1937 年，R. H. 科斯就用决定市场价格的成本（交易成本）解释了厂商（组织）的出现。当测定各个工人各自的贡献和议定一个产品的各部件价格的困难，使交易成本很大时，工人就会选择在一个工厂（厂商）里工作；他通过合同支出了他的劳动使用权，自愿服从"看得见的手"的管理，而不是自己通过市场的"看不见的手"向消费者出卖他的服务或产品。因此，可以说厂商取代了市场。

根据科斯等人的观点，一类交易费用产生于签约时交易双方面临的偶然因素所带来的损失；另一类交易费用是签订契约，以及监督和执行契约所花费的费用。

既然企业可以节约交易费用，为什么还会有市场的存在呢？企业的边界又在哪里？

企业家权威配置资源不是免费的，要花费组织成本。例如企业家的监督费用，以及监督不力造成的损失，也称为代理成本。

那么企业边界该如何确定呢？当一个交易由企业进行时的组织成本小于市场上的交易费用时，企业的边界就会扩大；反之，企业边界就会缩小，二者在边际上相等时，就实现了企业的最优规模。

2. 企业的类型

国有经济、集体经济和个体经济是根据生产资料所有制决定的经济成分对企业进行的划分；按照不同的标准，企业还有不同的分类，例如：根据产业部门划分，企业可以分为工业企业、农业企业、建筑业企业、运输业企业（流通产业）、商业企业、服务业企业等；根据企业规模划分，企业可以分为大型企业、中型企业和小型企业；根据法律上财产权的组织形式划分，企业可以分为个人独资企业、合伙制企业和公司制企业等。

4.1.2 企业的目标

经济学家在分析研究厂商行为时，同样假定企业都是具有完全理性的经济人，因此，他们生产经营的目标是追求最大的利润。本章仅就价格给定的前提下，探讨企业如何在既定的产量目标下实现成本的最小，或者在既定的成本下达到最大的产量。

4.1.3 企业的生产函数

1. 生产函数的一般含义和公式

西方经济学中所谓的"生产"是指一切能够创造或增加效用的人类活动，生产活动包括物质资料的生产，也包括劳务等无形产品的生产。而生产过程则是从生产要素的投入到产品产出的过程。从物资技术角度分析，生产过程可分为两方面：①投入，即生产过程中使用的各种要素，包括劳动、土地、资本和企业家才能这四种类型；②产出，即生产出来的各种产品的数量。生产函数就是用来表示投入和产出或生产要素和产量之间的关系。

生产函数表示在一定时期内，在技术水平不变的情况下，生产中所用的各种生产要素的数量与所能生产的最大产量之间的关系。假定用 Q 表示所能生产的最大可能产量，用 X_1，X_2，…，X_n 表示某产品生产过程中各种生产要素的投入量，若不考虑可变投入与不变投入的区别，则生产函数可用以下一般表达式表示：

$$Q = f(X_1, X_2, X_3, \cdots, X_n) \qquad (4-1)$$

该生产函数表示在既定的生产技术条件下，生产要素组合（X_1，X_2，…，X_n）在某一时期所能生产的最大可能产量。

在经济学中，为了分析方便，常假定只使用劳动和资本两种生产要素，如果用 L 表示劳动投入量，用 K 表示资本投入量，则生产函数可用下式表示：

$$Q = f(L, K) \qquad (4-2)$$

研究生产函数一般都以特定的时期和既定生产技术水平作为前提条件，当这些因素发生变动时，相同的要素投入量可能生产出不同的产量，从而形成新的生产函数。

生产函数所反映的要素投入量与产出量之间的依存关系具有普遍性，但不同厂商的生产函数的具体形式却有很大的不同，估算和研究生产函数对经济理论研究和生产实践都具有重要意义。

投入与生产要素基本上作为同义语使用。实际上，二者存在着微妙差别，即投入的含义比生产要素较为广泛，投入还可以包括中间投入。投入分为不变投入和可变投入：不变投入是指在所考虑的一段时间内，数量不随产量变化而变化的投入；可变投入是指在所考虑的一段时间内，数量随着产量变化而变化的投入。投入具体包括：

1) 劳动。劳动是人类在生产过程中提供的体力和智力的总和。

2) 土地。土地不仅是指土地本身，还包括地上和地下的一切自然资源，如森林、江河湖泊、海洋和矿藏等。

3) 资本。资本表现为实物形态或货币形态。资本的实物形态又称资本品或投资品，如厂房、机器设备、动力燃料、原材料等。资本的货币形态通常称为货币资本。

4) 企业家才能。企业家才能是指企业家组织建立和经营管理企业的才能。

生产函数应用广泛，不仅存在于生产型企业，也存在于任何营利和非营利的经济组织，如商店、学校等。

2．技术系数

技术系数是指生产一定量的产品所需的各种生产要素的配合比例。技术系数分为可变技术系数和固定技术系数。可变技术系数是指生产一定量的产品所需的各种生产要素的配合比例是可以变动的，表明生产要素之间可以相互替代。例如生产同样的产量，可以采用劳动密集型（即多用劳动少用资本），也可以采用资本密集型（即多用资本少用劳动）。固定技术系数是指生产一定量的产品只存在唯一一种生产要素的配合比例，即生产要素之间不可替代，如果要增加产出，要素投入必须按照同一比例增加。例如服装厂生产服装所需要的投入比例是一人一台缝纫机，增加缝纫机的数量就要相应增加缝纫机操作人员的数量。

西方经济学的生产理论中主要研究可变技术系数的生产函数。

3．一些常见的生产函数

(1) 固定比例生产函数

固定比例生产函数是指在每一产量水平上任何要素投入量之间的比例都是固定的生产函数。假定只用 L 和 K，则固定比例生产函数的通常形式为

$$Q = \text{Min}(L/U,\ K/V) \tag{4-3}$$

式中，U 为固定的劳动生产系数（单位产量配备的劳动数）；V 为固定的资本生产系数（单位产量配备的资本数）。

在固定比例生产函数下，产量取决于较小比值的那一要素。这时，产量的增加，必须有 L、K 按规定比例同时增加，若其中之一数量不变，单独增加另一要素量，则产量不变。

(2) 柯布 – 道格拉斯生产函数

柯布 – 道格拉斯生产函数，又称 $C-D$ 生产函数，是一个非常著名的生产函数，是由美国数学家柯布和经济学家道格拉斯于 1982 年根据历史统计资料提出的。该生产函数的一般形式是

$$Q = AL^{\alpha}K^{\beta} \qquad (4-4)$$

式中，Q 为产量；L 和 K 分别为劳动和资本的投入量；A 为规模参数，$A>0$；α 为劳动产出弹性，表示劳动贡献在总产量中所占的份额（$0<\alpha<1$）；β 为资本产出弹性，表示资本贡献在总产量中所占的份额（$0<\beta<1$）。

柯布和道格拉斯通过对美国 1899 年—1922 年劳动、资本和产量的有关统计资料的估算，得到的结果是 α 约等于 0.75，β 约等于 0.25。这表明，这期间美国劳动增加 1%，产出就会增加 0.75%，而资本每增加 1%，产出增加 0.25%。

案例 4-1

方大特钢的年终奖

2019 年 1 月 19 日，方大特钢用总额 3.12 亿元的百元钞票垒起"山"字现金墙，寓意为"金山银山"。

据了解，当天共有 5000 多名员工领取到年终分红，人均基本能拿 6 万元。60 岁以上符合条件的企业退休员工也能领到 5000 元。方大特钢主打螺纹钢和弹簧扁钢、汽车板簧等，方大螺纹钢江西市场占有率超 60%，弹簧扁钢和汽车板簧国内市场占有率也分别达到 45%、20%，位居全国第一。方大特钢属于民营企业，出色的管理能力使其长期盈利能力出众，在行业低迷的情况下，降本增效显著。

自上市以来，方大特钢从来没有出现过亏损的情况，即使在行业最低迷的 2015 年依旧实现了 1.15 亿元的净利润，成为当年整个行业仅有的四家盈利企业之一。除了依靠其出色的管理能力，还和本身所处的特钢行业有关，特钢产品价格波动受市场钢价影响较小。此外，方大特钢的弹簧扁钢具有技术水平和市场占有率的双重优势，国内市场占有率高达 45%，并主持起草了弹簧钢制造的行业标准，有极高的话语权。作为民营企业的方大特钢，虽然相对国企缺少政策上的优势，但更具有灵活性和开拓性。在成本控制方面，方大特钢采用精细化管理，从采购、生产、销售的全流程进行把控，让自己的成本维持在较低的水平上，2017 年，吨钢成本仅为 2538 元，在行业中排名第二。2008 年—2017 年，钢铁行业的加权投入资本回报率平均水平为 3.4%，最高的五家上市钢企中，方大特钢以 14.1% 的回报率居行业首位。

案例评析：

公司的盈利能力取决于很多方面，优秀的公司能够很好地运用各种资源，有效控制成本，从而实现最大的投入产出比，而资源的投入包括人才、资本、技术，以及管理水平，当然，好的政策、市场环境等也会对公司利润的实现产生较大的影响。

（资料来源：https://xueqiu.com/4160890074/120699940. 经整理加工）

本节思考

你认为企业存在的意义有哪些？企业要想实现利润最大化的目标，关键因素有哪些？

4.2 短期生产的生产决策

4.2.1 短期生产中的各种产量

1. 生产的长期和短期

慕课 4-2

生产函数给定了厂商为了达到某个产量可采取的各种生产要素投入的组合。但是，有时候并不是所有的组合都可供厂商自由选择。例如，某服装厂订单突然激增，需要在下个月将产量增加一倍，此时厂商多半只能采用多雇用工人加班加点的方法，因为下个月内增建厂房，并增加一倍的机器是不太现实的，而且厂商也不知道这种订单增加是长期现象还是暂时现象。因此，西方经济学中区分厂商的短期生产决策和长期生产决策，从而有长期生产理论和短期生产理论。

短期是指至少有一种生产要素的数量是固定不变的时期；而长期则是指全部生产要素的数量都可以变动的时期。短期中，根据要素的可变性将全部生产要素投入分为固定投入和可变投入。固定投入是指一定时期内，其数量不随产量的变动而变动的要素。例如，短期内机器设备、厂房等固定资产都是不变的。可变投入是指在一定时期内，其数量随产量的变动而变化的要素，如劳动、原材料、易耗品等。长期中，全部生产要素都可以变动，因此厂商可以根据需求状况和企业的经营状况扩大或缩小企业的生产规模，乃至进入或退出一个行业。长期中不存在固定投入和可变投入的区别。

需要注意的是，西方经济学所说的短期和长期并不是一段规定的时期（如一年、十年），而是以能否变动全部生产要素投入的数量为划分标准，其时间长短视具体情况而定。例如，要想改变钢铁厂的炼钢设备数量可能需要两年的时间；而增加一家饮食店，并对其进行全新装修则只需几个月。

2. 短期生产函数的表达式

微观经济学中常以一种可变要素的生产函数考察短期生产理论。一种可变生产要素的生产函数表示产量（Q）随一种可变投入（X）的变化而变化。

函数形式如下：

$$Q = f(X) \tag{4-5}$$

若假设仅使用劳动与资本两种要素，并设资本要素不变，劳动要素可变，则有函数：

$$Q = f(L, \overline{K}) \tag{4-6}$$

或短期生产函数可简记为

$$Q = f(L) \tag{4-7}$$

该函数研究的是在既定生产规模下厂商的投入与产出之间的关系，反映企业的日常生产决策。只是这里产出量仅仅同一种可变投入即劳动投入存在依存关系，其他要素并不改变。产量包括三个不同变量，即总产量、平均产量、边际产量。

1) 劳动的总产量是指一定的劳动投入量可以生产出来的最大产量，用 TP_L 表示。

2) 劳动的平均产量是指平均每单位劳动所生产的产量，用 AP_L 表示。

3）劳动的边际产量是指增加一单位的劳动投入量所带来的产出增加量，用 MP_L 表示。

4.2.2 边际报酬递减规律

边际报酬递减规律是指在技术水平和其他要素投入量不变的条件下，连续地增加一种可变生产要素的投入量，当这种可变生产要素的投入量小于某一特定数值时，增加该要素的投入量所带来的边际产量是递增的；当这种可变要素投入量连续增加并超过这一特定值时，增加该要素投入所带来的边际产量是递减的。

边际报酬递减规律是短期生产的一条基本规律，它成立的原因在于，在任何产品的生产过程中，可变生产要素与不变生产要素之间在数量上都存在一个最佳配合比例。开始时由于可变生产要素投入量小于最佳配合比例所需要的数量，随着可变生产要素投入量的逐渐增加，可变生产要素和不变生产要素的配合比例越来越接近最佳配合比例，所以，可变生产要素的边际产量呈递增趋势；当达到最佳配合比例后，再增加可变要素的投入，可变生产要素的边际产量就呈递减趋势。

关于边际报酬递减规律，有以下几点需要注意：①边际报酬递减规律是一个经验性的总结，现实生活中的绝大多数生产函数似乎都符合这个规律；②这一规律的前提之一是假定技术水平不变，故它不能预示技术情况发生变化时，增加一单位可变生产要素对产出的影响；③这一规律的另一前提是至少有一种生产要素的数量是维持不变的，所以这个规律不适用于所有生产要素同时变动的情况，即不适用于长期生产函数；④改变各种生产要素的配合比例是完全可能的，即改变可变技术系数。

4.2.3 总产量、平均产量、边际产量之间的关系

在短期函数中，产量与劳动投入量之间的关系可通过表 4-1 和图 4-1 来表示（图表中的数字是假设的）。从表 4-1 中可以看出，总产量、平均产量和边际产量都随劳动投入量的变动而变动。

表 4-1 总产量、平均产量和边际产量

资本投入量（K）	劳动投入量（L）	总产量（TP_L）	平均产量（AP_L）	边际产量（MP_L）
20	0	0	—	—
20	1	6.0	6.00	6.0
20	2	13.5	6.75	7.5
20	3	21.0	7.00	7.5
20	4	28.0	7.00	7.0
20	5	34.0	6.80	6.0
20	6	38.0	6.30	4.0
20	7	38.0	5.40	0.0
20	8	37.0	4.60	-1.0

图 4 – 1 是根据表 4 – 1 绘制的产量曲线图。图 4 – 1 中横坐标表示可变要素劳动的投入数量 L，纵坐标表示产量 Q，TP_L、AP_L 和 MP_L 三条曲线分别表示总产量曲线、平均产量曲线和边际产量曲线，这三条曲线都是先呈上升趋势，而后达到自身的最大值后，再呈下降趋势。将三条产量曲线绘于同一个坐标图中，就可以反映出短期生产中几条产量曲线之间的相互关系。

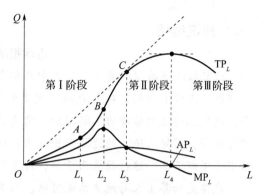

图 4 – 1 一种可变生产要素的生产函数的产量曲线

首先来看总产量和边际产量之间的关系。从定义来看，$MP_L = \Delta TP_L / \Delta L = dTP_L / dL$，可知边际产量是总产量的一阶导数，表示了总产量的变化率。两条产量曲线的形状恰好反映了这种关系。从图 4 – 1 来看，当劳动投入量从 0 增加到 L_2 时，MP_L 为正值且曲线呈上升趋势，由于 MP_L 表示 TP_L 的变化率，TP_L 曲线以递增的变化率上升；同理，当劳动量从 L_2 增加到 L_4 时，MP_L 为正值但曲线下降，TP_L 曲线以递减的变化率上升；当劳动投入量恰好为 L_4 时，$MP_L = 0$，即相应的 TP_L 曲线斜率为零，TP_L 曲线达到最大值。当劳动投入量为 L_2 时，MP_L 曲线达到顶点，对应的 TP_L 曲线上的 B 点是斜率递增和递减的拐点。当劳动投入量达到 L_4 时，进一步增加劳动投入量，MP_L 为负值，所以 TP_L 曲线开始下降。

此外，根据总产量和边际产量之间的关系，在已知 TP_L 曲线的情况下可从中推出 MP_L 曲线，因为 TP_L 曲线任何一点的切线的斜率就是相应的 MP_L 值。如图，当劳动投入量为 L_1 时，过 TP_L 曲线上 A 点的切线的斜率，就是相应的 MP_L 值。

其次来看平均产量和总产量之间的关系。由定义 $AP_L = TP_L / L$ 可知，任一劳动投入量的平均产量都可以用与该要素投入量对应的总产量曲线上点与原点之间连线的斜率表示。

最后，关于边际产量和平均产量之间的关系。从图 4 – 1 中可以看出，当劳动投入量小于 L_3 时，$MP_L > AP_L$，AP_L 曲线上升；当劳动投入量大于 L_3 时，$MP_L < AP_L$，AP_L 曲线下降；当劳动投入量等于 L_3 时，$MP_L = AP_L$，且此时 AP_L 达到最大值。这是因为就任何一对边际产量和平均产量而言，只要边际产量大于平均产量，就会把平均产量拉高；反之，则边际产量把平均产量拉低。当 MP_L 与 AP_L 相交时，AP_L 必达到最大值。此时，OC 既是 TP_L 曲线上 C 点的切线，也是 C 点与原点的连线，其斜率既是 C 点所对应的劳动投入量 L_3 的 MP_L 值，也是 AP_L 值。由于 AP_L 是最大值，因此 OC 是从原点出发与 TP 上任一点连线中最陡的一条。

总结：

1) 当 $MP_L > 0$ 时，TP_L 增加；当 $MP_L < 0$ 时，TP_L 减少；当 $MP_L = 0$ 时，TP_L 达到最大值。
2) 当 $MP_L > AP_L$ 时，AP_L 上升；当 $MP_L < AP_L$ 时，AP_L 下降。
3) 当 $MP_L = AP_L$ 时，AP_L 达到最大值。

知识链接

边际报酬递减与城市化

边际报酬递减规律表明，生产中只要有一种投入不足，其他要素就会出现边际报酬递减的现象。以农业为例，在土地面积固定的情况下，劳动和资本的边际报酬都会递减。一方面，固定土地上的劳动力不断增加，需要养活越来越多的人口；另一方面，边际收益递减规律作用下，固定土地上的边际产出越来越少。两方面共同作用导致人均产出减少，人们的生活水平不断下降。这往往被用于解释许多发展中国家为什么贫困。

我国是世界上人与地关系最紧张、农业劳动集约度最高的国家之一。务农人数多，农业的产出很低。改革开放之后，一方面，随着人口的增加，土地边际收益递减规律仍然发生作用；另一方面，经济建设的发展使耕地面积减少，因而有限土地上的就业压力进一步增加。

如果把固定土地上增加一个劳动力所增加的收益接近于零的那些劳动力称为剩余劳动力，那么家庭联产承包责任制在极大地提高农业效率的同时，也释放出大量的农村剩余劳动力。如何解决土地上释放出来的大量的农村剩余劳动力呢？这主要通过剩余劳动力的转移来实现。

在20世纪80年代，农村剩余劳动力的转移主要以发展乡镇企业为载体，采取了"离土不离乡，进厂不进城"的内部就地转移方式。据统计，1978年—1992年，乡镇企业共吸收7500多万名农村劳动力。然而，进入90年代以后，乡镇企业由于技术进步加快，资本密集程度迅速提高，吸纳剩余劳动力的能力明显下降。

在农村内部就业潜力有限的情况下，农村剩余劳动力必然会离开土地，告别家乡，加入"流动"大军的行列。可以说，90年代以来"农民工"向城市的大流动，不过是未来相当长的一个时期内，农村剩余劳动力跨地区转移的序曲。有人估计，我国农村剩余劳动力的转移要到2050年才能最终完成。

随着农村剩余劳动力向城市的转移，城市人口不断增加。以城市人口占总人口的比例表示城市化水平，那么城市化水平将不断提高。未来的20年中至少有5亿人口要进城，其间我国的城市人口要翻番，城市化具有巨大的经济效益，加快城市化进程是伴随我国经济发展的必然选择。

（资料来源：罗幼强. 对新时期农村劳动力转移的福利经济学度量 [J]. 中国集体经济，2020(27)：115-117. 经整理加工）

4.2.4 短期生产的生产决策

下面我们通过一个实例来讨论短期生产中的最优生产决策如何做出。例如，新开一个蛋糕店，老板雇几个工人更合适？

首先，假设生产中除人工以外的其他生产要素的投入是固定的，例如有房屋和四台烤箱。如果店里只雇一个员工显然是不够的，一个人无法完成四台烤箱的烤面包工作。如果多雇一个人，就可以使用第二台烤箱，每天的面包产量会增加很多。如果再雇一人，三台烤箱都可以开工，每天的面包产量增加更多，如果雇了第四个人，四台烤箱全部用上，而且员工之间相互合作可以提高生产效率，面包产量增加量可以超过第三个雇员带来的增加量。那么，四个员工是最合适的吗？

不是的，因为这时如果多雇一个人，这个人可以做大家的帮手，在其他雇员有事或休息时替代他的工作。可以想象，第五个员工的到来还是可以增加面包产量的。那么，是否每多雇一名员工一定能烤更多面包出来呢？雇几个员工最合适呢？

蛋糕店采购的四台烤箱是资本要素；雇用的工人是劳动要素；面包店老板新建和经营面包店的能力是企业家才能；在烤箱数量不变，只有雇用的工人数量改变的时间周期是短期；那么烤箱作为资本就是短期内的固定生产要素，而雇用的工人作为劳动要素就是短期内的可变生产要素。蛋糕店投入的烤箱和雇用工人的数量与蛋糕的最大产出量之间的关系就是生产函数。蛋糕店蛋糕的总量就是总产量，平均每个工人生产的蛋糕数量就是平均产量，每多雇用一个工人，蛋糕产量的增加量就是边际产量。

在这个时期，我们假定其他的生产条件是不变的，初始状态是：生产蛋糕的技术是不变的，固定生产要素烤箱的投入数量是四台，而可变生产要素劳动，也就是雇用的工人数量是零。第一阶段：随着雇用工人数量的增加，也就是可变生产要素数量的增加，固定生产要素烤箱的数量是多的，而可变生产要素公认的数量是相对不足的，蛋糕的产出量的增加量随着工人数量的增加是递增的，这个阶段要持续到刚好可变生产要素和固定生产要素的数量达到最佳的配比为止，也就是五个工人和四台烤箱。第二阶段：随着雇用工人数量的继续增加，可变生产要素工人的数量相比固定生产要素烤箱而言，慢慢变得过剩了，这个时候随着工人数量的增加，蛋糕产量的增加量是递减的，这在经济学上称为边际报酬递减规律。

根据短期三个产量曲线之间的关系，可以把生产分为三个阶段：

第一阶段：产量曲线的特征为可变要素的边际产量先递增后递减，且始终大于平均产量，总产量和平均产量一直呈上升趋势。理性厂商不会停留在这一阶段进行生产。

第二阶段：可变要素的边际产量递减且小于平均产量，但仍为正值。平均产量呈递减趋势，总产量仍呈上升趋势。

第三阶段：生产函数的特征是边际产量为负值，总产量和平均产量均呈递减趋势。显然，理性厂商也不会在这一区域进行生产。

理性厂商必然选择在第二阶段进行生产，这一区域也被称为生产要素的合理使用区域或经济区域。但在第二区域的生产中，生产者究竟投入多少可变生产要素，不仅取决于生产函数，而且取决于成本函数。

综上所述，根据总产量、平均产量、边际产量的变化情况，可以把短期生产划分为三个阶段：Ⅰ、Ⅱ、Ⅲ（见图 4-1）。

第Ⅰ阶段（$O \sim L_3$ 阶段）：收益递增阶段，生产者不应停留的阶段。在这一阶段中，劳动的边际产量始终大于劳动的平均产量，从而劳动的平均产量和总产量都在上升，且劳动的平均产量达到最大值。这说明在这一阶段，可变生产要素相对于不变生产要素投入量过少，不变生产要素的使用效率不高，生产者增加可变生产要素的投入量就可以增加总产量。因此，生产者将增加生产要素投入量，把生产扩大到第Ⅱ阶段。

第Ⅱ阶段（$L_3 \sim L_4$ 阶段）：收益递减阶段，劳动的边际产量小于劳动的平均产量，从而使平均产量递减。但由于边际产量仍大于零，因此总产量仍然连续增加，但以递减的变化率增加。在这一阶段的起点 L_3，AP_L 达到最大，在终点 L_4，TP_L 达到最大。

第Ⅲ阶段（L_4 之后）：负收益阶段，生产者不能进入的阶段。在这一阶段，平均产量继续下降，边际产量变为负值，总产量开始下降。这说明在这一阶段，生产出现冗余，可变生产要素的投入量相对于不变生产要素过多，生产者减少可变生产要素的投入量是有利的。因此，理性的生产者将减少可变生产要素的投入量，把生产退回到第Ⅱ阶段。

由此可见，**合理的生产阶段在第Ⅱ阶段**，理性的厂商将选择在这一阶段进行生产。至于选择在第Ⅱ阶段的哪一点生产，要看生产要素的价格和厂商的收益。

本节思考

你能想到生活中有哪些边际报酬递减的实例吗？有没有什么方法可以克服这一规律呢？

4.3 长期生产的生产决策

长期中，所有的生产要素都是可变的，在生产理论中，为了分析方便，通常以两种可变要素的生产函数来研究长期生产问题。假定生产者用劳动和资本两种可变要素来生产一种产品，则生产函数的形式为

$$Q = f(L, K) \tag{4-8}$$

式中，L 为可变要素劳动的投入量；K 为可变要素资本的投入量；Q 为产量。该生产函数表示长期中，在技术水平不变的条件下，两种可变要素投入量的组合与能生产的最大产量之间的关系。

在两种可变投入生产函数下，如何使要素投入量达到最优组合，以使生产一定产量下的成本最小，或使用一定成本时的产量最大？西方经济学用等产量曲线（要素之间的技术关系）与等成本曲线（要素之间的经济关系）结合在一起，分析最优的要素组合问题。下面我们先介绍等产量曲线。

4.3.1 等产量曲线

生产理论中的等产量曲线与效用理论中的无差异曲线是很相似的。

1. 等产量曲线的含义及特点

等产量曲线是在技术水平不变的条件下，生产同一产量的两种生产要素投入的所有不同组合点的轨迹。与等产量曲线相对应的生产函数是

$$Q = f(L, K) = Q^0 \tag{4-9}$$

式中，Q^0 为常数，表示既定的产量水平。这一函数是一个两种可变要素的生产函数，如图 4-2 所示，是产量为 Q^0 的等产量曲线图形。

如图 4-3 所示，有三条等产量曲线，分别代表不同的产量水平。

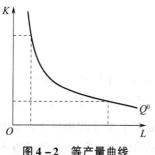
图 4-2 等产量曲线

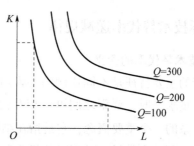
图 4-3 不同水平的等产量曲线

可以看出,等产量曲线具有以下特点:

1) 距原点越远的等产量曲线表示的产量水平越高;反之则越低。

2) 同一平面坐标上的任何两条等产量曲线不会相交。因为每一条产量线代表不同的产量水平。

3) 等产量曲线向右下方倾斜。这意味着在产量水平一定时,增加某一要素的投入量,必须减少另一要素的投入量。这样的调整才是有意义的。如果等产量曲线斜率为正,表明资本和劳动同时增加或减少,才可以维持总产量不变,这是不符合实际的。

4) 等产量曲线凸向原点,这是由等产量曲线的边际技术替代率递减决定的。边际技术替代率递减规律将在下文具体介绍。

2. 等产量曲线的类型

根据生产要素之间的替代性不同,等产量曲线还包括固定比例生产函数等产量线,它表示两种投入要素比例是固定不变的,要素之间的比例是常数,主要有以下几种具体形式:

1) 直角形等产量曲线。在技术条件不变时,如果两种生产要素只能采用一种固定比例进行生产,说明两种生产要素不能互相替代,等产量曲线呈直角形,如图 4-4 所示。等产量曲线的顶角(如 A、B、C 点)代表投入要素最优组合点。例如生产 Q_1 的产量,可以用劳动 L_1 和资本 K_1,如果资本固定在 K_1 上,无论 L 如何增加,产量也不会变化。同样的道理也适用于劳动固定不变的情形。只有当劳动和资本同时按固定比例增加,如图 4-4 中从 A 点到 B 点,才会使产量从 Q_1 增加到 Q_2。这种等产量曲线中,单独增加的生产要素的边际产量为 0。

2) 直线形等产量曲线。在技术条件不变时,两种投入要素之间可以完全替代,且替代比例为常数,此时等产量曲线为一条直线,如图 4-5 所示。这种等产量曲线下,如生产 Q_3 的产量,企业可以资本为主(如 A 点),或以劳动为主(如 C 点),或两者按特定比例的任意组合(如 B 点)生产相同的产量。

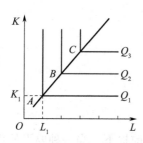
图 4-4 直角形等产量曲线

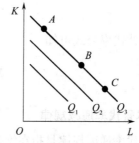
图 4-5 直线形等产量曲线

4.3.2 边际技术替代率递减规律

1. 边际技术替代率的含义

慕课 4–3

长期生产的主要特征是不同比例的要素组合可以生产同一产量水平,即在维持同一产量水平时,要素之间可以相互代替。边际技术替代率是研究要素之间替代关系的一个重要概念,它是指在维持产量水平不变的条件下,增加一单位某种生产要素投入量时所减少的另一种要素的投入数量。以 MRTS_{LK} 表示劳动对资本的边际技术替代率,则

$$\text{MRTS}_{LK} = -\frac{\Delta K}{\Delta L} \tag{4-10}$$

式中,ΔK 和 ΔL 分别表示资本投入量的变化量和劳动投入量的变化量。式中加负号是为了使 MRTS_{LK} 为正值,以便于比较大小。

如果要素投入量的变化量为无穷小,则式 (4–11) 变为

$$\text{MRTS}_{LK} = \lim_{\Delta \to 0} -\frac{\Delta K}{\Delta L} = -\frac{\mathrm{d}K}{\mathrm{d}L} \tag{4-11}$$

等产量曲线上某一点的边际技术替代率就是等产量曲线该点斜率的绝对值。

边际技术替代率为负值,因为在代表给定产量的等产量曲线上,作为代表一种技术上有效率的组合,意味着为生产同一产量,增加 L 的使用量,必须减少 K 的使用量,二者呈反方向变化。

2. 边际技术替代率与边际产量的关系

边际技术替代率(绝对值)等于两种要素的边际产量之比。

设生产函数 $Q = f(L, K)$,当增加一种要素投入同时减少另一要素投入时,则引起的产量变化可以用下式来表示:

$$\mathrm{d}Q = \frac{\mathrm{d}Q}{\mathrm{d}L} \cdot \mathrm{d}L + \frac{\mathrm{d}Q}{\mathrm{d}K} \cdot \mathrm{d}K = \text{MP}_L \cdot \mathrm{d}L + \text{MP}_K \cdot \mathrm{d}K \tag{4-12}$$

因为边际技术替代率是建立在等产量曲线的基础上的,所以对于任意一条给定的等产量曲线来说,当用劳动投入代替资本投入时,在维持产量水平不变的前提下,由增加劳动投入量所带来的总产量的增加量和由减少资本量所带来的总产量的减少量必然相等,因此产量不变,即 $\mathrm{d}Q = 0$,则式 (4–13) 变为 $\text{MP}_L \cdot \mathrm{d}L + \text{MP}_K \cdot \mathrm{d}K = 0$,即

$$-\frac{\mathrm{d}K}{\mathrm{d}L} = \frac{\text{MP}_L}{\text{MP}_K}$$

由边际技术替代率公式可知

$$\text{MRTS}_{LK} = \frac{\text{MP}_L}{\text{MP}_K} \tag{4-13}$$

3. 边际技术替代率递减规律

边际技术替代率递减规律是指在维持产量不变的前提下,当一种要素的投入量不断增加

时，每一单位的这种要素所能代替的另一种生产要素的数量是递减的。以图4-6为例，当要素组合沿着等产量曲线由 a 点按顺序移动到 b、c 和 d 点的过程中，劳动投入等量地由 L_1 增加到 L_2，L_3 增加到 L_4，即 $L_2-L_1=L_4-L_3$，相应的资本投入的减少量为 $K_1K_2>K_3K_4$，这恰好说明了边际技术替代率是递减的。

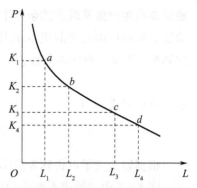

图4-6 边际技术替代率递减

边际技术替代率递减的原因与边际产量递减规律有关。①当资本量不变时，随着劳动投入量的增加，劳动的边际产量有递减趋势；②劳动增加的同时要保证产量不变，需要减少资本投入，资本数量减少将使资本的边际产量逐渐增加，从而 MP_L/MP_K 的值在变小。

我们还可以这样解释：任何一种产品的生产技术都要求各要素投入之间有适当的比例。在劳动投入量很少和资本投入量很多的情况下，减少一些资本可以很容易地通过增加劳动来弥补，以维持原有产量水平。但是在劳动投入增加到相当多的数量和资本投入减少到相当少的情况下，再用劳动去替代资本就会越来越困难。

等产量曲线上的切线斜率绝对值递减，使等产量曲线从左上方向右下方倾斜，并凸向原点。

案例 4-2

小鸡生产的等产量曲线

在美国，每年生产的用于烤制的小鸡的价值超过80亿美元，这种小鸡的主要饲料是玉米和大豆油渣粉。根据联合国经济合作与发展组织提供的数据，按照表4-2中的饲料投入组合，均可以实现小鸡的重量增加一磅。所以，根据这两种饲料的不同组合点可以绘制出小鸡增加一磅重量的等产量曲线。我们还可以观察到每增加0.1磅的玉米可以替代的大豆油渣粉的数量，这一数量是逐渐减少的。

表4-2 小鸡的生产饲料投入组合

玉米数量（磅）	1.0	1.1	1.2	1.3	1.4
大豆油渣粉的数量（磅）	0.95	0.76	0.60	0.50	0.42

案例评析：

根据相同产量的不同要素组合就可以得出等产量曲线，而两种要素之间的相互替代是有规律的，一般情况下，由于存在最佳技术系数，因此，一种要素替代另一种要素的能力是逐渐减弱的，也就是边际技术替代率递减规律。从小鸡的生产饲料投入组合中，我们可以很清楚地看到这一规律。

（资料来源：刘东，梁东黎. 微观经济学教程 [M]. 北京：科学出版社，2005：123. 经整理加工）

4.3.3 等成本曲线

长期生产中，厂商的成本用等成本曲线来表示。等成本曲线又称企业的预算线，**是在企**

业成本和生产要素既定的条件下，生产者所能购买的两种生产要素最大数量的各种组合点的轨迹。假定厂商既定的成本支出为 C，要素市场上劳动的价格用工资率 w 表示，资本的价格用利率 r 表示，则成本方程为

$$C = wL + rK \quad (4-14)$$

这一方程可表示为

$$K = -\frac{w}{r}L + \frac{C}{r} \quad (4-15)$$

根据以上式子可得到等成本曲线，如图 4-7 所示。

图 4-7 中，等成本曲线的纵截距 C/r 表示全部成本支出用于购买资本时所能购买的资本数量，横截距 C/w 表示全部成本支出用于购买劳动时所能购买的劳动数量。等成本曲线的斜率为 $-w/r$，其大小取决于劳动和资本两要素相对价格的高低。

图 4-7 中，在等成本曲线以下的区域，其中的任意一点表示既定的总成本没有用完；等成本曲线以上的区域，其中的任意一点表示既定的成本不够购买该点的劳动和资本的组合；等成本曲线上的任意一点表示既定的全部成本刚好能购买的劳动和资本的组合。

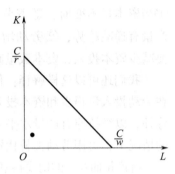

图 4-7 等成本曲线

如果两种生产要素的价格不变，等成本曲线可因总成本的增加或减少而平行移动。等成本曲线的斜率不会发生变化，在同一平面上，距离原点越远的等成本曲线代表成本水平越高。如果厂商的成本或要素的价格发生变动，都会使等成本曲线发生变化。其变化情况依两种要素价格变化情况的不同而具体分析。

等成本曲线的特征包括：
1）线上每一点的两种要素组合不同，但总成本支出相等。
2）等成本曲线向右下方倾斜，两种要素在数量上是替代关系。
3）若成本 C 或要素价格 r/w 变化，则等成本曲线的位置也会发生变化。

4.3.4　生产要素的最优组合

在长期生产中，任何一个理性的生产者都会选择最优的生产要素组合进行生产，从而实现利润的最大化。**生产要素的最优组合是指在既定的成本条件下的最大产量或既定产量条件下的最小成本。生产要素的最优组合又称生产者的均衡。**下面分两种情况来分析。

1. 既定成本下最大产量的要素最佳组合

假定厂商的既定成本为 C，劳动的价格为 w，资本的价格为 r，把等成本曲线和等产量曲线画在同一个平面坐标系中，如图 4-8 所示。从图 4-8 中可以确定厂商在既定成本下实现最大产量的最优要素组合是等产量曲线和等成本

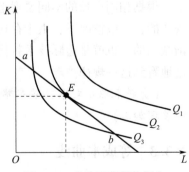

图 4-8　生产要素最佳组合

曲线的切点 E，即生产的均衡点。

因为成本既定，所以图 4-8 中只有一条等成本曲线，但可供厂商选择的产量水平有很多，图中画出了 3 个产量水平 Q_1、Q_2、Q_3。先看等产量曲线 Q_1，等产量曲线 Q_1 代表的产量水平最高，但处于等成本曲线以上的区域，表明厂商在既定成本条件下，不能购买到生产 Q_1 产量所需的要素组合，因此 Q_1 代表厂商在既定成本下无法实现的产量。

再看等产量曲线 Q_3，等产量线 Q_3 与等成本曲线交于 a、b 两点，在 a 点由于等产量曲线的斜率的绝对值大于等成本曲线的斜率的绝对值，即 $MRTS_{LK} > w/r$，假定 $MRTS_{LK} = -dK/dL = 4/1$，$w/r = 1/1$。在生产过程中，厂商放弃一单位的资本投入量时，只需加 0.25 单位的劳动投入量就可以维持产量不变；在生产要素市场上，厂商在不改变成本总支出的情况下，减少一单位的资本购买可以增加一单位的劳动购买，这样厂商在减少一单位资本投入量的情况下，可以因为多得到 0.75 单位的劳动投入量而使总产量增加，所以只要 $MRTS_{LK} > w/r$，厂商就会在不改变总成本支出的情况下，通过不断地用劳动代替资本而使总产量增加。同样的道理，可以分析 b 点的厂商行为。在 b 点时，由于等产量曲线的斜率的绝对值小于等成本曲线的斜率的绝对值，即 $MRTS_{LK} < w/r$，同样假定 $MRTS = -dK/dL = 1/4$，$w/r = 1/1$，则在生产过程中，厂商减少一单位的劳动投入量只需增加 0.25 单位的资本投入量，就可以维持原有的产量水平；而要素市场上减少一单位劳动的购买量可多购买一单位的资本，因此厂商在减少一单位劳动投入量的情况下，就可因为多得到 0.75 单位的资本投入量而使总产量增加，所以，只要 $MRTS_{LK} < w/r$，厂商就会在不改变总支出的情况下，通过不断地用资本代替劳动而使总产量增加。因此，厂商不会在 a、b 两点达到均衡。

最后看等产量曲线 Q_2。等产量曲线 Q_2 与等成本曲线相切于 E 点，则此时等成本曲线的斜率的绝对值与等产量曲线的斜率的绝对值相等，即 $MRTS_{LK} = w/r$，此时无论厂商减少劳动投入量或减少资本投入量，在维持成本不变的情况下，都不可能多得到另一种生产要素的投入量，因此也不能使总产量增加，所以此时厂商不再变动生产要素组合，实现了生产者均衡，也达到了生产要素的最优组合。

所以，达到生产要素最优组合的条件是

$$MRTS_{LK} = \frac{w}{r} \qquad (4-16)$$

2. 既定产量下最小成本的要素最佳组合

假设厂商的既定产量为 Q，则可用图 4-9 来分析既定产量下的最优生产要素组合。

图 4-9 中有一条等产量曲线 Q，三条等成本曲线 AB、$A'B'$、$A''B''$。等产量曲线 Q 代表既定的产量，三条等成本曲线的斜率相同，但总成本支出不同：$C_{A''B''} > C_{A'B'} > C_{AB}$。

图 4-9 中，等成本曲线 AB 与等产量曲线 Q 没有交点，等产量曲线 Q 在等成本曲线 AB 以外，所以产

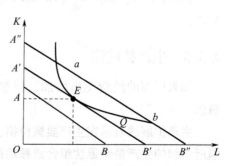

图 4-9 既定产量下的最小成本

量 Q 是在 AB 水平下无法实现的产量水平。等成本曲线 $A''B''$ 与等产量曲线 Q 有两个交点 a、b，等成本曲线 $A'B'$ 与等产量曲线 Q 相切于 E 点，按照上述相同的分析方法可知，厂商不会在 a、b 点达到均衡，只有在切点 E 才是厂商的最优生产要素组合。

因此，厂商最优生产要素组合的约束条件仍然是

$$\mathrm{MRTS}_{LK} = \frac{w}{r}$$

该式表示厂商应该选择最优的生产要素组合，使两要素的边际技术替代率等于两要素的价格之比，从而实现成本既定条件下产量最大，或产量既定条件下成本最小。

上式说明如果劳动和资本可以实现替代，那么生产要素最优组合比例不仅要视它们各自的生产力而定，而且要视它们各自的价格而定。

💡 案例 4-3

用玉米可以替代石油？

为了减少对石油的依赖，美国正在加速建造利用玉米制造乙醇的工厂。据美国可再生燃料协会统计，美国新建了 34 座这种工厂，扩建了 8 座，并计划继续建造 150 座。扩建后的威尔森工厂，已成为美国最大的玉米制造乙醇工厂，每年可生产 1.2 亿加仑（1 加仑≈3.785 升）乙醇。原来玉米和石油之间还具有替换关系。如果从经济学理论的角度对用玉米换汽油进行分析，会发现什么呢？

📝 案例评析：

1）这说明技术使不同要素和资源之间存在潜力无穷的替代关系。

例如，适当的转换技术使玉米和汽油之间形成替代关系，适当的节水技术使钢铁和水资源之间形成替代关系，适当的提炼技术使沙石与铜铝金属材料之间在信息传导材料上形成替代关系。

2）经济生活中存在无穷无尽的替代关系。实际上应当运用什么技术，采用什么要素组合，取决于要素供求稀缺强度及其相对价格。

当玉米过剩，国际油价近 100 美元大关，石油价格高涨时，很多国家开始寻找石油的替代品，用玉米替代石油，形成最优要素组合，具有一定的战略意义。

（资料来源：http://www.most.gov.cn/gnwkjdt/200602/t20060226_29047.html. 经整理加工）

4.3.5 生产扩展线

如果厂商的经费支出增加，他想扩大生产要素投入以增加产量。这就是生产扩展的概念。

生产扩展线表示在生产要素价格、生产技术和其他条件不变的情况下，企业扩大生产规模所引起的生产要素最优组合点移动的轨迹。

如图 4-10 所示，如果生产要素价格不变，厂商的经费支出增加，等成本曲线会平行地

向上移动；如果厂商改变产量，等产量曲线也会发生平移。这些等产量曲线将与相应的等成本曲线相切，形成一系列生产者均衡点，把所有这些连接起来形成的曲线叫作生产扩展线。图 4-10 中的曲线 ON 就是一条生产扩展线。由于生产要素的价格保持不变，生产者均衡约束条件又是 $MRTS_{LK} = w/r$，因此生产扩展线上所有的生产均衡点的边际技术替代率都相等。在生产扩展线上，可以用最小成本生产最大产量，从而获得最大利润，所以厂商愿意沿此路径扩大生产，虽然其他

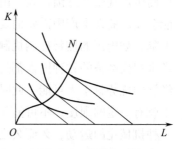

图 4-10 生产扩展线

路径也能达到使产量扩大的结果，但不是最优路径，只有沿均衡点扩大规模才是最优路径。但厂商究竟会把生产推进到生产扩展线上的哪一点，单凭生产扩展线是不能确定的，还要看市场上需求的情况。

4.3.6 规模报酬

规模报酬研究的是所有生产要素的变化与所引起的产量变化之间的关系，属于长期生产理论。规模报酬（Returns to Scale）是指在其他条件不变的情况下，企业内部各种生产要素按相同比例变化时所带来的产量变化。它有以下三种类型：

慕课 4-4

1) 规模报酬递增。若产量增长率快于各种生产要素投入增长率，则称该生产函数为规模报酬递增。规模报酬递增是指所有投入要素如增加 λ 倍，则产出增加会大于 λ 倍，即

$$f(\lambda L, \lambda K) = nQ, \quad n > \lambda \tag{4-17}$$

2) 规模报酬固定。若产量增长率等于各种生产要素投入增长率，则称该生产函数为规模报酬固定。规模报酬固定是指所有投入要素如增加 λ 倍，则产出也会增加 λ 倍，即

$$f(\lambda L, \lambda K) = \lambda Q \tag{4-18}$$

3) 规模报酬递减。若产量增长率慢于各种生产要素投入增长率，则称该生产函数为规模报酬递减。规模报酬递减是指所有投入要素如增加 λ 倍，则产出增加会少于 λ 倍，即

$$f(\lambda L, \lambda K) = nQ, \quad n < \lambda \tag{4-19}$$

例如，在大规模生产中，工人可进行更加有效的分工协作，每个人专门从事某项具体工作的效率要远远高于每个人从头到尾完成每一道工序。这就是专业化分工带来的好处，这一点早在 18 世纪就由经济学之父亚当·斯密提出。在《国富论》中，他以大头针行业为例，一个未受到专业训练的人，一天只能勉强做一个大头针，但如果将生产分为 18 个工序，每人只承担一个工序，人均日产量达到 4800 个大头针，专业化带来的规模经济是十分显著的。产生规模报酬递增的主要原因是企业生产规模扩大所带来的生产效率的提高。它表现为：生产规模扩大后，企业能够利用更先进的技术和机器设备等生产要素，而规模较小的企业可能无法利用这些技术和生产要素。此外，生产规模扩大时，企业容易实行现代化管理，从而发挥各种要素的组合功能，造成一种新的生产力，带来更大的效率和效益。

规模报酬递减的主要特征是当生产要素按相同比例同时增加时，产量增加的比例小于投入要素的变化比例。造成规模报酬递减的主要原因有两个：①生产要素可得性的限制。随着

厂商生产规模的逐渐扩大，由于地理位置、原材料供应、劳动力市场等多种因素的限制，可能会使厂商在生产中需要的要素投入不能得到满足。②生产规模较大的厂商在管理上效率会下降，如内部的监督控制机制、信息传递等，容易错过有利的决策时机，使生产效率下降。带来规模经济的各种因素都是有一定极限的，当生产规模达到一定程度后，进一步享受规模经济的优势就不太可能，此时，规模不经济的因素开始占上风。例如，生产要素的专业化分工就有一定的限度，不可能无限地加以细分，分工太细会带来副作用：一旦工人的工作成了一种机械化的运动，久而久之，就会使人产生厌烦的情绪，失去创造性思维，从而降低劳动生产率。此外，几何因素的规模经济含义也是有条件的。输油管道的直径不能无限制地扩大，直径过大的输油管道铺设起来十分困难，其成本必然增加。同时，规模的过大也可能使运输费用增加，因为原料可能需要从更远的地方运来，产品则需要运到更远的地方去销售。例如发电厂的规模越大，电力输送的目的地就越远，电力输送中的损耗也就越大，从而导致单位成本的上升。

当然，规模不经济的原因还可能来自其他方面，但其中主要的一个因素就是过大规模的生产带来管理上的低效率。对任何一家企业而言，生产规模越大，管理层次越多，企业内的协调和控制也就越困难；信息在上下传递的过程中容易丢失或被扭曲，管理者之间、管理者与工人之间的联系与交流也日益困难。由于决策者不能及时得到正确的信息，就无法做出正确的决策；即使决策已定，真正付诸实施也需要更长时间，并且执行的有效性很难得到保证。这种管理上的局限性带来了规模经济报酬递减。有的经济学家认为，规模报酬递减规律只不过是边际报酬递减规律的一个特例，因为即使在长期内，仍有一些要素的投入（如管理要素）是无法增加的。例如，无论一家企业扩张到多大规模，总经理只能有一个。

产量增加的比例等于各种生产要素增加的比例，称为规模报酬不变。其原因主要是在规模报酬递增阶段的后期，大规模生产的优势已经得到充分发挥，而尝试某种生产组合的调整受到了技术上的限制。

因此，一个厂商或一个行业的生产规模不能过小，也不能过大，即要实现适度规模。对一个厂商来说，两种生产要素的增加应该适度。适度规模就是两种生产要素的增加（即生产规模的扩大）正好使收益递增达到最大。当收益递增达到最大时就不再增加生产要素，并使这一生产规模维持下去。

英国政治经济学家马尔萨斯于1798年出版了《人口原理》一书，书中假定：在人类社会，人口在无所妨碍时，以几何级数增长；而生活资料只能以算数级数增长。该书援引美国人口每25年翻一番、土地生产物只能以算数级数增长作为例证，马尔萨斯预言人类社会会发生饥荒和危机。然而，人类的历史并没有按马尔萨斯的预言发展。

这是因为在20世纪，技术发展突飞猛进，改变了许多国家的食物的生产方式，劳动的平均产出普遍上升。这些进步包括高产抗病的良种、更高效的化肥、更先进的收割机械。在第二次世界大战结束后，世界上总的食物生产的增幅总是或多或少地高于同期人口的增长。技术的进步是粮食产量增长的主要源泉，也是马尔萨斯的预言失败的主要原因。

微观经济学对生产函数的分析，无论在短期还是在长期，基本都不包含对技术进步因素的直接分析。其原因至少有三点：①技术进步发生作用的时间，通常比调节资本等长期变量所需要的时间还要长。②技术的突破性进展，其发生频率往往很难事先预料。③对技术进步进行度量，比度量其他常规经济变量如劳动、资本等有更多困难。由于这些原因，微观经济学一般不直接分析技术进步因素的内容，技术进步对于经济的影响和机制，通常在发展经济学或增长理论等专门学科中讨论。由于生产函数的确受到技术因素的影响，因此随着技术进步，生产函数会发生变化并提升生产效率。

本 节 思 考

如何用不同形状的生产扩展线反映两种要素组合比例不同的变化情况，如向资本密集型扩展还是向劳动密集型扩展？

4.4 经济学中的成本概念

4.4.1 机会成本

慕课 4-5

机会成本是指厂商将一定资源用作某种用途时所放弃的其他各种用途中的最大收入，或者将一定资源保持在这种用途上必须支付的成本。西方经济学从稀缺资源配置的角度来研究生产一定数量某种产品所必须支付的代价。这意味着必须用机会成本概念来研究厂商的生产成本。西方经济学中生产成本概念与会计成本概念的区别在于，后者不是从机会成本而是从各项直接费用的支出来统计成本的。例如，当一个厂商决定将一吨原油用作燃料时，就不能再用这一吨原油生产化纤等其他产品。假定原油价格为1000元/吨，可发电1000度，可生产化纤500吨。假定化纤收入是各种产品中最高的，则用一吨原油发电的机会成本就是一吨原油所能生产的化纤的收益。假定化纤价格为10元/吨，则用货币表示的每一度电的机会成本是5元，而会计成本仅为1元。当一个厂商决定生产一辆汽车时，这就意味着该厂商不可能再用生产汽车的经济资源来生产20辆自行车。于是便可以说，生产一辆汽车的机会成本是20辆自行车。如果用货币数量来替代对实物商品数量的表述，且假定20辆自行车的价值为1万元，则可以说，一辆汽车的机会成本是价值为1万元的其他商品。晚上有朋友请你吃饭，为此你不得不推掉一个可以挣100元的临时演员机会，那么100元就是你吃这顿饭的机会成本。

利用机会成本概念进行经济分析的前提条件是：资源是稀缺的，资源具有多种用途，资源已经得到充分利用，资源可以自由流动。

经济分析的目的在于考察资源的最优配置，采用机会成本能够促使各种要素用于最优的用途。需要注意的是，机会成本并不是企业实际支付的成本，而是人们在决策中必须考虑到的一个重要概念，因而可以将这一概念推广到任何有关人类行为的决策过程中去。人们无时无刻不在进行选择：是吃面包还是吃米料；是买短款的衣服还是买长款的衣服；是继续工作还是先去吃饭；是回家过年还是出去旅游……有人说，人生最苦难的不是去争取，而是选择性地放弃。的确，当面对重大决策时，因为我们在心底从来不愿轻易放弃任何可能得到的东西，所以机会成本越高，我们的选择就越困难。

4.4.2 经济成本

小王刚大学毕业，用自己家里资助的 30 万元资金办了一个服装厂。一年结束时，会计拿来了收支报表。小王正看报表时，他的一个学经济学的同学小李来了。小李看完报表后说，我的算法和你的会计不同。小李也列了一份收支报表。这两份报表见表 4-3。

慕课 4-6

表 4-3 不同的两种报表

会计的报表（会计成本）	单位：万元	小李的报表（经济成本）	单位：万元
销售收益	98	销售收益	98
厂房租金	5	厂房租金	5
原材料	60	原材料	60
电力	5	电力	5
工资	10	工资	10
贷款利息	15	贷款利息	15
		小王应得的工资	3
		自有资金利息	1
总成本	95	总成本	99
利润	3	利润	-1

会计报表中的总成本是实际支出的会计成本，小李的报表中的总成本是经济成本。会计算出的利润是会计利润，小李算出的利润是经济利润。在企业做出决策时，了解会计成本与经济成本之间的差别是十分重要的。

会计成本是指厂商在生产中按市场价格直接支付的一切费用。这些费用一般要反映到厂商的会计账目上去，是企业已支出的货币的记录，因此也叫作历史成本，是会计记录在公司账册上的客观的和有形的支出，包括生产、销售过程中发生的原材料、动力、工资、租金、广告、利息、土地和房屋的租金、折旧等支出。在上述会计报表中，用于厂房租金、原材料、电力、工资和贷款利息的支出（95 万元）是会计成本。销售收益（98 万元）减去会计成本（95 万元），就是会计利润（3 万元）。会计成本是显性成本，但往往不能准确反映厂商生产的实际代价。

经济成本是在会计成本上加上隐性成本，即经济成本等于会计成本与隐性成本之和。因此，了解这两种成本差别的关键是隐性成本。

隐性成本是指厂商本身所拥有并被用于生产过程的那些生产要素的总价格。从机会成本角度看，必须按照企业自有要素在其他最佳用途所能得到的收入来进行衡量。隐性成本是隐藏于企业总成本之中、游离于财务审计监督之外的成本，如管理层决策失误带来的巨额成本增加、领导的权威失灵造成的上下不一致、信息和指令失真、效率低下等。相对于显性成本，这些成本隐蔽性大，难以避免、不易量化。

经济成本与会计成本的差别在于以下两点：

1）经济成本包括正常利润，即厂商对自己提供的企业家才能的报酬支付。正常利润是隐性成本的一部分。小王自己办厂，不会向自己支付工资。会计成本中没有这一项。但从机会成本的角度看，他如果不自己办厂，则可以去上班，赚到工资。所以，他放弃的上班的工资收入就是把自己的时间与精力用于办厂的机会成本。我们假设小王去上班，每年工资收入为3万元，所以，自己办厂的经济成本之一，即正常利润，就是放弃的这3万元收入。

2）经济成本包括小王办厂使用自有资金所放弃的利息。这是隐性成本的一部分。会计成本中也没有这一项。小王办厂使用的资金中部分是自有资金（30万元），他不会给自己的资金支付利息，会计报表中当然没有这项记录。但如果把这笔钱存入银行，可获得1万元利息。那么，这1万元就是小王办厂的经济成本之一。

所以，经济成本为99万元，销售收益为98万元，实际上还亏了1万元，即经济利润为 -1万元。

小李在向小王说明这一切后告诉他：从会计师的角度看你赚了3万元，但从经济学家的角度看你只亏了1万元。小王听后恍然大悟。

小王的例子告诉我们，当做出一个决策时，仅仅考虑会计成本是不够的，还要考虑经济成本。

经济学中的成本概念与会计学中的成本概念之间的关系可以用下列公式表示：

$$会计成本 = 显性成本$$

$$经济成本 = 隐性成本 + 显性成本$$

由此可见，经济学中的利润概念与会计学中的利润概念也不一样。**经济学中的利润是指经济利润，等于总收入减去总成本的差额。**

从前面的介绍已经知道，隐性成本是指稀缺资源投入任一种用途中所能得到的正常的收入，如果在某种用途上使用经济资源所得的收入还抵不上这种资源正常的收入，该厂商就会将这部分资源转向其他用途以获得更高的报酬。因此，西方经济学中隐性成本又被称为正常利润。会计利润减去隐性成本，就是经济学中的利润概念，即经济利润。企业所追求的利润就是最大的经济利润。由此可见，正常利润相当于中等的或平均的利润，它是生产某种产品所必须付出的代价。如果生产某种产品连正常的利润都达不到，资源就会转移到其他用途中去，该产品就不可能被生产出来。而经济利润相当于超额利润，即总收益超过机会成本的部分。

经济利润可以为正、负或零。在西方经济学中，经济利润对资源配置和重新配置具有重要意义。如果某一行业存在着正的经济利润，这意味着该行业内企业的总收益超过了机会成本，生产资源的所有者将会把资源从其他行业转入这个行业中。因为他们在该行业中可能获得的收益超过了该资源的其他用途。反之，如果一个行业的经济利润为负，生产资源将会从该行业退出。经济利润是资源配置和重新配置的信号。正的经济利润是资源进入某一行业的信号；负的经济利润是资源从某一行业撤出的信号；只有经济利润为零时，企业才没有进入某一行业或从中退出的动机。

上述利润与成本之间的关系可用下列公式表示：

$$会计利润 = 总收益 - 会计成本$$

$$正常利润 = 隐性成本$$

$$经济利润 = 总收益 - 经济成本 = 总收益 - (显性成本 + 正常利润)$$

案例 4-4

让顾客自行定价的鞋城老板

在天津市某鞋城，促销口号是"公开成本价，让顾客自由加价"。此口号一时间在天津有线电视台连续播放数日，一日我带着好奇也去这个鞋城买鞋。广告的效应不错，鞋城门庭若市，买鞋的人很多。我当时看到了一双喜欢的鞋，标价是149.8元，拿出150元就和售货员说："我加2角钱。"售货员说："加价一般都在2元之上，如果都像你这样，我们就赔了。"我说："我1分钱不加，你们该赚的钱都赚到手了，不信你问你们老板。"说着走过来一位先生，好像是管理人员。同意了我加2角钱。我买走了这双鞋。

鞋的实际成本包括鞋的进价、租用鞋城的场地租金、水电费、税收以及雇用店员等销售费用的开支。假定实际成本支出是10万元。机会成本是一种资源用于某种用途时可能得到的收入。开鞋城需要投资10万元，如果不用来开鞋城，这10万元放在银行的利息是0.3万元；鞋城的老板如果不开鞋城，那么他将有一份稳定的工作，每年工资收入是2万元。这两项之和是2.3万元，就是开鞋城的机会成本。这2.3万元也是开鞋城的正常利润，是开鞋城的老板的报酬。

案例评析：

案例中老板的"公开成本"是经济学上的成本，而不是会计成本，是实际成本和机会成本之和12.3万元，如果顾客一分钱不加，鞋城老板把该赚的钱都赚到手了。如果顾客高于公开的成本价买鞋，假如一年顾客高于成本价累加起来是1万元，对鞋城老板来说，这1万元是超额利润。鞋城老板利用了经济学成本与会计学成本的差异创造了这一新的销售方式，赚取了正常利润和超额利润。

（资料来源：https://www.docin.com/p-2176620470.html. 经整理加工）

4.4.3 沉没成本

我们把已经发生的、不可收回的支出，如时间、金钱、精力等称为沉没成本（Sunk Cost）。在经济学和商业决策制定过程中会用到"沉没成本"的概念，代指已经付出且不可收回的成本。沉没成本常用来和可变成本做比较，可变成本可以被改变，而沉没成本则不能被改变。大多数经济学家们认为，如果人是理性的，那就不该在做决策时考虑沉没成本。2001年诺贝尔经济学奖获得者约瑟夫·斯蒂格利茨说，普通人（非经济学家）常常不计算"机会成本"，而经济学家则往往忽略"沉没成本"——这是一种睿智。他在《经济学》一书中说："如果一项开支已经付出并且不管做出何种选择都不能收回，一个理性的人就会忽略它。"接着，他举了个例子："假设现在你已经花7美元买了电影票，你对这场电影是否值7美元表示怀疑。看了半小时后，你最坏的怀疑应验了：这电影简直是场灾难。你应该离开电影院吗？在做这一决策时，你应该忽视这7美元。这7美元是沉没成本，不管是去是留，这钱你都已经花了。"

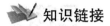 **知识链接**

沉没成本与决策

机会成本是决策相关成本,需要在决策时予以考虑,而沉没成本是决策非相关成本,应该排除在决策之外。现实经济中,骑虎难下的投资项目比比皆是,到底是继续投资还是决然退出,总是令投资决策者左右为难,其原因就在于巨大的沉没成本。

中国航空工业第一集团公司与美国麦道公司于1992年签订合同,合作生产MD90干线飞机。1997年项目全面展开,1999年双方合作制造的首架飞机成功试飞,2000年第二架飞机再次成功试飞,并且两架飞机很快取得美国联邦航空局颁发的单机适航证。这显示我国在干线飞机制造和总装技术方面已达到20世纪90年代的国际水平,并具备了小批量生产能力。

然而,就在2000年8月,该公司决定今后民用飞机不再发展干线飞机,而是转向发展支线飞机,MD90项目也下马了。这一决策立时引起广泛争议和反对。在就该项目展开的大讨论中,许多人反对干线飞机项目下马的一个重要理由就是,该项目已经投入数十亿元巨资,在终尝胜果之际下马造成的损失实在太大了。

反对者的惋惜与痛苦心情可以理解,但这丝毫不构成该项目应该上马的理由,因为不管该项目已经投入了多少人力、物力、财力,对于上下马的决策而言,其实都是无法挽回的沉没成本。事实上,干线飞机项目下马完全是"前景堪忧"使然。从销路看,原打算生产150架飞机,到1992年首次签约时定为40架,后又于1994年降至20架,并约定由中方认购。但民航只同意购买5架,其余15架没有着落。因此,在没有市场的情况下,下马是果断而理性的最佳选择。

市场及技术发展瞬息万变,投资决策失误在所难免,尽可能减少沉没成本的支出无疑是所有厂商都希望的。可是,如何避免决策失误导致的沉没成本呢?这就要求厂商有一套科学的投资决策体系,要求决策者从技术、财务、市场前景和产业发展方向等方面对项目做出准确判断。更为关键的是,在投资失误已经出现的情况下如何避免将错就错。

(资料来源:https://wenku.baidu.com/view/ebd261d1d7bbfd0a79563c1ec5da50e2524dd176.html. 经整理加工)

本节思考

谈一谈你对机会成本的理解,你能计算一下你上大学所花费的全部成本吗?

4.5 短期成本问题

企业生产必须通过一定的要素投入来实现,而投入要素需要付出成本,所以随着企业生产数量的变化,相应的成本就要随之变化。成本变动的规律又受时间长短的制约,因此,生产成本被区分为短期成本和长期成本。只能对部分要素进行调整,而不能对全部要素进行调整的一段时期内所发生的成本

慕课4-7

为短期成本。对一切要素均可调整的时期内所发生的成本称为长期成本。

4.5.1 短期成本的几个概念

在短期中，由于生产要素分为固定投入和可变投入，因此短期中的成本相应地区分为固定成本、变动成本、总成本、平均固定成本、平均变动成本、平均成本、边际成本七个成本概念。

慕课 4-8

1. 固定成本

固定成本（Fixed Cost，FC）是指那些短期内无法改变的固定投入所带来的成本。这部分成本不随产量的变化而变化。它一般包括厂房和资本设备的折旧费、地租、利息、财产税、广告费、保险费等项目支出。即使在企业停产的情况下，也必须支付这些费用。

当产量为零时，也须付出相同数量的支出；当产量增加时，这部分支出不变。因此，总固定成本曲线 TFC 为一条水平线。

2. 变动成本

变动成本（Variable Cost，VC）是指短期内可以改变的可变投入的成本。它随产量的变化而变化。例如，原材料、燃料、动力支出、雇用工人支付的工资等。当产量为零时，变动成本也为零。产量越多，变动成本也越多。总变动成本（Total Variable Cost，TVC）是产量的函数，随产量的增加而增加。总变动成本曲线 TVC 是从原点开始的不断向右上方上升的曲线。

TVC 的变动规律是：初期随着产量增加先递减上升，到一定阶段后转入递增上升。

3. 总成本

总成本（Total Cost，TC）是指短期内生产一定产量所付出的全部成本，即厂商总固定成本与总变动成本之和。由于 TVC 是产量的函数，因此 TC 也是产量的函数。其公式为

$$TC(Q) = TFC + TVC(Q) \tag{4-20}$$

由于 TFC 值不变，所以 TC 与 TVC 任一点的垂直距离始终等于 TFC，且变动规律与 TVC 的变动规律一致，只是不从原点出发。

总成本、总固定成本、总变动成本的曲线形状及相互关系可以用图 4-11 说明。图 4-11 中，TFC 是一条水平线，表明 TFC 与产量无关。TVC 与 TC 曲线形状完全相同，都是先以递减的速度上升，再以递增的速度上升。不同的是，TVC 的起点是原点，而 TC 的起点是 TFC 与纵坐标的交点。这是因为总成本是由总固定成本和总变动成本加总而成的，而总固定成本是一常数，所以任一产量水平的 TC 与 TVC 之间的距离均为 TFC。

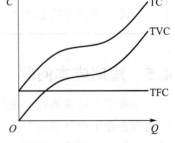

图 4-11 总成本、总固定成本和总变动成本曲线

4. 平均固定成本

平均固定成本（Average Fixed Cost，AFC）是指厂商短期内平均生产每一单位产品所消耗的固定成本。其公式为

$$AFC = \frac{TFC}{Q} \tag{4-21}$$

AFC 曲线随产量的增加而不断下降。这是因为短期中总固定成本保持不变。由 AFC = TFC/Q 可知，随着 Q 增加，平均固定成本递减，但 AFC 曲线不会与横坐标相交，这是因为短期中总固定成本不会为零。

5. 平均变动成本

平均变动成本（Average Variable Cost，AVC）**是指厂商短期内平均生产每一单位产品所消耗的总变动成本**。其公式为

$$AVC = \frac{TVC}{Q} \tag{4-22}$$

初期随着产量的增加，AVC 不断下降，当产量增加到一定量时，AVC 达到最低点，而后随着产量继续增加，AVC 开始上升。

图 4 – 11 中，从原点引一条射线与 TVC 相切，切点的左边，总可变成本增长慢于产量增长，因此 TVC/Q 的值是下降的。在切点的右边，总可变成本快于产量增长，因此 TVC/Q 的值是上升的。在切点对应的产量上，平均可变成本达到最低点。

6. 平均成本

平均成本（Average Cost，AC）**是指厂商短期内平均生产每一单位产品所消耗的全部成本**。其公式为

$$AC = \frac{TC}{Q}$$

由 TC = TFC + TVC 得

$$AC = \frac{TC}{Q} = \frac{TFC + TVC}{Q} = \frac{TFC}{Q} + \frac{TVC}{Q}$$

即 AC = AFC + AVC

上式说明平均成本由平均固定成本和平均变动成本构成。

7. 边际成本

边际成本（Marginal Cost，MC）**是指厂商在短期内增加一单位产量所引起的总成本的增加**。其公式为

$$MC = \frac{\Delta TC}{\Delta Q} \tag{4-23}$$

当 $\Delta Q \to 0$ 时，

$$MC = \lim_{\Delta Q \to 0} \frac{\Delta TC}{\Delta Q} = \frac{dTC}{dQ}$$

从公式可知，MC 是 TC 曲线上相应点的切线的斜率。

4.5.2 短期成本曲线之间的关系

我们来具体观察一下以上短期成本曲线的规律及相互关系。成本的曲线以及它们之间的

关系如图 4-12 所示。AC、AVC、MC 曲线都是 U 形。AC 曲线在 AVC 曲线的上方，它们之间的距离相当于 AFC，而且 MC 曲线分别与 AVC 曲线、AC 曲线的最低点相交于 M、E 点。

在企业生产初期，随着产量的增加，AC 不断下降，当产量增加到一定量时，AC 达到最低点，而后随着产量的继续增加，AC 开始上升。

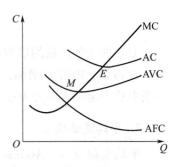

图 4-12　短期平均成本曲线和边际成本曲线

在图 4-11 中，从原点引一条射线与 TC 相切，切点的左边，总可变成本增长慢于产量增长，因此 TC/Q 的值是下降的。在切点的右边，总可变成本快于产量增长，因此 TC/Q 的值是上升的。在切点对应的产量上，平均总成本达到最低点。

AC 与 AVC 的变动规律相同，但有两点不同：

1）AC 一定在 AVC 的上方，两者差别在于垂直距离永远是 AFC。当 Q 无穷大时，AC 与 AVC 无限接近，但永不重合、不相交。

2）AC 与 AVC 最低点不在同一个产量上，而是 AC 最低点对应的产量较大。即 AVC 已经达到最低点并开始上升时，AC 仍在继续下降，原因在于 AFC 是不断下降的。只要 AVC 上升的数量小于 AFC 下降的数量，AC 就仍在下降。

边际成本曲线的变动规律是：MC 随着产量的增加，初期迅速下降，很快降至最低点，而后迅速上升，上升的速度快于 AVC、AC。MC 的最低点在 TC 由递减上升转入递增上升的拐点的产量上。

由于 TC = FC + VC，而 FC 始终不变，因此 MC 的变动与 FC 无关，MC 实际上等于增加单位产量所增加的可变成本，即

$$MC = \frac{dTC}{dQ} = \frac{dVC}{dQ}$$

因为 dTC = dVC + dFC，而 dFC = 0。

 案例 4-5

老太太买菜逛个遍

不同的人买菜的方式不同。老太太买菜一般是先把菜市场逛个遍，看不同摊位的蔬菜质量和价格，最后择优而买。有的甚至不惜走一段路到其他市场去买。上班族则要简单得多，就近碰到合适的则买，很少花时间去逛菜摊和进行比较。从经济学的角度看，他们的行为方式都是理性的。

经济学家认为，信息是人们做出决策的基础。信息是有代价的，获得信息要付出金钱与时间，这是寻找信息的成本，可称为搜寻成本。信息也会带来收益。有更充分的信息可以做出更正确的决策，这种决策会使经济活动的收益更大，这就是搜寻收益。老太太逛菜摊就是一种寻找信息的活动，所用的金钱（如磨损鞋子所需的支出）和时间就是搜寻成本。对各个摊位的蔬菜质量与价格信息进行比较而买到更好、更便宜的菜就是搜寻收益。

人不可能得到完全信息，因为得到完全信息的成本高到不可能实现。所以，人无法做出

完全理性的决策。正常情况下，人都是以有限信息为基础做出有限理性的决策。如果做出决策时不去寻找信息，做出随机决策，决策失误的概率很大，这是一种非理性行为。但如果用过多的金钱与时间去寻找信息，搜寻成本大于收益，其行为也是非理性的。如果我们把多寻找一点信息所增加的成本称为边际搜寻成本，把多获得这点信息所增加的收益称为边际搜寻收益，那么，寻找信息应该达到边际搜寻成本等于边际搜寻收益。这时就实现了经济学家所说的"最大化"。

不同的人买菜方式不同正在于他们的搜寻成本不同。如前所述，搜寻成本包括实际支出（如鞋子磨损或坐车费）和时间。

假设实际支出可以忽略不计，搜寻成本可以用寻找信息的机会成本代表，机会成本是为寻找信息而消耗的时间的其他用处，或这种用处带来的收入。假设老太太已退休，无事可做，她寻找信息的机会成本为零，即为寻找信息而花的时间并没有其他用处。当然，如果花的时间太多，影响了做家务、其他活动，或引起疲劳，则搜寻成本不为零了。所以，在一定合理的范围内，老太太逛菜摊买到物美价廉的菜是一种理性行为。也许逛菜摊、讨价还价还会给她带来无限乐趣呢！

上班族则不一样了。假定一个记者每小时写文章可得收入20元。如果他逛菜摊买到的菜比不逛菜摊买到的菜便宜20元（把质量也折合为价格），那么，多逛一小时菜摊，边际搜寻成本为20元，边际搜寻收益为20元，他用一小时逛菜摊寻找信息就是理性的。但在一般情况下，逛一小时菜摊的收益如果没有这么多，他逛菜摊就是非理性的（当然，如果他把逛菜摊作为休息，那又另当别论），所以，他总是就近到菜摊随便买一点。所省下的时间能带来的收益大于逛菜摊的收益，当然也是理性的。

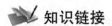**案例评析：**

也许，老太太和记者都不懂经济学，也并没去计算逛菜摊寻找信息的边际成本或收益。但他们都在不自觉地按经济学的原理办事。这说明人天生是理性的。当然，如果学了经济学，自觉地按经济学原理做出决策，就会更加理性。

（资料来源：https：//www.duokongdao.com/649.html. 经整理加工）

知识链接

航空公司是否应该停业？

在经济学中，短期与长期不是一般所说的时间的长与短，而是指生产要素是否变动。在短期中，生产要素分为固定生产要素与可变生产要素。固定生产要素是不随产量变动而变动的生产要素，如民航公司的飞机、工作人员等，无论飞行次数、乘客人数多少，这些生产要素是不变的。可变生产要素是随产量变动而变动的生产要素，如民航公司所用的汽油以及其他随飞行次数与乘客人数而变动的生产要素（如乘客的食物、饮料等）。在长期中，一切生产要素都是可变的，如果飞行次数与乘客人数多，则可以多买飞机、多雇用工作人员，难以经营时也可以卖飞机或解雇工作人员，所以无固定与可变生产要素之分。每个企业由于所用固定生产要素与可变生产要素多少不同，调整的难易程度也不同，短期与长期的时间长度也不同。民航公司增加或减少飞机与专业人员都不容易，所以长期的时间会长一些。

航空公司和任何一个企业一样，从长期来看，如果收益大于成本，就有利润；如果收益小于成本，就会破产；只要收益与成本相等，就可以维持下去。这个道理谁都懂，但关键是短期中，航空公司能维持下去的条件是什么。

短期中，用于固定生产要素的固定成本是不能变动的。所以，只要收益能弥补可变成本，就可以维持下去。这就是说，短期固定成本已经支出了，无可挽回，只要经营能弥补可变成本就可以经营，即只要票价不低于平均可变成本，就可以经营。

例如，如果飞行一次为成本2万美元，其中固定成本为1万美元，可变成本为1万美元，只要机票为250美元时，乘客大于40人就可以飞行下去。如果乘客为40人，这时就是停止营业点。如果顾客再多几个还可以弥补一些固定成本，那么经营更有利了。

这就是说，当企业在经营状况不良（飞机乘客不足）时是否停止，关键在于可变成本，可以不考虑固定成本。固定成本已经支出，只要价格等于平均可变成本就要继续维持。当然这个原则只适用于固定成本不变的短期。在长期中，无所谓固定成本与可变成本之分，还要考虑总收益与总成本，或者价格与平均成本的关系。

（资料来源：王真，陈效. 航空公司运营成本探析 [J]. 中国商论，2017 (16)：83-84. 经整理加工）

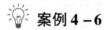

案例 4-6
为什么有些餐厅会为顾客提供"免费续杯"服务

王先生在市中心的商业街附近开了一家中餐馆，由于处于闹市区，行人特别多，很多人都愿意在这里就餐。但因为餐馆周围已经有几家持续时间达半年之久的餐馆一同竞争，所以王先生餐馆的生意算不上红火但也还算凑合。

为了增加客流量，王先生可谓想尽了办法。刚开始，为了吸引顾客，王先生不断让厨师更换菜品的样式，以适应不同顾客的不同需求。

此外，他还搞过很多活动，例如一次性消费50元的顾客可以减免几元钱，他想用这些手段来使自己的生意变得红火起来。但是这些方法在短时间能起到一定的作用，时间久了，顾客厌倦了，生意就慢慢淡下来。这种办法并不奏效。

后来，他想到了一个主意：他意识到，大部分餐馆的饮料与米饭或者汤之类的饮品或食物都是不能免费添加的，如果改变这一传统，能为顾客免费续杯或者免费添加米饭、汤之类的食物，那么顾客感觉受到了优惠，肯定会再次光临他的餐馆。像饮料、米饭等物品，成本都不算高，如果投入了这样的低成本换来营业额的提高，也算是有所得的。

于是王先生便采用了这种办法，将"免费续杯、免费添加米饭"等条幅贴到了门口，结果引起了强烈反响，很多顾客看到横幅便涌进他的餐馆里用餐，一时间餐馆红火起来，很多店面的老板也竞相模仿起他的这种做法。

案例评析：

上面的小故事涉及经济学中一个十分常见的名词——边际成本。例如，仅生产一辆汽车的成本是极其巨大的,而生产第101辆汽车的成本就低得多,而生产第10 000辆汽车的成本就更低了(这是因为规模经济),边际成本根本不考虑固定成本。

如果具有相同特色的两家餐馆,一家门外贴着"免费续杯"的横幅,而另一家则什么都不贴,相信大部分顾客还是会去贴着横幅的那家餐馆就餐。在该餐馆享受到了免费续杯服务的就餐者,会觉得做了一笔划算的交易。但对餐馆而言,续杯的成本增加不多。随着口碑流传开来,该餐馆很快会发现,顾客比以前多了,生意比以前好了,利润也提高了。

(资料来源:王姝璇. 基于免费吸引力的快餐店营销策略研究 [J]. 财经界(学术版),2016(35):343. 经整理加工)

本节思考

你能利用生产理论中学习的知识解释为什么边际成本曲线呈 U 形吗?

4.6 长期成本问题

讨论厂商长期成本,实际上是假定厂商有充足的时间来调整生产要素,是从预计提供的产量出发,根据技术状况,考察厂商可以利用的各种规模的厂房、设备、投入。因此,在长期成本分析中,所有的生产要素都是可变的,没有固定成本和变动成本的区别。这样,长期中用到的成本概念只有三个:长期总成本、长期平均成本和长期边际成本。此外,为了区别长期成本和短期成本,从本节开始,短期成本概念前加"S",以区别长期成本,如短期总成本记为 STC,以区别于长期总成本 LTC。

4.6.1 长期总成本

长期总成本(Long-run Total Cost,LTC) 是指厂商长期中在各种产量水平上的最低总成本。生产要素投入的变动意味着规模的调整。长期中,所有生产要素都是可变的,意味着厂商可以任意调整生产规模。因此,长期中,厂商总是可以在每一产量水平上选择最优的生产规模进行生产。长期总成本函数形式为

$$\text{LTC} = \text{LTC}(Q) \tag{4-24}$$

长期总成本曲线可以由短期总成本曲线或生产扩展线推导出来。

1. 由短期总成本曲线推导长期总成本曲线

长期总成本曲线是短期总成本曲线的包络线。如图 4-13 所示,假设长期中只有三种可供选择的生产规模,分别由图中的三条 STC 曲线表示。这三条 STC 曲线都不是从原点出发的,每条 STC 曲线在纵坐标上的截距也不同,生产规模由小到大依次为 STC_1、STC_2、STC_3。现在假定生产 Q_2 的产量,厂商面临三种选择:第一种是在 STC_1 曲线所代表的较小生产规模下进行生产,相应的总成本在 d 点;第二种是在 STC_2 曲线代表的中等生产规模下生产,相应的总成本在 b 点;第三种是在 STC_3 所代表的较大生产规模下,相应的总成本在 e 点。长期中,所有要素都可以调整,因此厂商可以通过对要素的调整选择最优生产规模,以最低的总成

本生产每一产量水平。在 d、b、e 三点中，b 点代表的成本水平最低，厂商在 STC_2 曲线所代表的生产规模生产 Q_2 产量，所以 b 点在 LTC 曲线上。这里 b 点是 LTC 曲线与 STC 曲线的切点，代表着生产 Q_2 产量的最优规模和最低成本。通过对每一产量水平进行相同的分析，可以找出长期中厂商在每一产量水平上的最优生产规模和最低长期总成本，也就是可以找出无数个类似的 b（如 a、c）点，连接这些点即可得到长期总成本曲线。**LTC 曲线是 STC 曲线的包络线。**

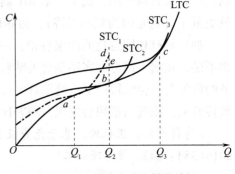

图 4-13 最优生产规模的选择和长期总成本曲线

2. 由生产扩展线推导长期总成本曲线

知晓长期总成本曲线如何由生产扩展线推导出来，对理解长期成本概念很有帮助。

从前面的分析中可知，生产扩展线上的每一点都是最优生产要素组合，代表长期生产中某一产量的最低总成本投入组合，而且长期总成本是指长期中各种产量水平上的最低总成本，因此可以从生产扩展线推导长期总成本曲线。

以图 4-14a 的 E_1 点为例进行分析。E_1 点生产的产量水平为 50 单位，所应用的要素组合为 E_1 点所代表的劳动与资本的组合，这一组合在总成本线 A_1B_1 上，所以其成本即为 A_1B_1 所表示的成本水平，假设劳动价格为 w，则 E_1 点的成本为 $w \cdot OB_1$。将 E_1 点的产量和成本表示在图 4-14b 中，即可得到长期总成本曲线上的一点。同样的道理，找出生产扩展线上每一个产量水平的最低总成本，并将其标在图 4-14b 中，连接这些点即可得到 LTC 曲线。

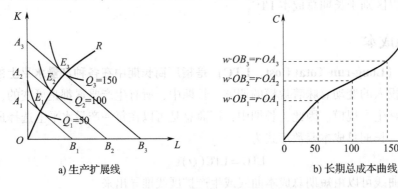

a) 生产扩展线　　　　　　　　　　　b) 长期总成本曲线

图 4-14 生产扩展线和长期总成本曲线

由此可见，LTC 曲线表示厂商在长期内进行生产的最优生产规模和最低总成本。并且，LTC 相切于与某一产量对应的最小的 STC 曲线，在切点之外，STC 都高于 LTC。LTC 从原点开始，因不含固定成本。LTC 曲线先递减上升，到一定点后以递增增长率上升。

4.6.2 长期平均成本

1. 长期平均成本曲线的推导

长期平均成本（LAC）是指厂商在长期内按产量平均计算的最低成本，LAC 曲线随产

量增加先下降后上升，**LAC 曲线是 SAC 曲线的包络线**。其公式为

$$LAC = \frac{LTC}{Q} \quad (4-25)$$

从式（4-25）可以看出，LAC 是 LTC 曲线相应点与原点连线的斜率。因此，可以从 LTC 曲线推导出 LAC 曲线。此外，根据长期和短期的关系，也可由 SAC 曲线推导出 LAC 曲线。本书主要介绍后一种方法。

如图 4-15 所示，假设可供厂商选择的生产规模只有三种：SAC_1、SAC_2、SAC_3，规模从大到小依次为 SAC_3、SAC_2、SAC_1。

现在来分析长期中厂商如何根据产量选择最优生产规模。假定厂商生产 Q_1 的产量水平，厂商选择 SAC_1 进行生产。因此，此时的成本 OC_1 是生产 Q_1 产量的最低成本。如果生产 Q_2 产量，可供厂商选择的生产规模是 SAC_1 和 SAC_2，因为 SAC_2 的成本较低，所以厂商会选择 SAC_2 曲线进行生产，其成本为 OC_2。如果生产 Q_3 产量，则厂商会选择 SAC_3 曲线所代表的生产规模进行生产。有时某一种产出水平可以用两种生产规模中的任一种进行生产，而产生相同的平均成本。例如生产 Q_1' 的产量水平，既可选用 SAC_1 曲线所代表的较小生产规模进行生产，也可选用 SAC_2 曲线所代表的中等生产规模进行生产，两种生产规模产生相同的生产成本。厂商究竟选哪一种生产规模进行生产，要看长期中产品的销售量是扩张还是收缩。如果产品销售量可能扩张，则应选用 SAC_2 所代表的生产规模；如果产品销售量收缩，则应选用 SAC_1 所代表的生产规模。由此可以得出只有三种可供选择的生产规模时的 LAC 曲线，即图 4-15 中 SAC 曲线的实线部分。

在理论分析中，常假定存在无数个可供厂商选择的生产规模，从而有无数条 SAC 曲线，于是便得到如图 4-16 所示的长期平均成本曲线，LAC 曲线是无数条 SAC 曲线的包络线。在每一产量水平上，都有一个 LAC 与 SAC 的切点，切点对应的平均成本就是生产相应产量水平的最低平均成本，SAC 曲线所代表的生产规模则是生产该产量的最优生产规模。

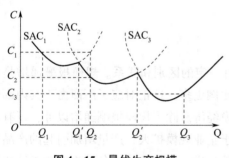

图 4-15 最优生产规模

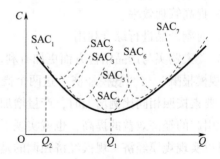

图 4-16 长期平均成本曲线

此外，还可以得出以下重要特征：

LAC 曲线相切于与某一产量对应的最小的 SAC 曲线，在切点之外，SAC 高于 LAC。LAC 曲线最低点与某一特定 SAC 曲线最低点相切，其余之点，LAC 并不切于 SAC 最低点。而是 LAC 最低点左侧，相切于 SAC 最低点左侧；LAC 最低点右侧，相切于 SAC 最低点右侧。

从前述内容可知，短期内，生产规模不能变动，因而厂商要做到在既定的生产规模下使

平均成本降到最低。而长期决策则要在相应的产量下使成本最低,如图 4-16 中的 Q_2 产量水平。虽然从短期看用小的生产规模达到了 SAC_1 的最低点,但是它们仍高于生产这一产出水平的长期平均成本。尽管用 SAC_2 生产这一产量的平均成本不在 SAC_2 曲线的最低点,但这是生产 Q_2 产量水平的长期最低平均成本。这是因为短期内厂商仍然受到固定投入的限制,不可能使生产要素的组合比例调整到长期最低水平。只有在长期中,厂商才可能对所有投入要素进行调整,从而使它们的组合最优,达到长期平均成本的最低点,因此,在其他条件相同的情况下,短期成本要高于长期成本。

2. LAC 曲线呈 U 形的原因

LAC 曲线的 U 形特征是由长期生产中内在的规模经济与规模不经济所决定的。**规模经济是指厂商由于扩大生产规模而使经济效益得到提高,此时产量增加倍数大于成本增加倍数。规模不经济是指厂商由于生产规模扩大而使经济效益下降,此时产量增加倍数小于成本增加倍数。** 规模经济与规模不经济与生产理论中提到的规模报酬不同,二者的区别在于前者表示在扩大生产规模时成本变化情况,而且各种要素投入数量增加的比例可能相同也可能不同;而后者表示在扩大生产规模时产量变化情况,并假定多种要素投入数量增加的比例是相同的。但一般来说,规模报酬递增时,对应的是规模经济阶段,规模报酬递减时,对应的是规模不经济阶段。往往在企业生产规模由小到大的扩张过程中,先出现规模经济,产量增加倍数大于成本增加倍数,因而 LAC 下降;然后出现规模不经济,产量增加倍数小于成本增加倍数,LAC 上升。由于规模经济与规模不经济的作用,LAC 曲线呈 U 形。

规模经济又称内在经济,是厂商由自身内部规模扩大所引起的经济效益的提高。

如果一个企业要实现规模经济,应当如何做呢? 内在经济的主要原因如下:

1) 使用更先进的技术。
2) 实行专业化生产。
3) 提高管理效率。
4) 对副产品进行综合利用。
5) 要素购买与产品销售方面更加有利。

"规模报酬"与"规模经济"这两个概念有一定的区别和联系。规模报酬递增是由于各种生产要素按照相同比例增加时,产量增加的比例更多,这正对应了厂商由于其内部生产规模扩大引起的经济效益的提高,也就实现了规模经济。除了规模报酬递增以外,还有其他原因也可以实现规模经济。规模经济强调的是由于企业规模扩大、产量增加引起的产品平均成本的持续降低,从而带来更多的经济效益。也就是说,即使不是由各种生产要素同比例增加引起的规模扩大,只要规模的扩大能帮助企业有效地降低平均成本,从而增加利润,就属于规模经济的范畴。

规模经济如果没有把握好尺度,规模扩张太大,就会引起相反的一面发生,即规模不经济,又称内在不经济。它是指随着厂商规模扩张到一定程度,由于本身规模过大而引起的经济效益的下降,此时产量增加的倍数小于成本增加的倍数,从而引起长期平均成本的上升,企业的利润将受到挤压。

内在不经济的原因主要有：
1) 企业内部合理分工被破坏，生产难以协调。
2) 管理阶层的增加。
3) 产品销售规模庞大、环节加长。
4) 获得企业决策的各种信息困难。

4.6.3 长期边际成本

长期边际成本（LMC）是指长期中增加一单位产量所增加的最低总成本。其公式为

$$\text{LMC} = \frac{\Delta \text{LTC}}{\Delta Q} \tag{4-26}$$

当 $\Delta Q \to 0$ 时，

$$\text{LMC} = \lim_{\Delta Q \to 0} \frac{\Delta \text{LTC}}{\Delta Q} = \frac{\text{dLTC}}{\text{d}Q}$$

从上式中可以看出，LMC 是 LTC 曲线上相应点的斜率。因此，可以从 LTC 曲线推导出 LMC 曲线，也可根据短期和长期的关系由短期边际成本 SMC 曲线推导出长期边际成本 LMC 曲线，如图 4-17 所示。

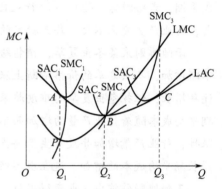

图 4-17 长期边际成本曲线与短期边际成本曲线

1. LMC 曲线的推导过程

LMC 曲线上任一点是与某一特定 SMC 曲线相交之点，该交点所代表的产量也是 LAC 与 SAC 相切之点对应的产量。在交点左边，SMC 位于 LMC 的下方，或 SMC < LMC；在交点右边，SMC 位于 LMC 的上方，或 SMC > LMC。

假设长期中只有三种生产规模可供厂商选择，规模大小依次为 SAC_3、SAC_2、SAC_1，相应的短期边际成本曲线分别为 SMC_3、SMC_2、SMC_1。由前述 LAC 的特点可知，LAC 曲线与每条 SAC 曲线只有一个切点，设切点分别为 A、B、C。在 A 点，LAC = SAC，对应的产量是 Q_1，此时亦有 LTC = STC。根据边际成本的公式得

$$\frac{\text{dLTC}}{\text{d}Q} = \frac{\text{dSTC}_1}{\text{d}Q}$$

即 LMC = SMC。

当 LAC = SAC 时，LTC 与 STC 的斜率相等，LMC 等于 SMC。从图 4-17 上看，Q_1 是 LAC = SAC 时的产量水平，P 点是 Q_1 产量水平与 SMC 曲线的交点，所以 P 点表示的成本水平是 Q_1 产量水平上的长期边际成本。

同样的道理找出 B、C 点的产量水平与 SMC 曲线的交点，连接这些交点即得出 LMC 曲线。在生产规模无限细分的情况下，即可得到无数个 A、B、C 点，连接起来即可得到一条光滑的长期边际成本曲线。

2. LAC 曲线与 LMC 曲线的关系

从图 4-17 中可看出 LMC 与 LAC 的关系：当 LMC < LAC 时，LAC 呈下降趋势；当 LMC > LAC 时，LAC 呈上升趋势；当 LMC = LAC 时，LMC 曲线与 LAC 曲线在 LAC 的最低点相交，此时

$$LMC = LAC = SAC = SMC \qquad (4-27)$$

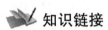
知识链接

不同行业的长期平均成本

以上关于长期平均成本的讨论是假设生产要素价格始终保持不变，如果考虑到生产要素价格的变动，则各行业长期平均成本变动的特点又各有不同，可以分为三种情况：成本不变行业、成本递增行业和成本递减行业。

例如，在一个旅游小镇上，有三个人经营不同的买卖。张师傅种植烟草，用传统方式卷成香烟，卖给游客。他从事的行业比较小众，每天的收入也不多，其他人加入的可能性不大，行业产量变化不大，每天稳定的经营，自有土地和自有工艺使成本基本保持不变。

李师傅则采集冬虫夏草，销售给旅游者。随着人们生活水平的提高，对冬虫夏草的需求不断增加，冬虫夏草的价格不断上涨，因此挖冬虫夏草的人也越来越多，整个行业的交易量逐年增长，但挖冬虫夏草的难度越来越大，采摘成本越来越高，因此，行业中每个企业的长期平均成本随着行业产量的增加而不断增加。形成行业成本递增的原因主要是生产要素的有限性，行业产量增加导致对生产要素需求的增加，从而使生产要素价格上升，进而引起各厂商长期平均成本的增加。这在现实经济中是最为普遍的一种。

王师傅制作披巾，也卖得很好，随着产量的增加，有些原材料供应商开始批量的机械化生产，价格不断降低，王师傅的制作成本也随之降低。所以，这个行业的企业的长期平均成本随行业产量的增加而递减，这也是外在经济的体现。产业的集聚效应也可以很好地解释这一现象。随着同类企业在同一区域的集聚，行业形成规模，相互交流信息、共享技术，形成人气，交通更加便利，整个行业的生产效率就会大大提升，从而使行业内的企业长期平均成本呈下降趋势。

（资料来源：董彦龙，王东辉. 微观经济学简易案例教程 [M]. 武汉：武汉大学出版社，2014：99. 经整理加工）

案例 4-7
规模不经济下的改革

一位通用公司的前任总裁对雪佛兰分公司做了如下评论：雪佛兰是如此的一个庞然大物，以至于你拧一下它的尾巴，另一头几个月也毫无动静。它实在太大了，根本无法真正管理它。由此可见，通用公司的巨大规模成了一种负担。与国内竞争对手相比，通用公司的成本劣势相当大，长期市场份额不断下降。尽管在现代化设备上投资了上百亿美元，但生产率仍是行业中最低的，单位成本则是最高的。为减少规模不经济，通用公司采取了许多措施。

它与国外较小的竞争对手，如丰田公司建立了合资企业，组建独立的 Saturn 公司，并给予其五个汽车产品部门（雪佛兰、别克、庞蒂克、奥兹莫比尔、凯迪拉克）在款式、发动机和营销上的更大自主权，以减少决策过程中的管理审批程序。最后，它通过重组成立了小型车集团、中型车集团和高档车集团，试图以此削减成本并更快将新车型引入市场。

案例评析：

为什么会出现这种情况呢？其中一个主要原因是厂商的规模达到了规模不经济的程度，大大增加了生产成本，在市场竞争中已经优势不再，不能再创造可观的利润了。

（资料来源：王立军. 通用汽车公司面临分割的挑战 [J]. 汽车工业研究, 1997 (6)：22-25. 经整理加工）

案例 4-8

格兰仕的规模经济

面临着越来越广阔的市场，每个企业都有两种战略选择：①多产业、小规模、低市场占有率；②少产业、大规模、高市场占有率。格兰仕选择的是后者。格兰仕成功运用规模经济的理论，即某种产品的生产，只有达到一定的规模时，才能取得较好的效益。微波炉生产的最小经济规模为100万台。早在1996年—1997年，格兰仕就达到了这一规模。随后，规模每上一个台阶，生产成本就下降一个台阶。这就为企业的产品降价提供了条件。

格兰仕的做法是，当生产规模达到100万台时，将出厂价定在规模80万台企业的成本价以下；当规模达到400万台时，将出厂价又调到规模为200万台的企业的成本价以下；而现在规模达到1000万台以上时，又把出厂价降到规模为500万台企业的成本价以下。这种在成本下降的基础上所进行的降价，是一种合理的降价。降价的结果是将价格平衡点以下的企业一次又一次大规模淘汰，使行业的集中度不断提高，使行业的规模经济水平不断提高，由此带动整个行业社会必要劳动时间不断下降，进而带来整个行业的成本不断下降。成本低，价格也就低，降价最大的受益者是广大消费者。

案例评析：

规模报酬要求企业经营者要注重企业的经营规模，把握好恰当的规模尺度，最大限度地发挥企业规模的效应，实现经济利润的最大化。对于创业者，要明白"批量生产"的好处。它可以大大提高做事的效率，因此在相同的精力、时间、金钱的成本投入中，产出的每一商品的成本大大下降，实现了规模经济。所以，要尽可能地追寻规模报酬递增的策略。如果不根据市场的需求，盲目地扩大生产规模，这样不但不能给自己增加经济利润，反而会造成资金的浪费，甚至会威胁企业的生存。

（资料来源：陈建华. 格兰仕战略选择与研究 [J]. 企业经济, 2002 (9)：42-43. 经整理加工）

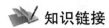 **知识链接**

从高校打印复印价格看学校质量

为什么北京大学、清华大学、复旦大学、南开大学、天津大学、南京大学等一批大学的打印复印价格是一角一页或一角五两页，且十几年来一直如此。同期，有些大学的打印复印价格是两角一页或三角一页。10年前笔者曾经就读的学校，一角五两页，至今仍然如此。但一条路之隔的一所学校打印复印价格则为两角一页，而继续走一公里，还有一所学校，则是三角一页。到底什么原因？

可能有人会说："不同地方的物价水平不一样。"显然，这个没根据。北京、天津、上海、南京的物价相差很大，但为什么绝大多数985高校的打印复印价格是一样的，一角五两页？而在这些学校附近，有很多学校的打印复印价格可能是两角一页、三角一页。显然，这个价格的差异非物价水平所能解释。可能还有人会说，学校的在读学生数量不一样，有多有少。学生多的，需求多；学生少的，需求少。貌似有点道理，但不尽然。一个典型事实是，国内许多排名靠前的学校的在读学生数量并不比一般学校的多，甚至相反。不是地方物价，也不是学生数量的原因，那是什么呢？

经济学告诉我们，供给和需求决定价格。从供给的角度看，打印复印社虽小，但却是满足规模经济特性，业务量越大，则分摊到每页上的固定成本越小。为什么有些学校打印复印的学生多呢？上过大学的人都知道，打印复印的内容无非是文献或教材，打印或复印的目的显然是为了学习。因此，有结论：爱学习的学生打印复印多，如果一所学校单个学生的打印复印需求大，则说明整体上学生的学习动机强、学习努力，那么这个学校的质量则自然是高的。这就是学校质量与打印复印价格之间的经济学逻辑关系。

（资料来源：宗计川. 见微知著：从高校打印复印价格看学校质量 [J]. 经济学家茶座，2018(3)：19-21. 经整理加工）

本节思考

观察一下你周围的企业，哪些企业实现了规模经济？哪些企业在长期成本方面还有下降空间？

本章习题

【案例分析】

疫情下，商业地产压力大

2020年春节前后受疫情影响，人们外出和聚会行为急剧减少，购物中心等公共场所人流量锐减，商场收入更是受到极大影响。据不完全统计，已有超过80家企业推出减租政策，涉及商业项目多达2000个。不同企业针对旗下的商业地产项目，都推出不同的减租政策。在时间上，短则一周，长则两个月；在减租方式上，多数企业租金减半，部分则全部免除租金。

万达、融创、红星美凯龙提出减免商户一个月的租金。华润、世贸、苏宁、银泰、天虹、佳兆业、富力、金茂、东百、中南置地等也都推出了租金减免政策。除此之外,更多的企业,如龙湖集团、新城控股旗下的吾悦广场、万科商业、宝龙商业、九方置业、禹州商业、龙光商业、弘阳商业、星河商置等都有对商户租金减半的政策,以帮助商户。

(资料来源:https://baijiahao.baidu.com/s?id=1657570921972772524&wfr=spider&for=pc. 经整理加工)

问题:

1. 对于商户来说,商业地产持有者减免租金的行为是否会影响其成本?如何影响?对于商业地产持有者来说呢?

2. 减免租金的行为会影响双方的利润吗?如何影响?

第 5 章 完全竞争市场

本章思维导图

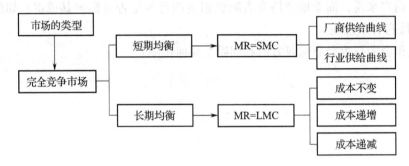

本章要点

1. 市场结构。市场结构是指某一经济市场的组织特征，它由市场上厂商竞争的激烈程度来决定。市场结构的不同决定了消费者行为的不同，也决定了不同市场中厂商收益和利润的不同。

2. 完全竞争市场。完全竞争市场是指竞争充分而不受任何阻碍和干扰的一种市场结构。完全竞争市场必须具备以下条件：市场上有大量的卖者和买者；参与经济活动的厂商出售的产品具有同质性；厂商可以无成本地进入或退出一个行业，即所有的资源都可以在各行业之间自由流动；参与市场活动的经济主体具有完全信息。

3. 总收益。总收益是指厂商按一定价格出售一定数量商品时所获得的全部收入，即价格与销售量的乘积。

4. 平均收益。平均收益是指厂商出售一定数量商品，每单位商品所得到的收入，也是平均每单位商品的卖价。它等于总收益与销售量之比。由于完全竞争市场厂商只能按既定价格出售，因此平均收益也等于商品的单位价格。

5. 边际收益。边际收益是指厂商增加一单位产品销售所获得的收入增量。商品价格为既定时，边际收益就是每单位商品的卖价。

6. 成本不变行业。成本不变行业是指该行业的产量变化所引起的生产要素需求的变化，不对生产要素的价格产生影响。当成本不变时，完全竞争行业达到长期均衡的供给曲线是一条水平线。它表明：成本不变的行业是在不变的均衡价格水平提供产量，该均衡价格水平等于厂商的不变的长期平均成本的最低点。

7. 成本递增行业。成本递增行业是指该行业的产量增加所引起的生产要素需求的增加，会导致生产要素的价格上升。当成本递增时，完全竞争行业达到长期均衡的供给曲线是一条向右上方倾斜的曲线。它表明：当行业实现长期均衡时，虽然产量增加了，但是其价格也上涨了。

8．成本递减行业。成本递减行业是指该行业的产量增加所引起的生产要素需求的增加，会导致生产要素的价格下降。当成本递减时，完全竞争行业达到长期均衡的供给曲线是一条向右下方倾斜的曲线。它表明：当行业实现长期均衡时，不但产量增加，而且其价格也降低了。

5.1 不同的市场结构

5.1.1 什么是市场结构？

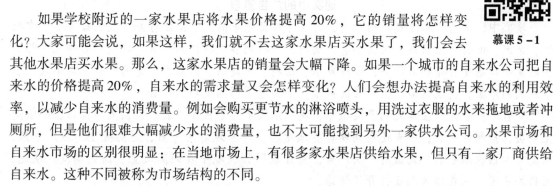

慕课 5-1

如果学校附近的一家水果店将水果价格提高 20%，它的销量将怎样变化？大家可能会说，如果这样，我们就不去这家水果店买水果了，我们会去其他水果店买水果。那么，这家水果店的销量会大幅下降。如果一个城市的自来水公司把自来水的价格提高 20%，自来水的需求量又会怎样变化？人们会想办法提高自来水的利用效率，以减少自来水的消费量。例如会购买更节水的淋浴喷头，用洗过衣服的水来拖地或者冲厕所，但是他们很难大幅减少水的消费量，也不大可能找到另外一家供水公司。水果市场和自来水市场的区别很明显：在当地市场上，有很多家水果店供给水果，但只有一家厂商供给自来水。这种不同被称为市场结构的不同。

那么，什么是市场结构？市场结构是指某一经济市场的组织特征，它由市场上厂商竞争的激烈程度来决定。市场结构的不同决定了消费者行为的不同，也决定了不同市场中厂商收益和利润的不同。

5.1.2 市场结构是由什么决定的？

市场结构的决定因素包括：①市场上厂商的数目或者集中程度。市场上厂商数目越多，集中程度越低，竞争程度就越高。反之，市场竞争就越弱。②厂商所提供产品的差别程度。厂商提供的产品越相似，竞争就越激烈。③厂商对产品市场价格控制的程度。单个厂商对市场价格的控制能力越弱，市场竞争越激烈。如果市场中的每个消费者和每个厂商相对于整个市场来说规模很小，他们对市场价格的影响能力非常有限，这样的市场就被称为完全竞争市场。相反，如果一个厂商可以影响它出售产品的市场价格，这样的厂商就具有市场势力（Market Power），称为不完全竞争市场上的不完全竞争厂商，如自来水公司。④厂商进出一个市场的难易程度。厂商进出越容易的市场，竞争越充分，如果存在进出市场的障碍，意味着原有厂商拥有了一些新进入厂商所不具备的有利条件。

市场结构不同，市场竞争的激烈程度也不同，依据市场竞争程度由强到弱，可以把市场划分为四种类型：完全竞争、垄断竞争、寡头和垄断。后三种市场类型合在一起称为不完全竞争市场。

根据划分市场的依据，表 5-1 列明了一个城市不同市场具有的不同特征。

表 5–1　一个城市不同市场具有的不同特征

市场结构	企业数量	产品的差异性	单个厂商对价格的控制能力	进出市场的难易程度	市场类型
瓜果、蔬菜、粮食	很多	同质	没有	很容易	完全竞争
服装、鞋帽、化妆品	很多	差异化	有一些	比较容易	垄断竞争
钢铁、石油	少数几家	差异化或同质	相当程度	比较困难	寡头
自来水、电力	一家	只有一种	很大程度	很困难	垄断

案例 5–1

现实中的广告竞争

现实中，采用广告方式开拓市场，与对方展开竞争的例子比比皆是。我们每天都能在报纸、杂志、电视、互联网、大街小巷、商场门口看到各式各样的广告。而做广告的几乎都是垄断竞争市场中有差别的产品，如洗发水、饮料、保健品、药品等，好的广告总是给人们留下深刻的印象，甚至立即产生购买的欲望。下面就是两则成功的广告。

广告一：一天，在澳大利亚某城市，突然从天上落下很多手表。人们大为惊讶，纷纷走上前去，拾起来一看，手表还在滴滴答答地走动。与当地时间一对，居然完全一致。原来，这是日本西铁城手表厂商做的一次广告，意在说明西铁城手表的高质量、高精确度。从此，西铁城手表迅速在澳大利亚打开了销路。

广告二：1989 年 1 月，日本裕仁天皇逝世，皇太子明仁继位，改年号为"平成"。一家酒商灵机一动，于明仁继位的第二天推出"平成酒"。日本消费者一见酒名，立即产生了浓厚的兴趣。加之该酒限量 1008 瓶，更煽动了消费者的购买欲。尽管酒价昂贵，每瓶 2500 多日元，但是买者踊跃，一上市就抢购一空。其实，该酒原名"多满多漫"，是用米酿成的，十分寻常，而名称一变，立刻身价百倍。

案例评析：

在商品琳琅满目的情况下，厂商通过广告向消费者提供与自己的商品有关的信息，如价格、性能、出售地点等，使消费者扩大了选择的范围，节省了搜寻的成本；同时也使自身开拓了市场，增加了潜在的需求者；从整个社会来说，广告的存在，使垄断竞争市场更接近于完全竞争市场"信息充分"的要求，从而市场运行的效率提高了。另外，人们对广告是否提高了商品价格也是颇有争议的，毕竟广告费是要分摊到单位商品价格中去的。但一般认为，广告对价格的作用是双重的，一方面，广告的支出，包括支付给广告明星的巨额报酬，最终总是要打入成本进入价格的，正所谓"羊毛出在羊身上"，广告费到头来还是要被广告打动的消费者来承担的，如果保健品的广告费是价格的 30%，那么最后仍然是由消费者支付的；另一方面，广告使消费者具有更多关于产品的信息，使任何一家厂商都无法操纵价格，这又使价格能更接近于完全竞争水平。

（资料来源：孟广燕. 企业广告策略研究［D］. 青岛：中国海洋大学，2004. 经整理加工）

> **本节思考**
>
> 根据市场结构划分的标准，在现实生活中，你见过什么类型的市场结构？哪些厂商会做广告？

5.2 什么是完全竞争市场？

5.2.1 完全竞争市场的基本假定

完全竞争市场是指竞争充分而不受任何阻碍和干扰的一种市场结构。完全竞争市场必须具备以下条件：

慕课 5－2

1. 市场上有大量的卖者和买者

作为众多参与市场经济活动的经济单位的个别厂商或个别消费者，单个的销售量和购买量都只占很小的市场份额，其供应能力或购买能力对整个市场来说是微不足道的。这样，无论卖方还是买方都无法左右市场价格，或者说单个经济单位将不把价格作为决策变量，它们是价格接受者。显然，在交换者众多的市场上，若某厂商要价过高，顾客可以从别的厂商购买商品和服务，同样，如果某顾客压价太低，厂商可以拒绝出售给顾客而不怕没有别的顾客光临。

2. 参与经济活动的厂商出售的商品具有同质性

这里的"商品同质"不仅是指商品之间的质量、性能等无差别，还包括在销售条件、装潢等方面是相同的。因为商品是相同的，对于购买商品的消费者来说，哪一个厂商生产的商品并不重要，他们没有理由偏爱某一厂商的商品，也不会为得到某一厂商的商品而必须支付更高的价格。同样，对于厂商来说，没有任何一家厂商拥有市场优势，它们将以可能的市场价格出售自己的商品。

3. 厂商可以无成本地进入或退出一个行业，即所有的资源都可以在各行业之间自由流动

劳动可以随时从一个岗位转移到另一个岗位，或从一个地区转移到另一个地区；资本可以自由地进入或退出某一行业。资源的自由流动使厂商总是能够及时地向获利的行业流动，及时退出亏损的行业，这样，效率较高的行业可以吸引大量的投入，缺乏效率的行业会被市场淘汰。资源的流动是促使市场实现均衡的重要条件。

4. 参与市场活动的经济主体具有完全信息

市场中的每一个卖者和买者都掌握与自己决策、与市场交易相关的全部信息，这一条件保证了消费者不可能以较高的价格购买，生产者也不可能以高于现行价格出卖，每一个经济行为主体都可以根据所掌握的完全信息，确定自己最优购买量或最优生产量，从而获得最大的经济利益。

显然，理论分析上所假设的完全竞争市场的条件是非常严格的，在现实的经济中没有一个市场真正具有以上四个条件，通常只是将某些农产品市场看作比较接近完全竞争市场类型。但是完全竞争市场作为一个理想经济模型，有助于我们了解经济活动和资源配置的一些基本原理，解释或预测现实经济中厂商和消费者的行为。

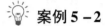

案例 5-2

有机苹果市场中的完全竞争

有机苹果市场在美国迅速扩张。到 21 世纪前十年，有机食品的销售增长率每年超过 20%。根据美国农业部规定的标准，企业只有在生产食品时"没有使用大多数传统杀虫剂，没有使用合成成分或污泥的肥料，或者未经过生物工程或粒子辐射"，才可以在食品标签和广告中使用"有机"字样。种植有机苹果的方法所带来的成本要比传统方法高出大约 15%。

1997 年，华盛顿州亚基玛谷的农场主所出售的有机苹果，价格比普通价格高出 50%，超过了成本的增加。这样的价格差异使有机苹果种植比使用传统方法种植出来的苹果更有利可图。因此，很多苹果农场主都从传统方法转而使用有机种植方法，从而很快增加了有机种植苹果的产量。有机苹果供给的增加使其价格下降，从而使有机苹果的种植在营利性方面不再具有比传统方法更大的优势。

案例评析：

有机苹果是完全竞争行业的一个典型例子。每个农场主在长期无法控制有机苹果的价格，也无法获得大于零的经济利润。其主要原因在于：①这些果园主出售的都是有机苹果，是完全同质的商品，为此，他们需要为获得相同的买家而竞争。②有机苹果市场无进入壁垒，新果园主可以很容易进入这个市场。如果这个市场上的果园主都能够获得经济利润，这个市场就非常具有吸引力。因为没有进入壁垒，更多的果园主可以没有无障碍地进入。市场上已存在的果园主没有特别的竞争优势，新进入的果园主和原有的果园主公平竞争。③越来越多的果园主进入这个行业，有机苹果市场中果园主数目很多，同质商品、果园主之间激烈的竞争导致最终每个果园主的市场份额相对于整个行业来说都微不足道，无法影响有机苹果的市场价格。另外，市场上的购买者数量众多，每个购买者购买的数量相对于市场规模来说都太小了，因此每个购买者也都无法影响有机苹果的价格。这些决定了市场中的每个买者或每个卖者对市场价格的影响可以忽略不计，大家都将市场价格作为给定的。④信息是完全的，也就是价格信息透明，买卖双方都对价格等信息有所了解，每个买家都可以根据价格信息进行比价购买，每个卖家给出合理、透明的价格信息。由于每个卖家都能以当前价格销售任何他想销售的数量，于是他没有理由降价。另外，他也不能提价，因为买家会到其他地方购买。

（资料来源：王艳花. 美国有机苹果产业发展的实践及启示 [J]. 农业经济，2009(5)：35-36. 经整理加工）

案例 5-3

我国啤酒市场的完全竞争

我国已经成为世界第一啤酒产销大国,啤酒市场进入成长性增长。我国加入世界贸易组织(WTO)之后,越来越多的国际资本正势不可挡地涌入我国,外国企业与急需增强资本优势开拓国际、国内市场的我国啤酒企业展开合作,互相形成优势互补,共同开拓我国啤酒市场。外资第一次大规模进入我国啤酒市场是在 20 世纪 90 年代初期,50 多家外资啤酒品牌全面进军我国,当时国内大多数大中型啤酒企业被外资控股或收购,市场上出现大量外资啤酒品牌。20 世纪 90 年代中后期,由于我国啤酒市场地方保护严重、价格战等一系列恶性竞争,绝大多数外资啤酒企业"水土不服",大规模撤出我国市场。我国加入 WTO 后,外资又纷纷重新抢滩我国啤酒市场。现在,外资在策略上已经比较成熟和现实,找到更为可行的介入方式——"改用资本说话",绝大部分采用参股控股国内强势企业的策略。目前,我国三大啤酒品牌(青岛、燕京和珠江)都有外资参股控股。这样,啤酒市场在外资推动下,新一轮的品牌整合将渐次展开,寡头垄断竞争格局有可能出现。分析人士指出,就啤酒业而言,国际啤酒市场趋于饱和,近 10 年增长缓慢。我国啤酒市场有很大潜力,每年有 5%~10% 的增长。我国年人均消费量约 19 升,如果要达到国际中等年人均消费水平 30 升,我国啤酒产量将达到 4000 万吨的规模,市场空间巨大。

案例评析:

啤酒市场竞争可以看作完全市场竞争,这是因为:啤酒行业进入门槛相对较低,市场上的生产厂家众多,普通大众都是消费者;如果没有品牌的差异,啤酒这种产品可以看作无差异的,市场信息传播也基本是无障碍的。正是市场的完全竞争,导致一些恶性的竞争结果,如竞相降价、产品质量下降、地方保护主义等,外资在这种恶性竞争下无利可图,所以大规模撤出我国。我国加入 WTO 后,随着市场制度的完善,啤酒市场的竞争逐渐规范,同时,我国的资本市场也不断发展壮大。外国投资者不仅对我国潜力巨大的啤酒市场充满信心,而且可以利用资本市场的运作,进入条件和进入方式更加方便,使国际资本更多地涌入我国,追求我国啤酒市场的利润。

(资料来源:夏桂平. 中国成为世界第一啤酒产销大国为期不远 [J]. 价格月刊,1995(12):20. 经整理加工)

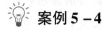

案例 5-4

完全竞争的瓜子市场

瓜子可以说是居家、旅行、请客及交友的一种小食品,很多人对瓜子情有独钟。只要你稍微细心一点就会发现,这些年来很多东西一直在涨价,但瓜子的价钱却没有太大的改变。这是为什么呢?经济学家们给出了这样一个答案:瓜子市场是一个完全竞争的市场,在这个市场中,企业出售商品的价格必须依照市场价去卖,而人们对瓜子的偏好程度没有改变,在需求确定的情况下,完全竞争市场上的均衡价格便不会发生变化。

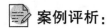 **案例评析：**

首先，市场上有众多经济主体，显而易见，买瓜子的人与卖瓜子的人都数不胜数；其次，各个厂商生产的瓜子虽然有些许差别，但吃法基本相同，也就是说，瓜子是同质的；再次，在资源自由流动方面，各个城市的街头巷尾都有很多炒瓜子、卖瓜子的人；最后，在信息对称方面，只要是买过瓜子的人都了解瓜子的价钱，其在很长一段时期内都是这个价格。由此可见，瓜子市场是符合以上几个条件的，瓜子市场能够称得上是完全竞争市场。除了瓜子市场之外，其他很多农产品市场、面包市场、理发市场等，也都和完全竞争市场相近，我们可以将它们看作完全竞争市场。

（资料来源：乔丕君．福尔康瓜子营销战略研究［D］．成都：西南交通大学，2004．经整理加工）

案例 5-5
农村春联市场：完全竞争的缩影

临近春节，我有机会对某村农贸市场的春联销售进行了调查，该农贸市场主要供应周围 7 个村 5000 余农户的日用品需求。贴春联是我国春节的一大传统习俗，春节临近，春联市场红红火火，而在农村，这种风味更浓。

在该春联市场中，需求者有 5000 多农户，供给者为 70 多家零售商，市场中存在许多买者和卖者；供应商的进货渠道大致相同，且产品的差异性很小，产品具有高度同质性（春联所用纸张、制作工艺相同，区别仅在于春联所书写内容的不同）；供给者进入、退出市场没有限制；农民购买春联时的习惯是逐个询价，最终决定购买，信息充分；供应商的零售价格水平相近，提价基本上销售量为零，降价会引起利润损失。从这些特点来看，原来，我国有着丰富文化内涵的春联，其销售市场结构竟是一个高度近似的完全竞争市场。

在商品种类上，例如"金鸡满架"一类小条幅，批发价为 0.03 元/副，零售价为 0.3 元/副；小号春联批发价为 0.36 元/副，零售价为 0.50 元/副。因小条幅在春联中最便宜且为春联中的必需品，统一价格保持五六年不变，因此消费者不对此讨价还价。小条幅春联共 7 类，消费者平均购买量为 3~4 类，总利润可达 1.08 元，并且人工成本较低。而小号春联相对价格较高，在春联支出中占比较大，讨价还价较易发生；由此，价格降低和浪费的时间成本会造成较大利润损失，对小号春联需求量较大的顾客也不过购买 7~8 副，总利润至多 1.12 元。因此，我们不难明白浙江的小小纽扣风靡全国、使一大批人致富的原因；这也提醒我们，在落后地区发展劳动密集型、技术水平低、生产成本低的小商品生产不失为一种快速而行之有效的致富方法。

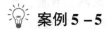 **案例评析：**

就案例中所提到的农村春联市场来看，春联产品的同质性、厂商进入与退出市场没有障碍、买卖双方的数量很多以及信息的充分，说明春联市场接近于一个完全竞争的市场。这种竞争的充分性主要来源于产品的同质性，即产品之间的完全替代，所以单个厂商不能控制产

品的价格。在模型中要求参与者数量是无数个，它们的经济行为对价格没有影响。在现实中，尽管厂商和消费者的数量很大，但总是有限的，也就不能满足个体行为对价格没有影响的条件。从信息的充分与对称性来看，忽略了获取信息是有成本的，人们对与信息的搜寻与获取也是建立在成本与收益的比较之上而做出决策，人们往往根据经验来做出产品相关性质的判断。所以，在一些外观形状、颜色等较易判断的低级产品上容易产生接近于完全竞争性质的市场，而在一些个性化的、对产品和服务需要更多信息的高级产品，以及需要相关制度安排来保证交易顺利进行的产品和服务，就不太容易形成接近于完全竞争性质的市场。

（资料来源：http：//wenku.baidu.com/view/fe6c59c4a31614791711cc7931b765ce04087a79.html. 经整理加工）

5.2.2 完全竞争市场上厂商的需求曲线和收益曲线

1. 需求曲线

在任何一个商品市场中，市场需求是针对市场上所有厂商组成的行业而言的，消费者对整个行业所生产的商品的需求称为行业所面临的需求；相应的需求曲线称为行业所面临的需求曲线，也就是市场的需求曲线。它一般是一条从左上方向右下方倾斜的曲线。图 5-1a 中的 D 曲线就是一条完全竞争市场的需求曲线，是向右下方倾斜的。

消费者对行业中的单个厂商所生产的商品的需求量，称为厂商所面临的需求量；相应的需求曲线称为厂商所面临的需求曲线，简称厂商的需求曲线。在完全竞争的条件下，厂商所面临的需求曲线是一条由既定的市场均衡价格出发的水平线。图 5-1b 中的 d 曲线就是一条完全竞争厂商的需求曲线，是一条与横轴平行的水平线。

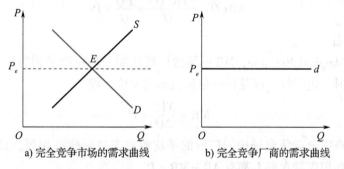

a) 完全竞争市场的需求曲线　　　b) 完全竞争厂商的需求曲线

图 5-1 完全竞争市场和完全竞争厂商的需求曲线

在完全竞争市场上，单个厂商是市场价格的接受者，而不是价格的设定者。假设某家厂商把价格定得略高于市场价格，由于商品具有同质性，且消费者有完备信息并可以自由流动，那么将没有人购买该厂商的商品。也就是说，厂商一旦涨价，它所面临的需求会下降为零。如果厂商的价格等于市场价格，则由于厂商数目众多的条件，一个厂商的供应是无足轻重的，无论厂商供应多少，价格都维持不变，或者说在既定的市场价格下，厂商可能销售任意数量的商品。厂商会不会把价格降到市场价格以下呢？降价原本是为了刺激需求，既然每个厂商在市场价格下可以供应任意数量，那又何必降价呢？因此，在完全竞争市场上，厂商既不能提高价格，又不愿降低价格，只能是市场价格接受者。从需求的角度看，完全竞争厂商所面临的需求是水平的,水平需求的弹性是无穷大的。价格趋近于零的上升,需求降为零;价格趋近于零的下降,购买者会蜂拥而至,厂商面对的需求会变成无穷大。

图 5–1b 中的厂商的需求曲线 d 是相对于图 5–1a 中的市场需求曲线和市场供给曲线共同作用所决定的均衡价格 P_e 而言的。如果市场的供给曲线或需求曲线的位置发生移动,就会形成新的市场均衡价格,相应的,在图 5–1b 中便会形成另一条从新的均衡价格水平出发的呈水平线形状的厂商的需求曲线。

2. 收益曲线

厂商收益就是厂商的销售收入。厂商的收益可以分为总收益、平均收益和边际收益。

(1) 总收益

总收益(Total Revenue,TR)是指厂商按一定价格出售一定量产品时所获得的全部收入,即价格与销售量的乘积,以 P 表示商品的市场价格,以 Q 表示销售量,则有 $TR(Q) = P \times Q$。

由于完全竞争市场的一个基本特征是单个厂商无法通过改变销售量来影响市场价格,即厂商每销售一单位的商品都接受相同的价格,也就是说,厂商只能被动地接受价格。这样随着厂商销售量的增加,它的总收益是不断增加的。但由于商品的单位市场价格是固定不变的,因此总收益曲线是一条从原点出发的斜率不变的直线。

(2) 平均收益

平均收益(Average Revenue,AR)是指厂商出售每一单位商品所得到的收入,也就是平均每一单位商品的卖价。它等于总收益与销售量之比。由于完全竞争市场厂商只能按既定价格出售,因此平均收益也等于商品的单位价格,即

$$AR(Q) = \frac{TR(Q)}{Q} = \frac{PQ}{Q} = P$$

(3) 边际收益

边际收益(Marginal Revenue,MR)是指厂商增加一单位产品销售所获得的收入增量。商品价格为既定时,边际收益就是每一单位商品的卖价,即

$$MR = \frac{\Delta TR}{\Delta Q} = P$$

由此可见,在完全竞争市场中,厂商的平均收益与边际收益相等,且都等于既定的价格,或者说在任何销售量水平上都有 $AR = MR = P$。

相应可以绘出完全竞争厂商的平均收益、边际收益与总收益曲线,如图 5–2 所示。

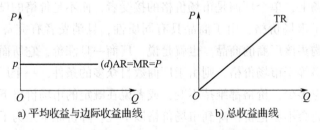

a) 平均收益与边际收益曲线   b) 总收益曲线

图 5–2 完全竞争厂商平均收益、边际收益与总收益曲线

图 5-2 中横轴表示厂商的销售量或所面临的需求量，纵轴表示商品价格。图中收益曲线具有以下特征：完全竞争厂商的平均收益 AR 曲线、边际收益 MR 曲线与需求曲线 d 是重合的，是从既定价格出发的平行于横轴的一条水平线。这正是因为对于完全竞争厂商来说，在既定的市场价格下，任何销售量上都有 AR = MR = P，而完全竞争厂商所面临的需求曲线就是一条由既定的市场价格水平出发的水平线。同时，由于每一销售量上的边际收益值是相应的总收益曲线的斜率，且边际收益是不变的，等于既定的市场价格，因此总收益曲线是斜率不变的直线。

案例 5-6

有机苹果果农的收益

假设现在有机苹果的市场价格是 10 元/斤，并假定果园主苹果的销售量等于其产量。Bill 的有机苹果园出售 1000 斤有机苹果，他的总收益就是 10 000 元。由于 Bill 有机苹果园的产量相对于整个有机苹果市场来说太小了，因此，Bill 将有机苹果价格作为既定不变的。如果 Bill 有机苹果园的产量翻一番变为 2000 斤，Bill 的总收益也翻了一番变为 20 000 元。表 5-2 给出了 Bill 有机苹果园的收益。

表 5-2 Bill 有机苹果园的收益

产量/斤	价格（元/斤）	总收益（元）	平均收益（元）	边际收益（元）
0	10	0	—	—
1	10	10	10	10
2	10	20	10	10
3	10	30	10	10
4	10	40	10	10
5	10	50	10	10
6	10	60	10	10
7	10	70	10	10
8	10	80	10	10
…	…	…	…	…

现在考虑以下四个问题：
1) 有机苹果的市场价格是怎样确定的？
2) 在有机苹果价格一定时，果园销售一定量苹果的总收益取决于什么？
3) 果园平均每销售一斤有机苹果的收益为多少？
4) 若果园多生产一斤有机苹果，能增加多少额外收益？

案例评析：

第一个问题，Bill 是有机苹果市场价格的接受者，即他将有机苹果价格作为给定的市场条件，那么有机苹果的市场价格又是怎样确定的呢？在有机苹果市场上，需求和供给这两种相反的力量共同作用，最终形成了有机苹果市场上的均衡价格与均衡数量。这个均衡价格就是 Bill 所接受的市场价格。

完全竞争市场中，商品价格一定，厂商的总收益和其产量（销量）成正比，其产量越大，总收益越大。

平均收益等于总收益除以产量。平均收益是果园主平均每销售一斤苹果能得到的收益。表 5-2 中，我们可以看到平均收益为 10 元，这正好是每斤苹果的价格。

边际收益等于额外增加一斤有机苹果销售带来的总收益的变动量。在表 5-2 中，边际收益为 10 元，也正是每斤苹果的价格。由此可得出一个只适用于完全竞争厂商的结论：总收益为 $P \times Q$，对于完全竞争厂商来说，P 是既定的，因此，当 Q 增加一单位时，总收益增加了 P 元。对于完全竞争厂商来说，边际收益等于商品的价格。

（资料来源：温慧. 果农有机苹果经营行为研究 [D]. 咸阳：西北农林科技大学，2010. 经整理加工）

5.2.3 完全竞争厂商的供给量如何确定——利润最大化原则的应用

企业是社会财富的主要缔造者，企业通过追求和实现利润最大化来实现财富的创造，因此，企业的终极目标是实现利润最大化。而利润是总收益和总成本的差额，在前面我们刚刚介绍了完全竞争厂商的总收益。那么，厂商确定的这个供给量是能够实现其利润最大化的供给量。由此，我们得到利润最大化的条件：在产品的价格一定时，厂商会找到一个产量水平，这个产量水平上，产品的边际收益（MR）等于产品的边际成本（MC），这个产量就是厂商的供给量。针对完全竞争市场上的企业来说，产品的边际收益等于产品的价格，利润最大化的条件就变成了价格（P）等于边际成本（MC）。

$$P = MR = MC$$

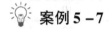

案例 5-7

果农 Bill 利润最大化的实现

表 5-3 中，第一列给出了 Bill 有机苹果园的苹果产量；第二列是苹果的总收益，它等于 10 元/斤乘以苹果产量；第三列是苹果园的总成本，总成本包括固定成本（在本案例中为 5 元）和可变成本，可变成本取决于产量。那么，Bill 实现利润最大化的产量是多少？

表 5-3　果农 Bill 利润最大化的实现

产量 Q/斤	总收益 TR（元）	总成本 TC（元）	利润 TR-TC（元）	边际收益 MR（元）	边际成本 MC（元）
0	0	5	-5	—	—
1	10	9	1	10	4
2	20	15	5	10	6
3	30	23	7	10	8
4	40	33	7	10	10
5	50	45	5	10	12
6	60	59	1	10	14
7	70	75	-5	10	16
…	…	…	…	…	…

案例评析：

我们假定产量等于销量。表 5-3 中的第五列从总收益的变动计算出了边际收益，即边际收益是产量增加一单位所带来的总收益的增加量，本案例中，每增加一单位有机苹果的供给，都会使 Bill 的总收益增加 10 元。第六列从总成本的变动计算出了边际成本。边际成本是每增加一单位产量所带来的总成本的增加量，苹果产量从 0 增加到 1 单位，即第 1 单位产量所带来的总成本的增加量，边际成本为 4 元；因此，生产第 1 单位苹果使利润增加了 6 元（利润从 -5 元变为 1 元）。第 2 单位苹果的边际收益为 10 元、边际成本为 6 元，第 2 单位苹果使利润增加了 4 元（从 1 元变为 5 元）。只要边际收益大于边际成本，我们看到，只要增加产量就能增大利润。第 3 单位产量的边际收益为 10 元，边际成本为 8 元，使 Bill 的利润增加了 2 元。此时，因为 MR > MC，增加 1 单位产量带来的边际收益大于边际成本，即这一单位产量对 Bill 造成的收益的增加大于成本的增加，因此继续增加苹果供给量对 Bill 来说仍然有利可图，Bill 应当继续增加苹果供给量。第 4 单位产量，边际收益和边际成本都是 10 元，即第 4 单位产量带来的利润的增加量为 0，Bill 没有必要继续增加苹果的供给量。现在，我们再来看看第 5 单位的苹果的边际收益和边际成本，由于边际收益 10 元小于边际成本 12 元，因此该单位苹果的供给使利润减少了 2 元（从 7 元变为 5 元），供给第 5 单位苹果对 Bill 来说不划算。如果他当前的苹果产量是 5 单位，他没有实现利润最大化。对追求利润最大化的 Bill 来说，他的苹果园的产量不会超过 4 单位。

（资料来源：温慧. 果农有机苹果经营行为研究 [D]. 咸阳：西北农林科技大学，2010. 经整理加工）

本节思考

完全竞争市场是一种理想的市场状态，现实生活中，存不存在纯粹的完全竞争市场？哪些市场接近于完全竞争市场？

5.3 完全竞争厂商的短期均衡

5.3.1 完全竞争厂商短期均衡产量的决定

当厂商的生产水平保持不变，既不扩大也不缩小时，厂商达到并处于均衡状态。在短期内，不仅产品的市场价格是既定的，而且生产中的不变要素投入量是无法改变的，或者厂商只能通过变动可变要素的投入量来调整产量，从而通过对产量的调整来实现 MR = MC 的利润最大化均衡条件。在完全竞争的市场中，市场供给和需求相互作用形成的产品价格，可能高于、等于、低于厂商的平均成本，因此在短期内，厂商出售产品就有可能处于盈利、盈亏平衡或亏损等不同状态。

慕课 5-3

1）价格或平均收益大于平均总成本，即 $P = AR > SAC$，厂商处于盈利状态。

2）价格或平均收益等于平均总成本，即 $P = AR = SAC$，厂商的经济利润恰好为零，处于盈亏平衡状态。

3）价格或平均收益小于平均总成本，但仍大于平均可变成本，即 AVC < AR < SAC，厂商亏损，在存在沉没成本时，厂商还应继续生产。

厂商应立即停止生产，还是应继续进行生产？这取决于是否存在沉没成本。沉没成本是指一旦停止生产，已投入的不能再收回的成本。这里我们假定厂商的某些不变成本或全部不变成本是沉没成本，则当价格或平均收益介于平均总成本和平均可变成本之间时，虽然出现亏损，厂商仍会继续生产，因为此时厂商获得的全部收益不仅能够弥补全部的可变成本，还能够收回一部分固定成本，即厂商继续生产所获得的收益超过继续生产所增加的成本。当然，如果某厂商一旦停止生产，成本就会变为零，并且所有的不变成本都可以收回，也就是说，厂商没有沉没成本，那么只要价格降到平均总成本水平以下，厂商就会停止生产。

4）价格或平均收益等于平均可变成本，即 $P = AR = AVC$，厂商处于亏损状态，且处于生产与停产的临界点。

5）价格或平均收益小于平均可变成本，即 AR < AVC，厂商处于亏损状态，且停止生产。

上述分析表明，完全竞争厂商短期均衡的条件是 MR = SMC。

其中，MR = AR = P。在短期内，完全竞争的厂商可以获得最大经济利润，或者经济利润为零，或者可能蒙受最小亏损。

5.3.2 厂商的短期供给曲线

前面的论述已经表明利润最大化的产量是由边际收益等于边际成本决定的，而在完全竞争市场上，厂商的产量并不会影响价格，它面对的需求是水平的，因此厂商多出售一单位产品所增加的收益就等于价格，即厂商的边际收益等于价格。于是，厂商利润最大化的产量也取决于 $P = SMC(Q)$。该式表明，完全竞争厂商为了获得短期最大利润，应该把最优产量确定在使商品的价格和边际成本相等的水平上。也就是说，在每一个短期均衡点上，厂商的产量与价格之间都存在着一种对应的关系。

完全竞争厂商的短期供给曲线，就是完全竞争厂商的短期边际成本 SMC 曲线上等于和高于平均可变成本 AVC 曲线最低点的部分。完全竞争厂商的短期供给曲线向右上方倾斜，如图 5-3 所示。

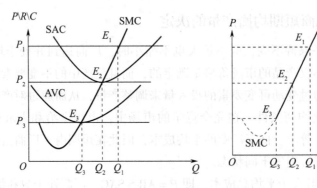

图 5-3　完全竞争厂商的短期供给曲线

案例 5-8

生意冷清的餐馆为什么不关门？

你有过这样的经历吗？午饭时间，当你走进一家餐馆准备吃午饭时，发现餐馆里几乎空无一人，你可能感到疑惑，这家餐馆的顾客那么少，餐馆可能入不敷出，这样的餐馆还有开下去的必要吗？它为什么不关门呢？

案例评析：

站在餐馆老板的角度来考虑，餐馆是否继续营业，取决于营业时总收益与总可变成本的比较，餐馆老板必须区分不变成本和可变成本。餐馆的很多成本，例如场地租金、厨房设备、餐桌、餐具、厨师和服务员的基本工资等都是不变成本。短期来看，餐馆营业与否不会降低这些成本。换句话说，这些成本在短期是沉没成本。当餐馆老板决定午餐时间是否营业时，只有可变成本——饭菜的生产成本，包括购买饭菜的原材料、加工等的成本与饭菜的销售收入才是老板考虑的。如果餐馆从消费者身上得到的收入小于它的可变成本，那么它就不会营业，而是会关门，否则营业赔的会更多，不但会赔掉全部的不变成本，还会赔掉一部分可变成本。显然，当前这个生意冷清的餐馆不关门是因为餐馆老板营业时所获得的总收益大于提供饭菜的总可变成本，或者也可以说，虽然继续营业亏损，但与不营业亏掉全部的不变成本相比，亏损的要少一些。

（资料来源：张亮．小型餐馆的成本控制探究 [J]．经贸实践，2016（13）：107-108. 经整理加工）

本节思考

你身边的"老字号"为什么越来越少？

5.4 完全竞争厂商与行业的长期均衡

5.4.1 完全竞争厂商的长期均衡

在长期中，完全竞争厂商的所有要素都是可变的，厂商通过对全部生产要素的调整来实现利润最大化。完全竞争厂商在长期中对生产要素的调整表现为两方面：①厂商自身对最优生产规模的调整；②厂商进入或退出一个行业（即厂商数目的调整）。

1. 完全竞争厂商自身对最优生产规模的调整

在短期内，如果厂商能够获得利润，那么它会进一步加以调整，以得到更多的利润。在短期内，厂商的生产规模给定，只能在既定的生产规模下进行生产，但是，在长期中，厂商会调整生产规模，很显然，在长期中，厂商通过对生产规模的调整，能够获得比在短期内所能获得的更大的利润。

2. 行业中厂商数目的调整

分析完全竞争厂商在长期中进入或退出一个行业（即厂商数目的调整）对单个厂商利润的影响。前面已经指出，在完全竞争市场，要素可以在不同部门之间自由流动，或者说厂商可以自由进入或退出一个行业。实际上，生产要素总是会流向能获得更大利润的行业，也总是会从亏损的行业退出，正是行业之间生产要素的自由流动或厂商的自由进出，导致了完全竞争厂商长期均衡时的经济利润为零。总而言之，完全竞争厂商的长期均衡出现在 LAC 曲线的最低点。此时，不仅生产的平均成本降到长期平均成本的最低点，而且商品的价格也等于最低的长期平均成本。因此，我们得到完全竞争厂商的长期均衡条件为

$$MR = LMC = SMC = LAC = SAC = AR = P$$

此时，单个厂商的利润为零。

3. 厂商进入与退出成本

需要进一步说明的是，完全竞争厂商长期均衡时利润为零，这主要是因为自由进入和退出行业的条件。所谓自由出入，是指进出市场是毫无成本的。这显然不符合现实。从进入成本看，从事任何经营，总要付出一定的开业成本，如熟悉业务、了解市场、筹集资金、物色厂址、寻找原料供应、向有关部门登记注册等，这些活动都得耗费时间、精力和金钱，这些都是进入成本。即使市场所提供的利润为正，但如果不足以抵消进入成本，那么新的厂商也不会进入市场。这时，经营中厂商的长期利润也就不为零。

退出成本也会影响竞争。厂商往往在进入市场时就要考虑退出时的成本，如果退出成本很高，厂商就不太愿意进入市场。退出成本包括沉没成本，企业破产时，如果能把所有的资产以接近成本的价格出售，那么，它的沉没成本就很低，从而退出成本也低。但有些生产在技术上对设备有特殊的要求，这些特殊设备在企业之外便没有什么用途，因此企业破产时，这些成本昂贵的投入很难收回，退出的成本就比较高了。

从完全竞争厂商长期均衡的分析可以看到，如果总收益小于总成本，或者 $P < LAC$，厂商就退出；如果总收益大于总成本，或者 $P > LAC$，厂商就进入。所以，在长期中，完全竞争厂商的供给曲线是位于长期平均成本 LAC 曲线最低点以上的那部分长期边际成本 LMC 曲线。

5.4.2 完全竞争行业的长期均衡

在短期均衡分析中，存在着生产要素价格不变的假定，于是直接由单个厂商的短期供给曲线水平相加得到行业的供给曲线。但是在长期分析中，情况就有所不同了。当厂商进入或退出一个行业时，整个行业产量的变化有可能对生产要素的市场需求产生影响，进而影响生产要素的价格。完全竞争行业的长期均衡，就是分析长期中需求变化和要素价格变化对行业供给的影响。

根据生产要素价格变动对行业的不同影响，可以把行业区分为三类：当一个行业扩大生产时，使用的生产要素价格保持不变的称为成本不变行业，使用的生产要素价格上涨的称为

成本递增行业，使用的生产要素价格下降的称为成本递减行业。

1. 成本不变行业的长期均衡

成本不变行业是指该行业的产量变化所引起的生产要素需求的变化，不对生产要素的价格产生影响。当成本不变时，完全竞争行业达到长期均衡的供给曲线是一条水平线。它表明：成本不变的行业是在不变的均衡价格水平提供产量，该均衡价格水平等于厂商的不变的长期平均成本的最低点。或者说，当市场需求变化时，会引起行业长期均衡产量的同方向变化，但长期均衡价格不会发生变化。

总之，不变成本行业有着一条水平的长期供给曲线。如果需求增加，产品价格将提高，随着新厂商加入该行业，供给曲线向右移动，最终迫使价格恢复到原有水平。厂商能长期维持成本不变，主要是由于生产要素的供给是完全弹性的。

2. 成本递增行业的长期均衡

成本递增行业是指该行业的产量增加所引起的生产要素需求的增加，会导致生产要素的价格上升。当成本递增时，完全竞争行业达到长期均衡的供给曲线是一条向右上方倾斜的曲线。它表明：当行业实现长期均衡时，虽然产量增加了，但是其价格也上涨了。这是由外部不经济提高了投入物的价格或降低了投入物的生产效率引起的。很显然，对于成本递增行业，在长期中，行业的产品价格和供给量呈同方向变动，市场需求的变动不仅会引起行业长期均衡价格同方向变动，还会引起行业长期均衡产量的同方向变动。

3. 成本递减行业的长期均衡

成本递减行业是指该行业的产量增加所引起的生产要素需求的增加，会导致生产要素的价格下降。当成本递减时，完全竞争行业达到长期均衡的供给曲线是一条向右下方倾斜的曲线。它表明：当行业实现长期均衡时，不但产量增加，而且其价格也降低了。这主要是由于外部经济在起作用。随着一个行业的发展而产生的外部经济可以概括为两个方面：①降低了投入物的价格；②提高了投入物的生产效率。外部经济能降低厂商的长期平均成本。很显然，对于成本递减行业，在长期中，行业的产品价格和供给量呈反方向变动。市场需求的变动引起行业长期均衡价格反方向变动，引起行业长期均衡产量的同方向变动。

以上分析可见，我们不能通过将行业内厂商的长期边际成本曲线加总的方法推导行业的长期供给曲线。不能否认，每个厂商都是在长期供给曲线 $LMC = P$ 的每一个点上进行生产的，但当行业沿 LS 曲线进行调整时，厂商正在进入或退出该行业。因此，不可能像在短期内那样，对既定数量厂商的 LMC 曲线进行加总。此外，对于成本递增或递减行业来说，LMC 曲线本身也会由于要素价格的变化而移动。

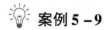

案例 5-9

利润为零，为何有厂商愿意留在该行业？

乍一看，完全竞争厂商在长期中获得零利润似乎是荒唐的。厂商从事生产经营活动的目的就是要获取利润。如果厂商最终利润为零，那么似乎没有经营的必要了。这合理吗？

案例评析：

我们把经济利润定义为总收益减去总成本的差额，这里的"总成本"包括了厂商的显性成本，也包括了厂商的隐性成本，即厂商所有者用于经营的时间和金钱的机会成本。所以，就算长期中经济利润为零，厂商所有者投入了包括自身在内的所有要素都已经获得了应有的回报，同时，经济利润为零时，对应的会计利润仍然可能是很高的。

（资料来源：金岩石. 企业利润归零，真的吗？[J]. 中外管理，2015（9）：27. 经整理加工）

案例 5 – 10

政府办的大型养鸡场为什么赔钱？

为了保障"菜篮子"稳定，许多大城市都由政府投资修建了大型养鸡场，结果这些大型养鸡场反而竞争不过农民养鸡专业户或老太太，往往赔钱者多。为什么规模大反而不如规模小呢？

案例评析：

在鸡蛋这样的完全竞争市场上，在长期中，养鸡企业（包括农民和大型养鸡场）要对供求做出反应：决定产量多少和进入还是退出。假设由于人们受"胆固醇不利于健康"这种宣传的影响而减少对鸡蛋的消费，从而使鸡蛋价格下降，这时养鸡企业就要做出减少产量或退出养鸡行业的决策。假设由于发生鸡瘟，供给减少，价格上升，原有养鸡企业就会扩大规模，其他人也会进入该行业。在长期中，通过供求的这种调节，鸡蛋市场实现了均衡，市场需求得到满足，生产者也感到满意。这时，各养鸡企业实现成本（包括机会成本在内的经济成本）与收益相等，没有经济利润。在完全竞争市场上，企业完全受市场支配。由于竞争激烈，成本被压得相当低。生产者要对市场供求变动做出及时的反应。大型养鸡场的不利正在于压低成本和适应市场的调节能力远远不如农民养鸡者。

（资料来源：梁小民. 微观经济学纵横谈 [M]. 北京：生活·读书·新知三联书店，2000. 经整理加工）

本 节 思 考

为什么街边门面房经营的餐饮、药店、房屋中介居多？

本 章 习 题

【案例分析】

国家市场监督管理总局对美团优选、多多买菜等 5 家社区团购企业做出行政处罚

2021 年 3 月 3 日，国家市场监管总局对橙心优选、多多买菜、美团优选、十荟团、食享会五家社区团购企业不正当价格行为做出行政处罚。其中，除食享会被罚款 50 万元之外，其余四家社区团购企业分别处以 150 万元罚款。针对国家市场监管总局的行政处罚，橙心优选回应称，已经收到监管部门的行政处罚通知，我们高度重视，真诚接受，将对所涉问题进行全面整改，严格遵守相关法律法规，全力保障消费者的合法权益。

（资料来源：https：//www.samr.gov.cn/xw/zj/202103/t20210303_326448.html. 经整理加工）

问题：

1. 涉事企业的行为对市场带来什么危害？
2. 怎样利用经济学知识解释此类事件？

第6章 不完全竞争市场

本章思维导图

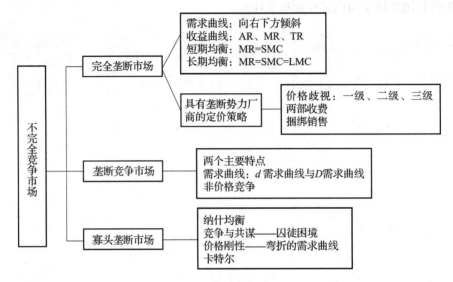

本章要点

1. 完全垄断市场。完全垄断市场是指一种商品只有一个卖家，或市场的全部或绝大部分份额由一家企业所占有的市场结构。企业有决定市场价格的权利。

2. 长期均衡。由于垄断形成的进入障碍，完全垄断厂商即使短期可能存在亏损，也可以通过长期的生产调整获取超额利润，总之，完全垄断厂商的长期均衡利润总是要高于短期的。

3. 垄断势力。垄断势力是指垄断厂商借助其市场垄断地位获取高于边际成本的定价能力。定价 P 越高于边际成本，表明厂商的垄断势力越大，一般可以用勒纳指数来测定其大小：$L = (P - MC)/P = -1/e_d$。垄断势力主要来源于三个方面：市场的需求弹性、市场中的厂商数量、厂商之间的相互作用。

4. 具有垄断势力厂商的定价策略。具有垄断势力厂商的定价策略主要包括价格歧视、两部收费、捆绑销售，这些都是差别定价。其中，价格歧视是指垄断厂商可以针对不同顾客提供不同价位的产品；两部收费要求消费者为购买一种商品的权利需要预先支付一定费用，然后再根据希望消费的每单位产品支付额外费用；捆绑销售又称附条件交易行为，其实施的必要条件包括有区别的消费者、不能实行价格歧视、负相关需求。

5. 垄断竞争市场的两个主要特点。①市场上的产品之间高度替代，但具有差别；②厂商可以自由进入和退出市场。

6. 两条需求曲线。由于垄断竞争市场上的商品特征，每个厂商的市场需求都会受到其他厂商的影响，所以垄断竞争厂商面临的需求曲线有两条：d 需求曲线和 D 需求曲线。

7. 非价格策略。垄断竞争市场上产品的差异化使厂商具有一定的定价能力，但厂商可以自由进出也使竞争极其激烈，打价格战可能并非最优策略，同时可以采用一些非价格策略，如广告，提升垄断势力，进一步增加利润。

8. 囚徒困境。囚徒困境是博弈论的经典案例，说明了为什么甚至在合作对双方有利时，保持合作也很困难，由此来分析寡头厂商的共谋与合作、非价格竞争的博弈均衡。

9. 卡特尔。卡特尔表现为厂商的勾结与共谋，它是寡头垄断的典型组织。

6.1 完全垄断市场

6.1.1 完全垄断市场的概念和形成原因

慕课 6-1

1. 概念

完全垄断市场是指一种商品只有一个卖家，或市场的全部或绝大部分份额由一家企业所占有的市场结构。在这种市场上，企业有决定市场价格的权利。

2. 形成原因

（1）资源垄断

生产所需要的关键资源由一家企业所拥有，这种对资源的独占，天然排除了其他厂商生产同种商品的可能性。

（2）自然垄断

一个企业能以低于两个或更多企业的成本向整个市场供给一种商品或服务而产生的垄断，或者由于规模经济需要而产生的垄断。自然垄断行业的生产技术一般需要大量的固定设备，使固定成本非常大，而可变成本相对较小，所以平均成本在高产量水平上会表现出下降趋势，例如供水、供电、供暖等能源行业和通信行业。

（3）政府创造垄断

政府给予了一家企业排他性地生产某种商品或提供服务的权利，于是独家企业就成了行业垄断者。

（4）专利权

独家厂商拥有生产某种商品的专利权，这使厂商可以在一定时期内垄断该商品的生产。

案例 6-1

中国烟草总公司到底有多赚钱？

依仗着全世界数量最多的烟民，中国烟草总公司稳稳当当地坐在"中国最赚钱企业""全球最大香烟制造商"的宝座上。那么，中国烟草总公司到底有多赚钱呢？

根据中国烟草官网上的公开信息，2018 年，烟草行业实现工商税利总额 11 556 亿元，同比增长 3.69%；上缴国家财政总额 10 000.8 亿元，同比增长 3.37%；实现工业增加值 7877 亿元，同比增长 4.88%。工商税利总额与上缴国家财政的金额均超过 1 万亿元，而 2018 年全国税收收入为 156 401 亿元，全国人民上缴的个税才 13 872 亿元。全国烟草行业实现工商税利几乎呈现逐年递增态势。我们还可以与其他垄断性强的行业利润比较一下，中国石油和化学工业联合会公布的数据显示，2017 年，我国石油和化工行业利润总额为 8462 亿元。如果将"两桶油""四大行""BAT" 2017 年的利润相加，即中石油+中石化+百度+阿里巴巴+腾讯+工行+中行+农行+建行=1.14 万亿元，才勉强超过中国烟草总公司的工商利税总额，大约 20 个阿里巴巴才能赶得上中国烟草总公司。而这些还只是中国烟草的"冰山一角"。

为什么中国烟草总公司可以有如此高的净利润总额，并且可以保持如此长时间的高增长速度？

案例评析：

案例中提到的中国烟草行业属于政府创造垄断，自 1982 年以来一直实行的是专卖制度，它使中国烟草总公司在经济中获得了特殊地位，在国内烟草市场的占有率非常高。

（资料来源：https：//www.sohu.com/a/292835321_130887. 经整理加工）

案例 6-2

德比尔斯的钻石

提到钻石，有句风靡世界的广告词——"钻石恒久远，一颗永流传"，这句广告词是南非的钻石公司德比尔斯提出的，伴随公司走过多年，已经成为企业文化的象征。

立足于南非的德比尔斯公司一度控制了世界钻石生产的 80% 左右，虽然这家企业的市场份额不是 100%，不完全是一个垄断者，但它也大到足以对世界钻石价格产生重大影响的程度。

案例评析：

这是垄断势力来自拥有一种关键资源的经典案例，德比尔斯拥有多大的市场势力取决于有没有这种产品的相近替代品，例如人们是否认为翡翠、红宝石和蓝宝石都是钻石的良好替代品，而它打出的广告语"钻石恒久远，一颗永流传"，其目的就是在消费者心目中把钻石与其他宝石区分开来。如果广告是成功的，消费者将认为钻石是独特的，不是许多宝石中的一种，那么德比尔斯就可以在相当大的程度上影响自己产品的价格。

（资料来源：曼昆. 经济学基础：第 5 版 [M]. 梁小民，梁砾，译. 北京：北京大学出版社，2010：228. 经整理加工）

6.1.2 完全垄断厂商的需求曲线和收益曲线

1. 完全垄断厂商的需求曲线

由于完全垄断市场上只有一家厂商，完全垄断厂商面临的需求曲线就是市场的需求曲线,它是一条向右下方倾斜的曲线。

2. 完全垄断厂商的收益曲线

(1) 平均收益曲线

完全垄断厂商的平均收益 AR 曲线和需求曲线重叠,都是一条向右下方倾斜的曲线,如图 6-1a 所示,表明在每一个销售量上 AR = P。

$$AR = \frac{TR(Q)}{Q} = \frac{P(Q) \cdot Q}{Q} = P(Q)$$

(2) 边际收益曲线

完全垄断厂商的边际收益 MR 曲线位于平均收益 AR 曲线的左下方,且 MR 曲线也向右下方倾斜,如图 6-1a 所示。

(3) 总收益曲线

由于每一销售量上的 MR 值就是相应的 TR 曲线的斜率,所以 TR 曲线是先增后减的曲线,如图 6-1b 所示。当 MR > 0 时,TR 曲线的斜率为正;当 MR < 0 时,TR 曲线的斜率为负;当 MR = 0 时,TR 曲线达到最大值。

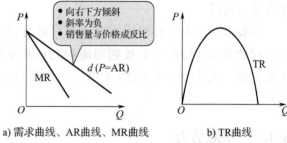

图 6-1 完全垄断厂商的收益曲线

6.1.3 完全垄断厂商的短期均衡和长期均衡

1. 短期均衡

完全垄断厂商可以通过调整产量和价格来实现利润最大化。与完全竞争市场类似,完全垄断厂商利润最大化时的产量也是由需求状况和成本状况共同决定的,其利润最大化的条件为 MR = MC,这也是完全垄断厂商短期均衡的条件。在短期内,完全垄断厂商出于各种原因,如既定规模成本过高,或面对的市场需求较小等,可能导致短期出现盈亏平衡甚至亏损,不一定总是能够获得垄断利润。所以,完全垄断厂商的短期均衡有三种情况:获得超额利润、获得正常利润或蒙受损失。获得盈利或亏损的情况如图 6-2、图 6-3 所示。

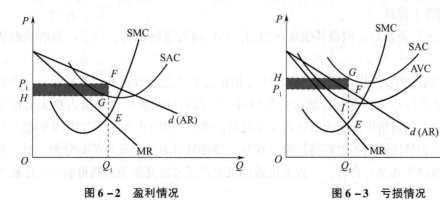

图 6-2 盈利情况　　　　　图 6-3 亏损情况

2. 长期均衡

完全垄断条件下，由于行业进入壁垒极高，长期中不会有新的厂商进入该市场。完全垄断厂商可以通过生产规模调整来实现长期的利润最大化。由于市场长期均衡形成过程中不存在厂商数量的调整，因而垄断行业的长期均衡并不以利润消失为标志。如果完全垄断厂商短期内获得利润，长期内只要需求状况不发生变化，厂商仍然可以获得利润；即使短期出现亏损，随着长期生产要素的调整，同样可以实现扭亏为盈，并保有超额利润。

一般来说，由于长期比短期生产更具有灵活性，因此完全垄断厂商的长期均衡利润总是要高于短期的。完全垄断厂商的长期均衡如图6-4所示。

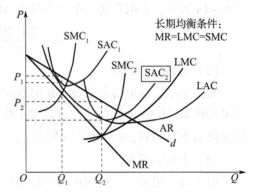

图6-4 完全垄断厂商的长期均衡

6.1.4 垄断势力

1. 概念

完全垄断厂商借助其市场垄断地位获取高于边际成本的定价能力。定价越高于边际成本，表明厂商的垄断势力越大。

垄断势力的大小一般可以用勒纳指数来测定：

$$L = \frac{P - MC}{P} = -\frac{1}{e_d}$$

勒纳指数刻画的是垄断利润的边际，又称价格标高程度，它的取值范围是[0,1]。

从勒纳指数的公式可以看出，厂商定价取决于产品的需求价格弹性，弹性越小，产品缺乏弹性，垄断势力越强，厂商可以对产品定高价；弹性越大，产品之间越有竞争性，垄断势力越弱。

2. 垄断势力的主要来源

1）市场的需求弹性。

2）市场中的厂商数量。假设其他条件相同，当厂商数量增加时，每个厂商的垄断势力都会下降。

3）厂商之间的相互作用。同行厂商之间的相互竞争可能会形成不同的局面，一种情况是厂商之间的竞争性很强，这时可能会打价格战，厂商通过轮流降价来抢占更多的市场份额，最终可能将产品价格压低至无限接近完全竞争的水平。由于厂商行为会相互影响，每个厂商都害怕失去市场份额而不敢轻易提价，这时厂商都只有很小或没有垄断势力。另一种情况是厂商之间倾向于共谋与合作，一致决定通过限制产量来提高价格，则可能会产生较大的垄断势力。

案例 6-3

高通芯片的垄断

高通公司是一家老牌的通信企业，其研发的骁龙系列芯片多年来占据全球芯片排行榜榜首，占据着大量的市场份额。在我国，骁龙系列芯片一直保持着霸主地位。目前，我国各手机品牌的5G智能手机在快速推进，需求不断，但高通芯片的高价不断推高手机定价，压缩了手机厂商的利润空间。以小米手机为例，一部小米10卖3999元，高通的处理器就占了1200元，去掉其他成本，一部手机总共赚了不到200元。这么多年来，全世界手机厂商都在交"高通税"，本来以为到了5G时代高通垄断没那么大，没想到高通直接把芯片价格定到了1000元以上，这一下子把手机价格推到了4000元大关。2020年，加上新冠肺炎疫情的影响，高价手机在市场上的销售不容乐观。意识到这点后，厂商们纷纷选择与联发科、紫光展讯合作，连小米也打算在自己的新机搭载联发科的天玑820。三星看到这种情况后，开始建设自己的第六条5nm芯片生产线，并且打算把产能留给其他厂商。

案例评析：

高通公司在手机芯片、通信技术方面拥有专利优势，根据专利法的相关规定，在手机芯片市场上，高通公司处于垄断地位，尤其是在高端5G智能手机中，高通公司的骁龙旗舰芯片更是旗舰手机的标配，因此高通芯片在市场上的不可替代性很高，这就决定了高通公司有很强的垄断势力，对自家的芯片有很强的价格控制能力，可以通过对产品制定高价来追求利润最大化。

当然，为了摆脱高通芯片的制约，几大手机厂商如华为、三星、OPPO、vivo等都在加大自主研发芯片的进度，如华为一直在自主研发麒麟芯片，尽力提高市场占有率。各手机品牌也加强了与其他芯片厂商的合作，华为已经开始加大与联发科之间的合作关系，让华为手机在没有麒麟芯片使用时，依旧能够使用联发科芯片，使华为手机等终端产品的发展不受限制；小米也打算为自己的新机搭载联发科的天玑芯片；三星也在不断扩大产能。当高通芯片出现越来越多的可替代品时，它的垄断势力势必会下降，高定价将会无法维持。

本节思考

对于电力、水、暖气等自然垄断行业，是否需要由政府采取管制措施？如果需要，政府可采取的管制措施有哪些？

6.2 具有垄断势力厂商的定价策略

价格歧视是具有一定垄断势力的厂商为了追求利润最大化经常采取的定价策略，此外，厂商常用的定价策略还包括两部收费和捆绑销售。

慕课 6-2

6.2.1 价格歧视

1. 概念

价格歧视是指对相同的产品向不同的消费者索取不同价格的行为。一般来说,厂商想要实施价格歧视策略,需要满足以下两个基本条件:

1)不同的市场之间可以有效分离。
2)被分割开的多个市场上分别有不同的消费弹性。

生活中,价格歧视的例子有很多,如飞机票的折扣、超市的促销措施、折扣券和定期打折、用电类别不同收费标准、学校的奖助学金等。

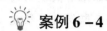

案例 6-4

商家的电子消费券

为应对新冠肺炎疫情的冲击,刺激消费回暖,新华区商务系统联合各商家推出了诸多福利,如投放电子消费券、开展消费直播、夜经济活动、商家线上活动等。其中,电子消费券的获取方式非常简单,微信关注"新华区微报"公众号并找到相关内容扫描商家二维码,即可领取,有餐饮、珠宝、家政服务三类,数量多达上万张。2020 年 4 月,万达广场就投放了 60 万元、丹尼斯开源路店投放了 100 万元……涉及商家众多,让利也大,市民接受程度自然就高。采访中,万达广场、丹尼斯开源路店的工作人员也都表示,通过线上投放、线下消费的形式,市民得到了实惠,也提升了商场营业额,现在进店消费的人数明显增多。

有人问,为什么不痛痛快快地给每人发一张电子消费券或者给每人直接发现金补贴呢?各商家选择发放电子消费券是因为什么?这里面包含着什么样的经济学原理?

案例评析:

电子消费券的领取类似于肯德基的折扣券,可以使各商家实行价格歧视。实际上,新冠肺炎疫情对各商家的冲击很大,尤其是一些封闭类的营业场所、中小卖家,电子消费券是一种巧妙的推销手段,它迎合了消费者的心理,能使卖家利用不同的价格敏感度把不同的买家划分在不同的市场,然后进行区别定价:对价格敏感的消费群体,会关注平台抢不同商家、不同类别的电子消费券,甚至做攻略考虑如何可以花更少的钱购买更多的产品;对价格不敏感的消费群体,可能不会过多关注电子消费券的发放,消费时有没有优惠也无所谓,这样商家可以尽可能地多赚钱。

总之,对于电子消费券,消费者往往要花一定的时间和精力才能得到,并非所有的消费者都愿意花费这些时间和精力去获取,抢券的意愿与消费者对商品的支付意愿和他们对价格的敏感程度是相关联的,只有那些对价格反应敏感的消费者才会那样做。

2. 分类

价格歧视分为以下三类:

(1) 一级价格歧视

一级价格歧视是指厂商对每一单位的商品都按照消费者所愿意支付的最高价格出售。对于完全垄断厂商而言，这是最理想的情况，厂商希望向每一位消费者索取每单位商品他们愿意支付的最高价格，这样厂商就可以最大限度地攫取消费者剩余，转化为它们的额外利润。但是，完全一级价格歧视几乎不可能，因为向每一位消费者都索取不同单位产品的不同价格不现实，厂商通常也不知道每位消费者愿意支付的最高价格到底是多少，即使询问也不一定能够获取有效的价格信息，毕竟对于消费者而言，他们更追求物美价廉。所以，尽管资源配置有效率，甚至亏损的完全垄断厂商可以扭亏为盈，但这种定价方式基本上无法实现。

(2) 二级价格歧视

二级价格歧视是指厂商对同种商品的不同消费数量收取不同的价格。

一些市场中，消费者在购买许多单位商品时，他们愿意支付的价格会随着购买数量的增加而下降，这种对相同商品或服务根据消费数量不同实施的不同定价比较普遍，适用于那些容易度量和记录的服务，例如地铁集团、通信资费等所实行的分段定价。分段定价时，消费者在某商品不同数量或不同区段被收取不同的价格。

二级价格歧视的实质是"多买打折扣"，它不直接对人，而是通过设置一个"自我选择"的机制，让消费者"愿者上钩"。

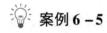

案例 6-5

电商平台的优惠活动

互联网时代的到来极大地改变了人们的消费方式和消费习惯，如今，人们已经很习惯网上购物，小到米、面等基本的生活物品，大到家具、车、房等物品。淘宝、京东、拼多多等电商平台蓬勃发展，竞争激烈，各大电商为了吸引更多消费者，平台活动花样多到看得人眼花缭乱，但总结下来大体可以分为 10 种促销方式，分别是直降、手机专享价、会员专享价、折扣、赠品、赠积分、多买多惠、满额减、团购/抢购、加价换购。其中，折扣是买得越多折扣越大；赠品是买就赠、满额赠，常见的如"买一赠一"；多买多惠包括满 M 件减 N 件、M 元任选 N 件、满 M 件打 N 折；满额减如天猫超市经常"满 199 减 100"，部分商品参加；会员专享价是指电商平台采用的会员或者等级机制，根据消费金额升级会员等级，而不同等级享受不同折扣，例如初级会员全场商品打 95 折，中级会员打 9 折，高级会员打 85 折。

但是，对于消费者来说，再多的优惠活动，归根到底都是为了能够省下更多的钱。

案例评析：

电商平台采用的很多促销活动属于二级价格歧视的策略。二级价格歧视就是商品数量歧视，对不同的购买数量制定不一样的价格，商家的薄利多销和卖家的团购低价就是这个逻辑，大多数商家都会通过设置"多买多送"或者"多买多便宜"的逻辑，用团购价带来的优惠大套餐和独自购买的高单价进行对比，从而促进消费者组团购买或想办法提升消费者直接按照单独售价购买的概率。

（3）三级价格歧视

三级价格歧视是指厂商在定价时倾向于根据需求价格弹性的不同，对同种商品在不同的市场或者不同的消费群体收取不同的价格。由于每个群体的需求弹性不同，厂商可以对每个群体收取不同的价格。

三级价格歧视的实施应该满足 $MC = MR_1 = MR_2$，否则将产品从边际收益小的市场调整到边际收益大的市场是有利的。一般而言，对消费弹性较大的消费群体收取较低的价格，对消费弹性较小的消费群体收取较高的价格。

三级价格歧视在日常生活中是最盛行的价格歧视形式，关于这种定价策略的例子随处可见，例如常规机票和特价机票，相同商品在普通超市和机场超市的价格差异，同一景区针对不同群体、在不同季节的票价差别等。

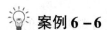 案例 6-7

周末的机票更优惠？

飞机上的座位常常以许多不同的价格出售。许多航空公司对在两个城市间往返，但周六在对方城市住一个晚上的乘客收取低价格。乍一看，这有点令人费解，为什么乘客是否周六停留一个晚上与飞机票价有关呢？

案例评析：

航空公司的这条规定是区分公务乘客和休闲乘客的一种方法。公务乘客支付意愿高，而且很可能不想周六停留一晚；反之，出于个人原因旅行的休闲乘客支付意愿低，更愿意周六停留一晚。航空公司由此有效分开了不同的消费群体，成功实行了三级价格歧视。

（资料来源：曼昆. 经济学基础：第5版［M］. 梁小民，梁砾，译. 北京：北京大学出版社，2010：241. 经整理加工）

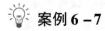 案例 6-7

被吐槽的机场消费

提起机场消费，许多人的第一反应就是价格高，牛肉面78元一碗，馄饨59元一份，一碗粥28元，类似这样的物价，在国内机场屡见不鲜，引发众多乘客吐槽。长期以来，国内机场天价餐饮饱受诟病，多地机场已开始整治，如2019年9月13日，宁夏银川河东机场宣布将全面下调餐饮价格。调整后，航站楼整体餐饮价格有了较大降幅。

为什么机场消费水平可以如此之高？

案例评析：

目前各大城市的机场多设在郊区，并且旅客进入候机厅以后不能再出来，机场所辖范围或候机厅内自然形成了一个零售与餐饮业的垄断经营环境。旅客在机场待机或滞留期间，除非自备干粮、酒水，否则，就只能到机场商店消费。缺乏替代品是机场零售店提高价格的便利条件。

另外，相比其他出行方式，飞机乘客一般是收入相对高的人群，机场作为一个相对封闭的垄断经营环境，天然分割了机场内外的消费者，机场餐饮商家可以实行三级价格歧视，因此商品定价偏高。

6.2.2 两部收费

两部收费是与价格歧视有关但又不完全等同于价格歧视的一种定价策略，它和价格歧视的共同之处在于都是为了获取消费者剩余。

两部收费分为以下两部分：

1）固定费。厂商要求消费者为购买一种商品的权利需要预先支付一定的费用。

2）使用费。消费者为他们希望的每单位产品支付的额外费用。

两部收费在日常生活中很常见，例如手机套餐每月的固定费和套餐外额外收取的费用、出租车的起步价和 n 公里后的计程价、公园内的代步车和小门票费用等。

关于固定费和使用费的确定，一般来说，产品收取较低的固定费意味着更多的消费者和更多的利润，但是，结合弹性分析，固定费降低在带来更多消费者的同时，可能会减少来自固定费的利润，因而问题就是要选择一个导致最优数量消费者的固定费，即可以实现利润最大化的费率。原则上，可以先确定一个产品定价，找出最优固定费，再估计相应的利润，然后继续改变价格，进一步算出对应的最优固定费和新的利润，这个过程反复进行，直到算出无限接近最优的两部收费。

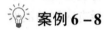

案例 6-8

视频网站的付费模式

2011 年 3 月，包括腾讯网、优酷网、乐视网等在内的七家国内一线视频网站共同成立"电影网络院线发行联盟"，旨在创新网络视频商业模式，合理量化收费标准。乐视网拿到电影《将爱进行到底》独家网络版权，将此片作为第一部试水联盟发行模式的影片，在联盟会员网站进行发布，主流视频网站开始尝试对单个视频进行付费点播的观影模式，迈出行业内盈利模式探索的第一步。2015 年以来，我国视频会员规模增速明显超过我国网民规模增速，甚至远超国际流媒体巨头 Netflix。如今，为视频付费已成为我国网民日常充值行为之一，《中国互联网发展报告 2019》指出，我国网络视频付费用户已经占网络视频用户的 50%以上，即超过一半的视频软件用户愿意付费观看网络视频。

付费会员模式被广泛接受后，2019 年，国内三大主流视频平台"爱优腾"又相继推出视频点播模式，它是在会员 VIP 的基础之上，再针对视频内容进行的一种收费模式，付费之后自然是可以提前观看未播放的剧集。如之前热播的《庆余年》，价格是每集点播费用为 3 元，剩余 25 集一次性点播需要 50 元，相比单集点播能便宜 25 元。对于那些不愿意付费的用户来说，本来会员就不会购买，这些点播付费更是不会花钱的。而对于那些会员来说，花点钱无所谓。付费点播进一步帮助平台获得更高收益。

📄 **案例评析：**

各视频网站现在推出的视频点播服务是多重付费模式，这种模式需要先付费成为普通会员，在此基础上可以自行选择再次续费，继续开启超前点播模式，才能享受免广告特权、超前观看更多节目等，这是两部收费的定价方式。

互联网时代，流媒体视频网站"爱优腾"已经处于第一梯队，可以独立或联合进行制播视频资源，有很强的垄断势力。它们采用这种付费模式，明显是要从会员营收上做更多试探的可能性。随着全球增量市场的萎缩，以及Netflix、Hulu等更多竞争对手的出现，会员数量的增速开始放缓，想要创造更多的收入就只能进一步提高会员费用，而用户前期享受了太久的免费内容服务，轻易调价必然不妥。这样一来就得想新出路，例如从已有会员身上捞取更多利益，《庆余年》超前点播的逻辑就在于此。

这种价格策略在一定时期可以通过会员持续消费的形式帮助视频平台获得更高收益，但是否能持续下去还是未知数，因为用户是否愿意购买视频网站VIP，归根结底是基于视频内容能否满足自身的娱乐休闲需求、高清视频的精品内容需求以及解锁会员功能（如倍速观看、弹幕、跳过广告等）的功能化需求，如果不能持续输出优质资源，而只为了"薅羊毛"推出各种收费项目，反而可能会适得其反。

（资料来源：https：//www.sohu.com/a/329067379_826614．经整理加工）

6.2.3 捆绑销售

捆绑销售又称附条件交易行为，是指厂商在出售产品或提供服务时，违背交易对方的意愿，强行搭配其他产品或附带其他不合理条件的行为。其实施的必要条件包括有区别的消费者、不能实行价格歧视、负相关需求。

捆绑销售主要有以下两种不同的形式：

1. 混合捆绑销售

厂商既分开出售产品，也以低于个别价格之和的成套价格搭售。当组合中的产品需求只有一些负相关，或者相关的边际成本时，这种策略常常是比较理想的策略。

2. 搭售

搭售是指产品以某种组合买卖。纯粹捆绑销售是搭售的常见形式，对组合中的产品性质没有过多要求。搭售的好处之一是它使厂商可以计算需求，从而更加有效地进行价格歧视。另外，搭售还可以保护消费者对某种品牌的信赖。

💡 **案例 6-9**

淡季旅游的大礼包

每年10月底、11月初，是旅游行内公认的淡旺季门票转换期，多数执行淡旺季差别定价的景区在此时转为淡季收费标准，全国各地陆续有景区进入"省钱"名单：北京故宫旺季票价60元、淡季票价40元；新疆天山天池风景名胜区旺季票价95元、淡季票价45元；

喀纳斯景区旺季票价160元，淡季票价80元……

而在淡季出游，节省的不光是门票一项。以西藏游为例，按照西藏景区优惠政策，门票上，光布达拉宫一项就可节省200元；住宿上，全区三星级（含三星级）以上星级宾馆（饭店）、国际品牌及精品酒店房价按不高于旺季价格50%执行；交通上，旅游运输企业按不高于旺季价格50%执行淡季价，各航空公司淡季平均折扣不高于50%，综合起来，出游性价比几乎达到全年最高。

受利好消息影响，近期多地游客对西藏方向旅游产品的关注度提升，相关产品的咨询预订量持续走高。包括同程旅游、途牛旅游以及当地传统旅行社在内，多个旅游预订平台都推出了淡季报名优惠，"叠加"送上更多淡季福利，如同程旅游一条"冬奥崇礼+太舞滑雪场+塞北雪乡+中国马镇+古北水镇双高5日跟团游"的路线下单立减1000元，降幅近30%。

市场如何看待平台推出的旅游大礼包？

案例评析：

同程旅游、途牛旅游等旅游平台推出的跟团游超级优惠大礼包是捆绑消费的策略，礼包内的产品路线是固定的，一般是人们旅游意愿比较强烈的景点和不那么强烈的景点组合，通过这种策略帮助厂商尽可能地获取更多利润。

本节思考

大家去肯德基之类的快餐店就餐时，发现有些顾客结账时会出示手机上的折扣券，你认为，这里面包含着怎样的经济学原理呢？

6.3 垄断竞争市场

符合完全竞争或完全垄断严格条件的市场是极为罕见的，现实中的市场主要是介于完全竞争和完全垄断之间的市场结构，我们称之为垄断竞争和寡头垄断的市场。

慕课6-3

6.3.1 垄断竞争市场的概念和两个关键特征

1. 概念

垄断竞争市场是指一个市场中有许多厂商生产和销售有差别的同种商品的市场组织。在这种市场中，既存在着激烈的竞争，又具有垄断的因素。

垄断竞争市场是一种常见的市场结构，如肥皂、洗发水、毛巾、服装、布匹等日用品市场，餐馆、旅馆、商店等服务业市场，牛奶、火腿等食品类市场，书籍、药品等市场大都属于此类。

2. 两个关键特征

(1) 生产的是"差异产品"

差异化主要表现在每个厂商销售的产品在物理性能、地理位置、销售服务或者消费者偏好等方面的差别。这些产品满足同样的需求，可以相互替代，这种替代性会引起产品之间的竞争。这种市场上最需要广告宣传。

(2) 可以自由进入和退出市场

行业进入退出壁垒较低，新厂商带着新品牌产品进入市场以及已有厂商在产品已无利可图时退出市场都相对容易。当一个新厂商进入垄断竞争市场（寻求正的利润）时，原有厂商的需求曲线向内移动，从而降低了现有厂商可接受的价格和销量。

案例 6-10

激烈竞争的智能手机行业

国内智能手机行业迅速崛起，虽然产业整体进步飞速，但历经多年发展，相比其他行业，竞争越发激烈，市场趋于饱和，产业链洗牌异常明显。近年来，市场占有份额稍高的主要是苹果、三星、华为、小米、OPPO、vivo等品牌，它们的产品在性能、外观等方面各有差异，各个品牌又以自己的产品特色吸引了一部分群体成为其忠实消费者，形成了一定的垄断地位。例如，苹果曾经是"土豪"象征、年轻白领的标配，有大批忠实的"果粉"；小米手机的"为发烧而生"，强调了它们的高配置、低价格，从而在互联网营销的开端率先赢得了市场；OPPO手机的"充电5分钟，通话两小时"，快充就是其最大的卖点。但这种垄断是比较弱势的，因为通过对不同品牌的手机比较之后发现，其实它们是可以互相替代的，这就形成了一种垄断竞争的状态。

案例评析：

智能手机行业显示了垄断竞争市场的两个特点：①厂商之间通过销售有差别的产品进行竞争，这些产品相互之间是高度可替代但不是完全可替代的，差异化主要表现在每个厂商销售的产品在物理性能、地理位置、销售服务或者消费者偏好等方面的差别；②可以自由进入和退出市场，智能手机发展的这些年，不断有旧的手机品牌被淘汰，如摩托罗拉、诺基亚、黑莓，也不断有新的手机品牌出现，如小米、荣耀、realme（真我）等。

6.3.2 垄断竞争厂商的短期均衡和长期均衡

1. 短期均衡

由于垄断竞争厂商生产的是有差别的产品，因而对自己的产品具有一定的垄断能力，所以它面临的是一条向右下倾斜的需求曲线。但这一点并不意味着垄断竞争厂商就能赚取高额利润。因为竞争决定了厂商行为相互影响，每个厂商都面临着两条需求曲线——厂商的主观需求曲线 d 或预期的需求曲线，以及厂商的实际需求曲线 D 或市场份额需求曲线（见图6-5）。

对某一厂商产品的需求不仅取决于该厂商的价格-产量决策，而且取决于其他厂商对该厂商的价格-产量决策是否采取对应的措施。从经济人的角度出发，厂商一般会选择"**跟跌不跟涨**"。一个厂商采取降价行动，如果其他厂商不降价，则该厂商的需求量可能上升很多；但如果其他厂商也采取降价措施，则该厂商的需求量不会增加很多。短期来看，和垄断厂商类似，垄断竞争厂商在 MR = SMC 的生产原则下，可能是赚取利润、亏损或者盈亏平衡的结果。

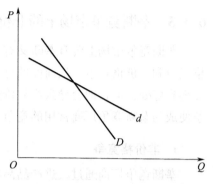

图 6-5 垄断竞争厂商面临的需求曲线

2. 长期均衡

垄断竞争市场上厂商的进入或者退出是比较自由的，所以赚取利润的潜在机会会吸引亏损的厂商调整生产规模，或者新的厂商进入该行业，此时原有厂商的市场份额会下降，利润总额减少，这一过程不断循环，最终推动行业内所有厂商的经济利润都为零，此时 $P = AR = LAC$。

案例 6-11

口罩行业的"过山车"变化

由于新冠肺炎疫情的影响，2020年以来，人们对口罩的需求上涨迅猛，很多厂商转而改造生产线，开始生产口罩，也有很多新的厂商不断进入这个行业。与口罩生产相关的产品和要素价格犹如过山车，口罩机从最初的20万元/台，一路涨至50万元/台～100多万元/台不等，个别甚至涨至200万元/台；熔喷布从10万元/吨一路涨至75万元/吨；无纺布、耳带、电焊机价格也纷纷飙涨。随着国内疫情形势逐渐稳定，口罩价格也逐渐降温。目前，淘宝上一次性防护口罩单价已低至0.318元。据悉，当前有人将100万元购入的口罩机20万元转手，80级以下熔喷布的价格也从巅峰期的40万元/吨降到每吨几千元，即便如此，厂商仍然很难收获订单。

有些口罩企业为何从盈利走到了亏损？

案例评析：

市场上不同的一次性防护口罩商品大同小异，可替代性很强，但在品牌、品质等方面还是具有一定的差异，口罩生产厂商处于一个竞争性很强的市场。在疫情暴发初期，人们对口罩的急迫需求催生了供不应求的订单，缺口巨大，口罩价格暴涨，原来行业内的厂商获得了极大的利润，这不断吸取新厂商的进入，并进一步引发了对各种要素产品的需求，使要素价格飞涨。随着口罩供给的不断增加和疫情形势的稳定，人们对口罩的需求开始趋于理性，口罩价格回落，利润减少，对于新进入的厂商来说，短时间内前期投入过大，导致企业亏损。

6.3.3 垄断竞争市场上的非价格竞争

垄断竞争市场上既有垄断又有竞争,为了获取更多的利润,厂商可以采取的策略包括价格竞争和非价格竞争。从前面的分析可以看出,如果厂商采取价格竞争,短期可能使部分厂商得到好处,但长期会导致产品价格持续下降,最终使厂商利润全部消失,因此,**非价格竞争**便成为垄断竞争厂商常用的竞争手段。

1. 非价格竞争

垄断竞争厂商通过改进产品品质、精心设计商标和包装、改善售后服务以及广告宣传等手段来扩大自己产品的市场占有份额。一般来说,在产品差异化竞争的基础上通过广告竞争或营销竞争进行补充。

广告竞争是以广告的名义,通过传统媒体和新媒体等媒介,向潜在消费者和广大消费者传达商品或服务存在的特色以及消费者所能得到的利益,吸引消费者的兴趣,主要手段有广告宣传、销售网点、委托代理、售后服务等。

2. 广告分类

一般来说,经济学家将广告分为信息性广告和劝说性广告两类。信息性广告提供了关于商品的比较充分的信息,有利于消费者做出最佳的购买决策,并且节约了消费者的信息搜集成本,同时,信息性广告之间的相互竞争有利于经济资源的合理配置。相反,劝说性广告却很少能提供对消费者来说真正有用的信息,尽管劝说性广告会增加厂商的销量,但被诱导的消费者往往并不能够买到自己实际上需要且真正满意的商品。现实生活中,每一个广告宣传往往包含了两方面的信息,因此,在讨论广告的作用时,应该具体问题具体分析。

> **案例 6-12**
> **饮用瓶装水市场上的竞争策略**
>
> 曾经有人问万科集团创始人王石,什么是最好的生意?王石回答"卖水"。巴菲特也曾经说过,最好挣的钱原来在水里。我国瓶装水品牌有3000多家,但六大巨头(农夫山泉、怡宝、百岁山、娃哈哈、康师傅、冰露)就瓜分了80%的市场份额。
>
> 农夫山泉的广告语深入人心,例如大家耳熟能详的"农夫山泉,有点甜""我们不生产水,我们只是大自然的搬运工"。它在外观设计上也花样百出,这些年,除了生肖瓶,2017年农夫山泉还与网易云音乐联合推出限量款"乐瓶",精选30条用户乐评印制在4亿瓶饮用天然水瓶身上,让每一瓶水都自带音乐和故事,戳中无数人的情感共鸣,让网友大呼"喝下的是水,流出的是眼泪",生动阐释了如何用情怀文案去售卖产品;继文艺范之后,农夫山泉又走起了历史风,2018年联合故宫文化服务中心推出了9款限量版的"故宫瓶",其瓶身以康雍乾三代帝王的人物画像以及嫔妃为背景,配上贴合人物历史背景的文案,标准的中国风元素。它还善于讲故事,从朴实无华的点切入,引起人们的共鸣,在农夫山泉成立20周年时,企业推出了四部故事短片,都是关于员工坚守岗位的故事,彰显农夫山泉20年对品质的坚守,从而实现品牌价值营销。

📝 **案例评析：**

饮用瓶装水市场上品牌众多，但从产品本身来看，同质化程度比较高，竞争极其激烈；产品定价相差不大，基准线很低，降价空间有限，明显打价格战不太合适，这时各大品牌更多会考虑的是非价格竞争策略。农夫山泉名列榜首，一定程度上在于其出色的文案营销，文案是与用户之间最具黏性的情感连接，将文案转移到覆盖面极广的瓶装水包装上集中释放，让内容传播更有杀伤力，既能增强用户黏性，又能吸引更多的潜在消费者。

本 节 思 考

现在信息传递途径多样化，不管是通过大众媒体还是通过新媒体平台，打开后我们首先看到的多是各种扑面而来的广告，这些广告大多数是化妆品、洗涤用品、牙膏、药品、家电等产品，而从来没有看到过石油、煤炭、钢铁，也很少看到过大米、白面、水、电（不包括公益广告）的宣传。这是为什么呢？

6.4 寡头垄断市场

6.4.1 对寡头垄断市场的理解

寡头垄断市场是指由**少数**几家厂商控制整个市场的产品生产和销售的一种不完全竞争的市场。它既具有完全竞争市场的特点，又兼有完全垄断市场的特点，但更接近于完全垄断市场。

寡头垄断市场上，厂商的价格和产量的决定是很复杂的。每个厂商的产量都在全行业的总产量中占一个较大的份额，从而每个厂商的产量和价格的变动都会对其他竞争对手乃至整个行业的产量和价格产生举足轻重的影响。正因如此，每个寡头垄断厂商在采取某项行动之前，都必须首先推测或掌握自己这一行动对其他厂商的影响，以及它们可能做出的反应，然后才能在考虑这些反应方式的前提下采取最有利的行动。

💡 **案例 6-13**

雷克航空公司的消失

1977 年，一个英国人弗雷迪·雷克闯进航空运输市场，开办了一家名为"雷克"的航空公司。他经营的是从伦敦飞往纽约的航班，票价是 135 美元，远远低于当时的最低票价 382 美元。毫无疑问，雷克公司一成立便生意不断。1978 年，雷克荣获了爵士头衔。1981 年，弗雷迪爵士的年营业额已经达到 5 亿美元。但是，好景不长，雷克公司于 1982 年破产，从此消失了。到底出了什么事？

原因很简单，包括泛美、环球、英航等其他公司在内的竞争对手采取了联合行动，一致大幅降低票价，甚至低于雷克公司。这些公司还达成协议，运用各自的影响力去阻止各大金融机构向雷克公司贷款，使其难以筹措资金，进一步加速了雷克的破产。

📝 **案例评析：**

航空公司由于自身的技术经济特点，很容易成为具有自然垄断性质和市场操纵力的行业，它是典型的寡头垄断市场。从经济学的观点来看，各航空公司的这种联合行动属于寡头垄断市场上的价格合谋，航空行业中原有的几家大企业通过协议一致行动，通过降价倾销将雷克航空挤出市场。

（资料来源：王尔山. 雷克：不守"规则"的遭遇 [J]. 珠江经济, 1994(4)：34. 经整理加工）

关于寡头垄断厂商竞争的反应模式是各种各样的，因而，建立寡头垄断厂商的均衡模型变得相当困难。我们尝试结合博弈论中的纳什均衡对寡头垄断厂商的竞争与共谋（不合作与合作）的决策进行简单分析。

6.4.2 博弈论的基本认识和纳什均衡

1. 博弈论的基本认识

博弈论是研究在策略性环境中如何进行策略性决策和采取策略性行动的科学。任何一个博弈都具有三个基本要素，即**参与者、策略和支付**。

2. 纳什均衡

假定我们考察的是一个只有两方参与且同时进行决策的简单博弈，一般结合**支付矩阵**来描述和分析博弈结果。在给定竞争者的行为后，每个参与者都确信，他选择了最好的策略，各参与者的行动都是最优策略或行为的组合，称为**纳什均衡**。在该策略组合上，任何参与者都没有积极性来改变策略。

在完全信息的静态博弈下，纳什均衡可能是最优的，也可能不是最优的，常常被用来说明不具有最优性质的纳什均衡的经典案例就是"囚徒困境"。

📘 **知识链接**

囚徒困境

两个歹徒张三和李四，正在一位富豪的卧室作案，被赶来的警察逮住。富豪就死在旁边，可他们俩却不承认杀人的事实。他们辩解说只是来偷东西的，他们进来时，富豪已经死了。警方把两个歹徒分开关在两个房间进行审讯，并给出了同样的信息：如果两个人都坦白了杀人罪行，那么都将被判无期徒刑；如果其中一个坦白了，另一个抵赖，那么坦白者将被无罪释放，抵赖者将被判处死刑；如果两个都抵赖，因为证据不足，只能按偷窃罪判处他们有期徒刑一年。

为了更清楚直观地看到两个歹徒的选择和获刑之间的关系，我们结合支付矩阵进行分析（见图6-6）。

		李四	
		坦白	抵赖
张三	坦白	无期,无期	无罪释放,死刑
	抵赖	死刑,无罪释放	一年,一年

图 6-6　囚徒困境的支付矩阵

图 6-6 中的两个歹徒张三和李四，在博弈论中被称为参与者。他们每个人都有两个选择，分别是坦白和抵赖，这两个选择被称为参与者的策略。两个人各自的选择组合在一起，造就了各自的结局。例如，当李四选择坦白、张三选择抵赖时，李四会被无罪释放，而张三会被判死刑。两人的选择所得到的结果被称为局中人的收益。对张三来说，尽管他不知道李四做何选择，但他发现无论李四选择什么，他选择"坦白"总是最好的。显然，李四也会如此想，结果，他们都被判了无期徒刑。

结合经济人假设，人是利己的。在此案中，倘若张三和李四都选择"抵赖"，每人都只被判有期徒刑一年。可是，每个人都根据自己的利益选择策略，最后既不能给自己带来好处，也不能给别人带来好处，造就了（无期，无期）的非最优纳什均衡。

（资料来源：http://blog.csdn.net/aerchi/article/details/52583203. 经整理加工）

根据上述对博弈论的基本认识，可以发现，它是分析寡头垄断厂商行为的一个恰当工具。例如，寡头垄断市场是一个策略性环境，在这个市场上，寡头垄断厂商的行为相互影响；寡头垄断厂商的行动和决策是典型的策略性行动和策略性决策，因为每个寡头垄断厂商都需要了解其他厂商对自己所要采取行动的可能的反应，并根据这些反应来制定自己的决策并采取最有利的行动。

6.4.3　双寡头垄断厂商的竞争与共谋（不合作与合作）博弈分析

为了使内容尽量避免繁杂，我们主要讨论只有两个厂商互相竞争的市场，即双寡头垄断市场。

假定某个市场上，只有甲、乙两个厂商，每个厂商都有**合作**和**不合作**两个可供选择的策略。结合支付矩阵进行分析（见图 6-7）。

		厂商乙	
		合作	不合作
厂商甲	合作	10, 10	6, 12
	不合作	12, 6	8, 8

图 6-7　寡头博弈：合作与不合作

如果两个厂商都采取合作的策略，则可分别得到 10 个单位的支付；如果两个厂商都采取不合作的策略，则分别只得到 8 个单位的支付；如果厂商甲采取合作策略而厂商乙采取不合作的策略，那么厂商甲可以得到 6 个单位的支付，厂商乙得到 12 个单位的支付；最后，如果厂商甲采取不合作的策略，而厂商乙采取了合作策略，则厂商甲得到 12 个单位的支付，厂商乙得到 6 个单位的支付。当厂商甲不管采取何种策略时，厂商乙采取不合作策略都可以取得更好的结果；当厂商乙不管采取何种策略时，厂商甲采取不合作策略可以取得更好的结果，也就是说，**不合作**分别是两个厂商的最优策略。当每个参与者都有最优策略时，我们把博弈结果叫作占优策略均衡，它是纳什均衡的特例。那么，在此分析中，（不合作，不合作）就是双头博弈的**纳什均衡**。

本节思考

一次博弈的结果，两家厂商都会选择不合作的策略，那么，囚徒困境是否注定导致寡头垄断厂商必然激烈竞争和低利润呢？

6.4.4 价格刚性——弯折的需求曲线

囚徒困境并不会使寡头垄断厂商之间一直保持激烈竞争的状态。

以某个三四家厂商长期共存的行业为例，近些年，企业经营者越来越厌倦亏本的价格战，并且会产生一种默契：所有厂商都保持高价，没有哪家厂商试图从竞争者那里争夺市场份额。这是一种隐形共谋，虽然各厂商会受到削价获取更多市场份额的诱惑，但它们知道，竞争者将会报复，这样做的好处不会长久，最终只会重开价格战。

隐形共谋是很脆弱的，寡头垄断厂商有价格稳定的强烈意愿并努力实现，所以价格刚性会是寡头垄断行业的一个特征。它是经济学中著名的**"弯折的需求曲线"**模型的基础，该模型由美国经济学家保罗·斯威齐建立。

假设各寡头垄断厂商在价格竞争时会遵循这种思路：跟跌不跟涨。根据模型，各厂商面临一条在当前价格 P_1 处弯折的需求曲线（见图 6-8）。高于 P_1 的价格，需求曲线非常有弹性，因为厂商相信它将价格上涨到超过 P_1 时，其他厂商不会跟着提价，那么它的销量会减少，失去市场份额；反之，若厂商将价格下降到低于 P_1，其他厂商也将降价，甚至可能降得更多，因为它们不想失去自己的市场份额。在这种情况下，销量只会增加到由较低的市场价格所引起的总市场需求所增加的幅度。

由于需求曲线是弯折的，因此厂商的边际收益曲线是非连续的，结果是该厂商的成本变化可能并不会引起产品价格的变化。如图 6-8 所示，HN 段部分，边际成本可能增加，但它仍然在同样的产量水平下与边际收益相等，所以价格保持不变。

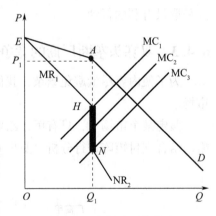

图 6-8 弯折的需求曲线

弯折的需求曲线模型帮助我们理解了这种现象：为什么即使厂商的成本或需求改变了，厂商仍不愿意改变产品价格。该模型说明了 P_1 的价格刚性，但它不能真正解释寡头垄断厂商的定价，至少没有说明 P_1 的价格是如何决定的，为什么不是其他价格，它的用处主要在于描述而不是解释。

6.4.5 卡特尔

由一系列生产类似产品的独立企业所构成的集体行动的生产者组织称为卡特尔。它以扩大整体利益为主要目标，通常做法是限制其成员的产量，以抬高价格。为了达到这一目的，通常卡特尔内部会订立一系列的协议，来确定整个卡特尔的产量、产品价格，指定各企业的销售额及销售区域等。

卡特尔常常是国际性的，美国的谢尔曼反托拉斯法禁止企业共谋，但有些国家的反托拉斯法则相对温和，很难阻止卡特尔的形成，例如石油输出国组织（OPEC）是主要石油生产国的国际性石油组织，它成立后成功将世界的石油价格提高到远高于本来应有的水平。

知识链接

OPEC

迄今为止国际上最著名的卡特尔是石油输出国组织（OPEC），又称欧佩克。它是亚、非、拉美石油生产国为协调成员国石油政策、反对西方石油垄断资本的剥削和控制而建立的国际组织，于1960年9月14日成立，其创始成员国有五个——伊朗、伊拉克、科威特、沙特阿拉伯和委内瑞拉，总部位于奥地利维也纳。

OPEC常常试图通过联合限产来达到提高石油价格，从而提高其成员国利润的目的。从1960年成立至今，虽然各成员国内部矛盾冲突不断，外部评价也充满争议，但它的存在的确对国际油价产生了很大的影响。从20世纪70年代的几次石油危机来看，OPEC的限产行为起到了很大作用。它在一定程度上的成功主要有以下三个方面的原因：

1) OPEC在国际石油出口市场上占有较大的份额，具有特殊的寡头地位。

2) OPEC控制的石油产品短期需求弹性较小，获得替代品的可能性比较困难，各成员国之间通过串谋控制市场，有可能获得较大超额利润。

3) 从历史来看，石油这一类型的资源性大宗产品的供求价格变动具有某种周期性，这使长期存在的OPEC各成员国活动环境具有某种类似于"重复博弈"的条件。

当然，OPEC这种卡特尔组织也存在一定的不稳定因素，主要表现在以下四个方面：

1) 成员国较多，内部协调和行为监督成本较高，因而内部矛盾时有发生。例如，每隔几年OPEC组织内部就会爆发一次价格竞争。

2) 非OPEC成员国石油生产的供给替代作用。非成员国一般由于现有探明石油储量较少，开采的边际成本较高，所以自有产量有限。但如果OPEC把石油价格哄抬到很高水平，非成员国的开采有可能在经济上有利可图。例如，20世纪70年代初，石油价格飙升并在较长时期内居高不下时，英国在北海发现了大油田，之后从石油进口国变为重要的石油出口国。

3) 非石油产品对石油供给的替代作用。后来开发的天然气、煤炭等替代能源的供给增加，甚至从玉米中提炼的油在一定数量上也可以替代石油。

4) 从需求方面，即使短期弹性较小的产品，长期仍然可能有显著弹性。例如，20世纪70年代初，石油价格的飙升推动了节约用油的技术，相关产品得到较快发展。80年代以后，美国市场上销售的汽车平均体积变小，每升油行驶的距离变长；建筑材料的保暖性等因新技术的应用得到提高，石油消耗减少等。

案例 6-14

不定期爆发的石油价格战

石油是重要的能源，是社会发展和人类生存不可缺少的资源。世界石油资源的地区分布很不平衡，许多国际矛盾和冲突由此产生。

OPEC 是一个主要由发展中国家组成的国际组织，代表的主要是第三世界产油国的利益。截至 2018 年，其 14 个成员国共计产出约占全球石油产量的 44%，拥有全球 81.5% 已探明的石油资源，这也使 OPEC 对全球石油价格波动有着巨大的影响。

第二次世界大战后的数次石油危机中，OPEC 都扮演了重要的角色。1973 年，第四次中东战争在以色列和阿拉伯国家之间爆发，OPEC 为了打击以色列及其主要由西方国家组成的支持者，宣布了石油禁运，暂停了石油的出口，造成了石油价格疯狂上涨，从原本的每桶不到 3 美元涨价到将近 12 美元。1979 年，伊朗伊斯兰革命爆发，此后，两伊战争在伊朗和伊拉克之间爆发，原油产量急剧下降，导致石油资源在全球范围内出现紧缺，石油价格从每桶 14~15 美元涨到 39 美元，再次引起西方国家的经济衰退。在本次石油危机中，OPEC 国家石油产量受战争重挫，到 1981 年，OPEC 国家的总产量被美国超过，其成员国之间也产生了较大分歧。1990 年，由于海湾战争爆发，石油危机再现。本次石油危机与前两次相比，对世界经济的影响要小许多，但是仍然给欧美国家 1991 年上半年的旅游业造成了负面影响。

2020 年 3 月初，新冠肺炎疫情在全球肆虐，导致对石油的需求减少，而 OPEC 及盟国（合成 OPEC + 联盟）就减产提议的对话破裂，石油价格战爆发。此后油价呈自由落体式下跌，而叠加疫情不断扩散，对未来的悲观预期导致美股创历史接连"熔断"，全球市场陷入恐慌情绪。一直到 4 月 12 日，从 9 日开始的 OPEC + 会议上，沙特阿拉伯领衔的 OPEC 国家和俄罗斯领衔的非 OPEC 国家最终达成了历史性的减产协议，给造成严重后果的石油价格战画上了句号。

案例评析：

2020 年 3 月，石油价格战爆发的背后是全球三大产油国——美国、俄罗斯、沙特阿拉伯对市场份额的再争夺与再分配。

随着美国页岩油的兴起，美国跃升为全球最大的产油国。由于页岩油的存在，美国可以把更多的其他普通原油出口出去，从而占领更多的市场；俄罗斯虽有与 OPEC 的减产合约，但近年来与我国在石油供应方面合作密切，有稳定的大额需求方；而以沙特阿拉伯为首的 OPEC 组织一直推崇通过减产来维持原油价格，导致它们对国际油市的影响力日益下降。

石油市场上，美国、俄罗斯、沙特阿拉伯三巨头定期会互相通气，从而确保对国际油市的影响力。但 2020 年年初，受新冠肺炎疫情影响，全球航班减少，人们日常出行、生产等活动减少，市场对石油的需求量下降，导致价格下跌。疫情在全球特别是欧美的破坏性与冲击力，让石油需求出现坍塌，这场价格战成为错误时间发动的战争。市场就那么大，由各国瓜分。如果市场需求减少，各国利益就会受损。但如果可以通过这场价格战把一个国家踢出局，那么对于石油市场的其他参与国来说就意味着更大的市场份额和更多的收益。

本节思考

寡头垄断市场和垄断竞争市场上都是既有竞争又有垄断，寡头垄断厂商之间的竞争和垄断行为有何不同？在石油需求因新冠肺炎疫情锐减之际，OPEC 及盟国这样的大减产是否足以支撑价格？

本章习题

【案例分析】

再见了，虾米音乐！

在日趋紧张的生活节奏中，当代年轻人越来越离不开音乐的陪伴，2006 年诞生于杭州的虾米音乐，在 QQ 音乐、酷狗音乐、网易云音乐、多米音乐、天天动听等很多音乐类 App 中脱颖而出，它有"专业""小众"两大标签，是无数歌迷的青春和内心的白月光，广受欢迎。

2013 年，虾米音乐被阿里巴巴集团收购。有巨头扶持，之后几年虾米音乐也曾大展拳脚，辉煌灿烂。2014 年，虾米音乐为了支持原创音乐支持原创版权，发起了"星光计划"，音乐界的音乐人都聚集在了虾米音乐，例如左安西西、锐豆乐队、邱比、声音玩具乐队等众多出色音乐人。2015 年—2020 年，虾米音乐通过每年不断地探索新的发展方式，启动不同的计划，来打造真正的音乐盛典，给更多的音乐爱好者提供全方位的音乐盛听，也开启过很多原创音乐的扶持行动，如"造作行动""Next Level 新声势力"行动，都很好地支持了原创音乐的发展。

2021 年 2 月 5 日，虾米音乐宣布关停 App 运行，并从应用商店下架，停止所有音乐内容消费场景，仅保留账号资产处理、网页端音乐人提现服务。3 月 5 日，服务器正式关闭，这不禁让众多网友泪奔，"一代人的青春结束了！"

2006 年诞生于杭州的音乐平台虾米音乐，就此宣告落幕。曾经，它被阿里巴巴收购之后也被大众赋予更多期待，最终却在众多音乐平台的"混战围剿"之中走向衰败。

问题：如何用经济学的思想理解虾米音乐的黯然退场？

第 7 章 生产要素市场

本章思维导图

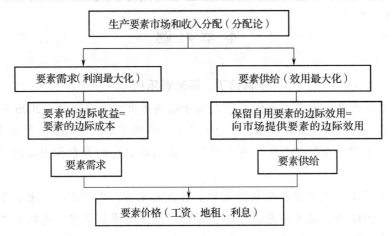

本章要点

1. 边际收益产品。厂商（无论是否为完全竞争厂商）使用要素的边际收益，称为边际收益产品（MRP）。它反映了厂商增加一单位的要素使用所能增加的收益，是产品的边际收益（MR）与要素的边际产品（MP）的乘积。

2. 边际产品价值。边际产品价值（VMP）是完全竞争厂商增加使用一单位要素所带来的收益的增加量。由于完全竞争厂商增加一单位产品的边际收益是产品的价格 P，是既定的，因而完全竞争厂商使用要素的边际收益就是 P 与 MP 的乘积，用 VMP 来表示，叫作边际产品价值。VMP 是 MRP 的一个特例。

3. 厂商对生产要素需求的特点。①厂商对生产要素的需求是一种派生需求、间接需求。厂商通过使用生产要素进行生产，可以向市场供给商品，获得销售收入。②厂商对生产要素的需求是一种联合的、相互依赖的需求。要想提供一种商品或服务，厂商需要投入多种要素。

4. 边际要素成本。厂商使用要素的边际成本，叫作边际要素成本，以 MFC 表示。边际要素成本可以定义为增加一单位要素的使用使厂商所增加的成本。

5. 工资率。完全竞争厂商使用要素的边际成本是劳动的价格，即工资率，用 W 表示。在完全竞争的要素市场上，厂商只能被动地接受市场形成的要素价格，一个厂商无法影响市场形成的要素价格，所以可以把完全竞争市场的要素价格看作常数 W。

6. 厂商使用要素的一般原则。使用要素的边际收益等于使用要素的边际成本，即

MRP = MFC。

7. 完全竞争厂商使用要素的原则。边际产品价值等于该要素的市场价格，即 VMP = W。

8. 要素供给问题。消费者在一定的要素价格水平下，将其全部既定资源在"要素供给"和"保留自用"两种用途上进行分配以获得最大效用。要素供给原则就是要素所有者实现最大效用满足的条件，这个条件可以表述为：消费者提供给市场的要素的边际效用和消费者"保留自用"的要素的边际效用相等。

9. 工资与劳动供给的变动。工资提高时，人们可能会增加工作时间，也可能会减少工作时间。这主要取决于劳动者工资提高即闲暇商品价格上升所引起的替代效应与收入效应。替代效应倾向于使劳动者增加劳动供给，收入效应倾向于使劳动者减少劳动供给。当人们的工资水平比较低时，工资上升，起初替代效应会超过收入效应，使人们增加劳动供给；但工资继续上升到一定水平后，收入效应会超过替代效应，使人们减少劳动供给。因此，随着工资的提高，劳动供给曲线向后弯曲。

10. 要素价格。把要素的市场需求曲线和市场供给曲线放在一起分析，就可以得到要素的价格。把劳动的市场需求曲线和劳动的市场供给曲线画在同一个坐标平面上，二者的交点就对应着均衡的工资水平和就业量。

11. 土地价格。从短期来看，土地的自然供给可以看作一个固定不变的量，因此，土地价格主要是由土地需求决定的，土地需求越大，土地价格（即地租）水平越高。

12. 资本市场的均衡。资本的市场需求曲线也是向右下方倾斜的。短期资本的市场供给曲线是一条垂线，因此，资本的市场均衡价格（即利率）只和资本的需求有关。当资本的需求大时，利率水平高；当资本的需求小时，利率水平低。

7.1 收入分化的原因——生产要素及其价格

慕课 7-1

2021年5月19日，国家统计局发布的2020年平均工资数据显示，信息传输、软件和信息技术服务业在城镇非私营单位和私营单位中，年平均工资都是最高的。在城镇非私营单位中，信息传输、软件和信息技术服务业年平均工资达177 544元，为全国平均水平的1.82倍；在城镇私营单位中，信息传输、软件和信息技术服务业年平均工资达101 281元，为全国平均水平的1.75倍。无论城镇非私营单位还是私营单位，农、林、牧、渔业从业人员年平均工资都是最低的。那么，为什么程序员的工资高？农、林、牧、渔业从业者工资低？这是由什么因素决定的呢？

除了工资收入以外，同一个人往往可以拥有多种收入来源，例如，某人既可以获得工资收入，又可以从储蓄存款中获得利息，还可以从股票或者基金中获得股息、红利，从房产中获得租金等。不同的人获得收入的渠道和数额不同，这就造成了人们的收入和财富的分化。进一步，利息、股息、租金又由什么决定？

和探究经济学中大部分其他问题的答案一样，要回答这些问题，我们需要考察供给和需求。为此，我们需要深入分析生产要素市场。

7.1.1 生产要素及其分类

生产要素（Factors of Production）是用于生产商品和服务的投入物。生产要素按照其所有者的不同，可以分为原始生产要素和中间生产要素。原始生产要素的所有者是消费者，消费者提供要素的目的是实现效用最大化。中间生产要素是指厂商生产出来又投入到生产过程中的要素，如钢材、车床等，因而又可以叫作"中间产品"，厂商是中间要素的所有者。所有中间要素都是投入原始要素进行生产获得的。中间要素的供求可以使用前述的产品市场的理论进行分析，服务于厂商追求利润最大化的目标。与之相比，原始要素的需求和供给有其独特之处，也是决定人们收入水平、收入差距的重要原因。因此，本章主要研究原始生产要素。

法国经济学家萨伊指出，劳动、土地和资本是三种最重要的生产要素。1890年，英国经济学家马歇尔将企业家才能与劳动、土地、资本一起并称为四大基本生产要素，这被经济学界广泛接受，成为目前的主流。劳动、资本、土地、企业家才能这四种原始生产要素，分别属于劳动的所有者、资本的所有者、土地的所有者和企业家。

1. 劳动

劳动是指生产经营过程中人的体力和智力使用，是劳动者在生产过程中所提供的劳务，包括体力劳动与脑力劳动。它是各种生产要素中最重要的、起决定性作用的投入品，其之所以"重要"，是因为：①劳工队伍是否稳定决定了供给生产能否顺利进行，一个深陷罢工、战乱的国家供给生产将会受到极大的冲击，经济发展无从谈起；②劳动质量的高低决定了其他要素的合理使用程度和效率高低，不同的国家或不同的地区同样的资本投入，可能会因劳动素质的高低而带来不同的结果。劳动如同电能一样，无法保存与储藏，对于任何一个国家或经济体而言，如在供给过程中未加以充分运用，则是一种浪费，这种浪费与资本闲置、资源流失没什么两样。

2. 土地

经济学中的"土地"是一个广义的概念，包括土地以及土地上的各种自然资源，即不仅包括泥土地，还包括山川、河流、森林、矿藏等一切自然资源，土地可以给生产提供场所、原料和动力。生产中所需要的阳光、空气、水、土地、森林、草原、动物、矿藏等天然物品中，所需要耗费资本购置的天然物品，就是经济学中土地的含义。商品的生产和供给或多或少是以消耗自然资源、生态资源为代价的，但资源毕竟是有限的。现在人们已经能计算出大部分资源可供消耗的年限，即便是可再生资源也有一个再生循环的时限。技术进步只能做到用丰富资源代替稀缺资源，或提高资源使用效率，不可能违背"质量守恒定律"而发明创造出一种新的资源。资源的供给是有极限的，这个极限"若隐若现"地出现在我们的未来。因此，从长远来看，资源是产量供给的一个限制性因素。

3. 资本

资本是指资本品或投资品，是用于供给生产的、被生产出来的非天然的物品。它有别于劳动、土地这两种生产要素,系指事先被生产出来又用于生产的投入品,如厂房、各种机器设备、半成品等。

4. 企业家才能

企业家才能（Entrepreneurship）是指经营管理企业的能力和创新的能力。同样的生产要素和环境条件由不同的企业家来经营,其结果常常有很大的差别,这就表明了企业家才能这个要素在生产中的重要作用。劳动、土地和资本三要素必须予以合理的组织,才能充分发挥生产效率,因此,为了进行生产,还需要企业家将这三种生产要素组织起来,企业家才能和前三个要素的关系不是互相替代的关系,而是互相补充的关系。

企业家才能具体体现在以下几个方面:①企业家将土地、劳动力和资本整合在一起,用来生产商品或服务;②企业家是发明家,通常会设计或规划新产品、新技术,甚至是新经济组织;③企业家为企业做出战略决策;④企业家承担风险,企业家无法保证收益或亏损,企业所承担的风险——包括企业家自己的投资和其合伙人的投资,都由企业家的决策决定。

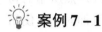

案例 7-1

我国经济的高速发展离不开企业家群体

改革开放以来,我国经济发展取得了举世瞩目的成就,这与广大企业家开拓进取、大力创新密不可分。

20 世纪 60 年代初,鲁冠球就开始创业。1983 年,他主动与乡政府签订厂长个人风险承包合同,开创浙江企业承包改革的先河,将萧山万向节厂这家乡镇企业从小作坊发展为第一个进入美国市场的中国汽车零部件企业。30 多年来,任正非带领的华为,每年拿出收入的 10% 以上投入研发,依靠自有技术和自有品牌昂首挺胸"走出去"。目前,我国超七成"小巨人"企业深耕行业 10 年以上,平均研发强度超过 7%,成为能打硬仗的科技"尖兵"……

党的十八大以来,广大企业家高度重视自主创新,在新发展理念的指引下,继续推动质量变革、效率变革、动力变革,带动产业升级,为高质量发展做出重大贡献、注入强大动能。

（资料来源：https：//news.gmw.cn/2021-12/06/content_35360421.htm. 经整理加工）

7.1.2 生产要素需求的特点

和消费者对商品的需求不同,厂商对生产要素的需求有以下两个特点:

1. 厂商对生产要素的需求是一种派生需求

厂商对生产要素的需求是由它向产品市场供给产品的决策派生的。厂商对生产要素的需求不是对生产要素本身的需求,而是对生产要素使用的需求。厂商对生产要素需求的目的是用于生产产品,希望从中间接得到收益。游戏软件开发公司对程序员、办公用地、计算机的需求与游戏软件的供给密不可分,而游戏软件的供给源于游戏玩家对游戏软件的需求。游戏玩家对游戏软件的需求是根本的、直接的需求，因为这些游戏软件能够直接为玩家提供快乐或者效用满足。游戏软件开发公司雇用程序员，购买、租赁办公大楼，购买计算机并不是因为它们能直接提供满足，而是因为通过使用这些要素能得到游戏软件，进而获得销售收入。厂商对一种生产要素需求的大小取决于以下几个方面：技术因素；生产要素的边际生产力——单位生产要素所能生产的产品数量的多少；所生产产品价格的高低；生产要素本身价格的高低；时间因素——由于短期与长期的要素需求弹性不同导致短期和长期的生产要素需求是不同的。

2. 厂商对生产要素的需求是一种联合的、相互依赖的需求

要想提供一种商品或服务，厂商需要投入多种要素。例如，要想制作一个生日蛋糕，只有一堆面粉、鸡蛋、白糖、奶油等原材料没有用，而两手空空既无原材料又无烤箱等机器的蛋糕师也无计可施，只有将面粉、鸡蛋、白糖、奶油等原材料和烤箱等机器交给蛋糕师，才能做出美味的生日蛋糕。

当软件公司生产新软件程序时，它需要使用程序员的时间（劳动）、办公地点所用的物理空间（土地）、办公大楼和计算机设备（资本）。类似的，当加油站销售汽油时，它使用服务员的时间（劳动）、物理空间（土地）以及油罐和油泵（资本）。除此之外，这些企业也都需要能够把握市场脉搏的高层管理者，即金领阶层，他们是企业家才能的提供者。

7.1.3 收入分化

就像商品的价格主要是由商品的供给和需求所决定的一样，生产要素的价格是由不同生产要素的需求和供给之间的相互作用所决定的，工资是劳动的价格，地租是使用土地的价格，利息是资本的使用价格，利润是企业家才能的价格。要素所有者所拥有的要素的数量、品质、种类、价格不同，导致了人们收入的分化和收入分配差距。

要素所有者拥有要素的数量、品质、种类的多寡由其家庭、性格等复杂的原因所决定，不属于经济学的研究范围，要素的价格则不然，因此，我们需要分析要素价格的决定因素。另外，正是由于劳动、土地、资本等生产要素在生产中相互依赖，才使收入分配成为一个非常复杂的问题。一个蛋糕是由蛋糕师的劳动，面粉、鸡蛋、白糖、奶油等原材料，烤箱等制作工具共同作用而生产出来的。怎样才能将其中某项投入的单独贡献从整体中分离出来呢？为此，我们需要考察要素的边际生产率——它影响要素需求和要素供给之间的相互作用关系，需求和供给共同决定了要素的市场价格和交易数量。

劳动、土地、资本、企业家才能这些生产要素中，企业家才能最难衡量，这里暂不分析。劳动是最为重要的生产要素，因为劳动者得到的收入占一国国民收入的比重最大，因此，我们首先分析劳动的需求和供给，随后我们使用劳动市场的分析方式，结合土地、资本等生产要素自身的特点，应用于土地、资本等生产要素市场的分析，探求要素价格决定的规律。

不同生产要素的边际生产率（即边际产出）不同，厂商对生产要素的需求与要素的边际产品密切相关，要素需求的这一重要性质与要素供给一起决定了要素的使用价格和数量，进而决定了收入分配。

> **本节思考**
>
> 什么是生产要素？经济学中分析的生产要素主要有哪些？企业对生产要素的需求具有什么特点？

7.2 厂商怎样确定其要素需求量？

在西方经济学的要素需求理论中，要素使用者是"单一"的，即生产者或厂商，因而其行为目标也是"单一"的，即追求利润的最大化。为此，我们就要从要素使用者（即生产者或厂商）的利润最大化行为出发，来研究其对要素的需求量是如何随要素价格的变化而变化的。

慕课 7−2

这里，我们需要先回顾一下前面所学到的知识：要素的边际产量及其规律。一种要素的边际产量是指在技术水平和其他要素投入量保持不变的前提下，连续、等量地增加这种要素投入所带来的产量的增加量。随着这一要素投入量连续、等量地增加，当这种要素的投入量增加到一定程度后，再等量增加这种要素所带来的产量的增加量（即边际产量）是逐渐递减的。由于要素的合理投入区域在平均产量递减到边际产量递减为零的区域，即边际产量已经递减、同时平均产量开始递减的区域，因此，追求利润最大化的厂商只考虑其边际产量递减的这个阶段。

7.2.1 要素的边际收益

我们假定只使用一种生产要素——劳动，则生产多少的决策与雇用多少劳动的决策是相同的。在决定雇用多少工人使用多少劳动时，厂商考虑的是增加每单位劳动能带来多少利润。由于利润等于总收益减去总成本，一单位额外劳动能带来的利润等于该单位劳动对收益的贡献减去其成本（即工资）。

为分析工人对收益的贡献，我们必须将劳动的边际产量（用产品数量衡量）转化为它的价值，即劳动的边际产量所能产生的收入，我们把它称为劳动的边际收益产品，用 MRP_L 表示，$MRP_L = MR$（产品的边际收益）$\times MP_L$（劳动的边际产量）。

如果是完全竞争的厂商，即这个厂商所在的产品市场和要素市场都是完全竞争的，产品的边际收益 MR 就等于产品的市场价格 P。此时，劳动的边际收益产品 MRP_L 就等于产品的价格 P 乘以劳动的边际产量 MP_L，我们把它称为劳动的边际产品价值，用 VMP_L 表示。然而，如果产品市场是不完全竞争市场，产品的边际收益 MR 就不等于产品的市场价格 P，增加劳动投入所带来的总收益的增加，只能用劳动的边际收益产品 MRP_L 来表示。由此，**边际产品价值（VMP）是边际收益产品（MRP）的特例**。

同样的，除了有劳动的边际收益产品 MRP_L 之外，还有土地的边际收益产品 MRP_A、资本的边际收益产品 MRP_K，它们分别表示在其他条件不变的情况下，增加一单位土地投入所带来的总收益的增加量，增加一单位资本投入所带来的总收益的增加量。如果这个厂商是一个完全竞争的厂商，相应的，就有土地的边际产品价值 VMP_A、资本的边际产品价值 VMP_K。

7.2.2 厂商使用要素的原则

追求利润最大化的厂商如何确定最优的要素投入量呢？或者说，厂商确定最优要素投入量时，需要满足什么条件呢？除了考虑增加劳动的边际收益外，厂商还需要考察追加劳动的成本（即工人的工资）。

使用图形说明企业的决策更有启发性。图 7-1 给出了完全竞争厂商增加劳动投入所带来的边际产量的价值，即劳动的边际产品价值 VMP_L。这条曲线为什么向下倾斜呢？因为虽然产品的价格是常数，但是劳动的边际产量随劳动投入的增加而递减。

图 7-1 中还画出了工资线 W_0，因为要素市场也是完全竞争的，劳动的价格一定，所以它就是一条水平线。

为使利润最大，企业雇用工人的最优数量可以在这两条曲线的交点处 A 找到。

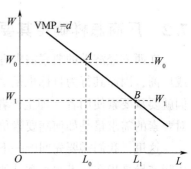

图 7-1 完全竞争企业的要素需求

如果雇用的工人数量小于 L_0 这个最优数量，则边际产量的价值大于工资，因此增加工人数量会增加利润。如果雇用的工人数量大于这个最优数量 L_0，则边际产量的价值（即边际产品价值 VMP_L）小于工资，所以边际工人的增加不仅无利可图还会带来亏损，减少工人数量会增加利润。因此，完全竞争市场上追求利润最大化的厂商所雇用的工人的数量 L_0，应当正好使劳动的边际产品价值 VMP_L 等于工资 W_0。

这里，我们可以得到**厂商使用要素的原则**：

$$要素的边际收益产品 = 要素的边际成本$$

如果厂商所在的产品市场和要素市场都是完全竞争的，这个原则就演变为

$$要素的边际产品价值\ VMP = 要素的价格\ W$$

💡 **案例 7-2**

衬衫生产中的最佳劳动使用量

假定衬衫市场是一个完全竞争市场，衬衫的市场价格是 100 元/件。假设有一个衬衫厂，其衬衫产量主要由劳动投入决定，在当前的技术水平下，每天的衬衫产量是 100 件。如果当前的劳动市场上，劳动的市场价格是 180 元/单位，那么衬衫厂会增加劳动需求吗？会增加多少单位劳动？如果当前劳动的市场价格是 150 元/单位呢？

📝 **案例评析：**

这其实是一个关于最优要素需求量确定的例子。我们要从要素使用者（即厂商）的角度讨论要素需求。从表 7-1 中可以看出，如果现在衬衫厂增加 1 单位劳动投入，使衬衫的产量增加了 2 件，那么当前增加的这 1 单位劳动投入的边际产品价值就是 2 件×100 元/件＝200 元。如果厂商在此基础上再增加 1 单位劳动投入，由于劳动的边际产量递减，这一新增劳动投入所带来的边际产量就小于 2，例如 1.5 件衬衫，那么这 1 单位新增劳动的边际产品

价值就是 1.5 件 × 100 元/件 = 150 元。

表 7-1 衬衫厂增加劳动投入的产量增加情况

劳动量增加 ΔL	总产量 Q（件）	边际产量 ΔQ（件）
…	…	…
1	102	2.0
1	103.5	1.5
…	…	…

如果当前劳动市场上，劳动的价格是 180 元/单位，衬衫厂追加 1 单位劳动投入的边际成本就是 180 元，这一单位劳动投入为它带来的收益增加是 200 元，也就是说，这一单位劳动投入的增加会为他增加 20 元的利润。如果它再增加 1 单位劳动投入，这一单位劳动投入仍然会产生 180 元的边际成本，而此时，其带来的边际收益是 150 元，即如果使用这一单位劳动，不仅不会为它带来利润，反而会让它亏损 30 元，所以，它不会增加使用这一单位劳动。如果劳动投入可以细分，例如可以增加 0.5 单位劳动或者 0.1 单位劳动时，要使它实现利润最大化，最后一单位或者最后零点几单位劳动投入应当满足的条件仍然是其边际成本等于其边际收益。

从这个例子中，我们进一步验证了完全竞争厂商使用要素的原则：要素的边际产品价值 VMP = 要素的价格 W。此时，厂商实现利润最大化。

7.2.3 厂商的要素需求量

现在，我们来考虑厂商的要素需求量。为简化分析，我们仍然假定厂商所在的产品市场和要素市场是完全竞争的。如果要素的价格 W 提高或者下降，我们会发现，因为与每一个要素价格水平相对应的要素价格线都是水平的，它们都与边际产品价值曲线 VMP_L 交于其上，即交点都在边际产品价值曲线 VMP_L 上。因此，**完全竞争厂商的要素需求曲线 d 和它的边际产品价值曲线 VMP 重合。**

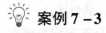
案例 7-3

超市的失窃率

一天，在一次大型超市的经验交流会上，一家大型超市的一位高层管理人员夸口说，他们超市已经将失窃率降低到 0.5%。一同行却摇头说："我认为这一失窃率太低了，我看失窃率达到 1% 才是最好的。"怎么失窃率高反而比失窃率低好呢？

大家能够解释为什么超市的失窃率高反而比失窃率低好吗？

案例评析：

这是因为降低失窃率本身是要付出成本的，例如要增加雇用防窃员。如果为降低失窃率而不得不承担的成本（即增雇的防窃员的工资总额），超过了失窃率降低以后所获得的价值，那么追求利润最大化的超市就不应该追求过低的失窃率。因为厂商使用要素的原则是增加要素使用所获得的收益的增加量应当等于使用要素的成本增加量。

同样道理,如果在完全竞争市场上,厂商使用一种要素进行生产,这种要素不是劳动,而是土地或者资本,土地的边际产品价值曲线 VMP_A 就是厂商对土地的需求曲线,资本的边际产品价值曲线 VMP_K 就是厂商对资本的需求曲线。

> **本 节 思 考**
>
> 谁是要素需求方?其使用要素的目的是什么?要素需求的原则是什么?最优的要素需求量如何确定?

7.3 提高工资水平,劳动供给一定会增加吗?

慕课 7-3

现在,我们来考虑要素供给问题。谁是要素的供给者?要素供给者供给要素的目的是什么?前面我们已经说明,主要研究原始要素,资本主义社会基本的经济制度是私有制,因此,原始要素的所有者是消费者,或者说,是各个家庭。消费者的行为目标是追求自身效用的最大化,为此,我们需要从消费者的效用最大化行为出发来探讨其要素供给量与要素价格之间的关系。

消费者拥有的要素数量(简称资源)在一定时期内总是既定不变的。例如:消费者拥有的时间一天只有24小时,其可能的劳动供给不可能超过这个数;消费者拥有的土地也是固定的,比如2公顷,则他可能的土地供给也只有这么多;消费者拥有的收入每天为500元,则他不可能储蓄(即供给资本)比这更多;等等。消费者对于他所拥有的生产要素有各种各样的用途,但都可以归为两大类用途:①把他拥有的生产要素提供给市场,从而获得租金、工资、利息等收入;②把他拥有的生产要素"保留自用",例如把时间用于娱乐和休闲,把收入用于即时的消费,把土地修成花园、草地供自己欣赏等。

由于资源是既定的,消费者只能将其拥有的全部既定资源的一部分(当然,这部分可以小到0,也可能大到等于全部资源总量)作为生产要素来提供给市场。全部既定资源中除去供给市场的生产要素外,剩下的部分可称为"保留自用"(简称"自用")的资源。

因此,要素供给问题可以看作消费者在一定的要素价格水平下,将其全部既定资源在"要素供给"和"保留自用"两种用途上进行分配以获得最大效用。

7.3.1 要素供给原则

1. 基数效用论的要素供给原则

(1) 效用最大化条件

要素所有者怎样分配资源才能使自己的效用达到最大呢?**从基数效用论的角度出发**,如果要素供给的边际效用小于保留自用的边际效用,则可以将原来用于要素供给的资源一单位一单位地转移到保留自用上去,以增大总效用。这是因为减少一单位要素供给所损失的效用要小于增加一单位保留自用资源所增加的效用。反之,如果要素供给的边际效用大于保留自用的边际效用,则可以将原来用于保留自用的资源一单位一单位地转移到要素供给上去。同样的道理,这样改变的结果也将使总效用增大。最后,由于边际效用是递减的,上述调整过程可以最终达到均衡状态,即要素供给的边际效用和保留自用的边际效用相等。**消费者要素供给的原则就是他实现效用最大化的条件,这个条件可以表述为:消费者提供给市场的要素的边际效用和消费者"保留自用"的要素的边际效用相等,即 $MU_L=MU_l$。**在要素所有者实现了自身效用最大化时,这种要素分配方案对他来说就是最优的,即如果此时其他条件不变,他的要素分配方案就不变,他向市场提供的要素量(即要素供给量)就不变。

(2)要素供给的边际效用

什么是要素供给的效用(及边际效用)?什么是自用资源的效用(及边际效用)?显然,把资源作为生产要素供给市场本身对消费者来说并无任何效用。正是因为向市场提供要素所带来的收入具有效用,消费者才愿意向市场提供要素以实现生产。也可以这样说,消费者(即要素所有者)之所以供给生产要素是为了获得收入。因此,要素供给的效用是"间接效用":要素供给通过收入而与效用相联系。要素供给的边际效用等于要素供给的边际收入与收入的边际效用的乘积,即 $MU_L = dU/dL = (dU/dY) \times (dY/dL)$。式中,$U$ 代表效用;L 代表向市场提供的要素数量;Y 代表要素收入;dU/dL 代表向市场提供要素的边际效用;dU/dY 代表收入的边际效用;dY/dL 代表向市场提供要素的边际收入。一般来说,单个消费者不过是要素市场上众多要素所有者之一,即它是要素市场上的完全竞争者。它多提供或少提供一些要素供给量并不影响要素的市场价格。因此,要素所有者所面临的要素需求曲线是一条水平线。在这种情况下,要素的边际收入显然就等于要素的价格,即 $dY/dL = W$,则 $MU_L = dU/dL = W(dU/dY)$,这便是完全竞争条件下消费者要素供给的边际效用公式,其含义为向市场提供要素的边际效用等于要素的价格乘以收入的边际效用。

如果消费者不是要素市场上的完全竞争者,则要素供给的边际效用为

$$MU_L = \frac{dU}{dL} = \frac{dU/dY}{dY/dL}$$

(3)自用资源的边际效用

与要素供给提供间接效用相比,自用资源的情况稍微复杂一些:它既可带来间接效用,也可带来直接效用,而且更为重要的是带来直接效用。以消费者拥有的时间资源为例,如果不把时间用于劳动(即不作为劳动要素去供给市场),则可以将它用来做家务、看电影或干脆睡觉休息。显然,自用时间在这里是通过不同的途径产生效用的。在第一种情况下,它节省了本来需请别人来帮忙做家务的开支,因而和要素供给一样,间接地带来了效用,即通过节约开支相对增加收入,从而间接增加效用;在后两种情况下,它则直接地增加了消费者的效用,因为它直接满足了消费者的娱乐和健康的需要。

为了分析简便,以后假定自用资源的效用都是直接的,即不考虑类似于上文中时间用来做家务这类现象。若用 l 表示自用资源数量,则自用资源的边际效用 $MU_l = dU/dl$,它表示增加一单位自用资源所带来的效用增量。

上述要素供给原则可以推导如下:设消费者拥有的单一既定资源总量为 L_0,资源价格(即要素价格)为 W,在该要素价格下,消费者的自用资源量为 l,从而其要素供给量为 $L=$

$L_0 - l$,从要素供给中得到的收入为 $Y = (L_0 - l)W$。消费者的效用来自两个方面,即自用资源和要素供给的收入,故效用函数可写为 $U = U(Y, l)$。消费者在既定资源数量约束条件下决定资源在要素供给和保留自用两种用途之间进行分配,故约束条件(即预算线)为 $L + l = L_0$,或改写成收入与要素供给量的关系,即 $Y + Wl = WL$。于是,消费者的要素供给问题可以表述为:在约束条件 $Y + Wl = WL$ 下,使效用函数 $U = U(Y, l)$ 达到最大。

对该问题求解即得效用最大化条件,$MU_L = MU_l$,整理得 $W(dU/dY) = dU/dl$,即 $(dU/dl)/(dU/dY) = W$,或者表示为 $MU_l/MU_Y = W$。

2. 序数效用论的要素供给原则

下面我们以单一生产要素劳动为例,采用序数效用论的无差异曲线分析法来研究消费者的决策过程。消费者的决策无非是在现有的要素总量的约束下,在要素收入和自用要素之间选择求得效用最大。

如图 7-2 所示,横轴 l 为保留自用的要素(这里就是闲暇)数量,纵轴 Y 为消费者的收入水平(这里假定消费者没有非要素收入)。U_0、U_1、U_2 是消费者的三条无差异曲线,无差异曲线的特点是向右下方倾斜,向原点凸出,与前文效用论中的无差异曲线是一样的。消费者拥有的可利用的要素总量是 L_0,工资率是 W,这样消费者把全部要素投入市场可获得的收入将是 $Y_0 = W \cdot L_0$,消费者把全部要素保留自用的量不能超过 L_0。因此,图 7-2 中的 Y_0L_0 就是消费者的预算线,预算线的斜率是 $-W$。预算线的方程可以表示为

$$Y_0 = WL + Wl$$

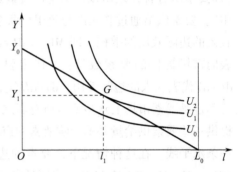

图 7-2 要素供给的无差异曲线分析

分析图 7-2 中的三条无差异曲线,U_2 在现有的资源约束下是无法实现的,因为它与预算线没有切点;U_0 与预算线有两个交点,在现有资源条件下是可以实现的,但它不是最大的;U_1 与消费者的预算线相切于 G 点,G 点是现有的资源约束条件下消费者能够实现效用最大化的点,即均衡点。由此可见,在均衡时,消费者保留自用的要素数量是 l_1,要素收入是 Y_1。

由于预算线和无差异曲线在切点处实现均衡,那么在切点处两条曲线的切线的斜率必然是相等的。预算线的斜率是 $-W$,无差异曲线的斜率为 dY/dl,因此消费者均衡的条件可以表示为

$$\frac{dY}{dl} = -W$$

即

$$-\frac{dY}{dl} = W$$

上式中,等号左边是资源向市场供给的边际替代率,它表示消费者为增加一单位自用资源所愿意减少的收入量;右边表示消费者为增加一单位自用资源所必须放弃的收入量。所

以，该式的含义就是消费者为增加一单位自用资源所愿意减少的收入量等于他实际所必须减少的收入量。

进一步的，由于 $-dY/dl = MU_l/MU_Y$，则 $MU_l/MU_Y = W$，与上文所得的基数效用论消费者均衡的条件完全相同。

7.3.2 劳动的供给

现在，我们来考虑劳动的供给。劳动的供给是由许多经济因素和非经济因素所共同决定的，重要的决定因素有劳动的价格（即工资水平）和人口特征，如年龄、性别、教育和家庭结构。在其他条件不变的情况下，当工资提高时，为获得更多的收入，低收入者往往会增加劳动供给。但是，当工资水平非常高时，人们往往会更加重视休闲，休闲是工作的反面，因为较高的收入水平与较低的收入水平相比，按照边际效用递减规律，增加收入给人们带来的满足程度下降了。当然也有例外，但是，我们讨论的是一般情况，所以这个结论成立。对普通人来说，如果工资在很高的水平又提高了，一般来说，人们感到他们可以用更少的劳动时间换得同样多的收入，他们就会减少劳动供给。因此，个人的劳动供给曲线就会向后弯曲，如图7-3所示。

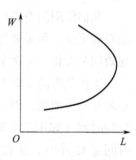

图7-3 个人的劳动供给曲线

7.3.3 工资与劳动供给的变动

1. 闲暇的替代效应和收入效应

人们对更高工资的反应一定是减少劳动时间吗？工资提高时，人们既可能增加工作时间，也可能会减少工作时间。把闲暇看作一种商品，考虑提高工资的收入效应与替代效应就可以得到答案。首先来考虑替代效应。当小时工资提高时，闲暇的机会成本上升了，或者说闲暇变得更昂贵了，这就会鼓励人们用工作替代闲暇。换句话说，替代效应使人们在工资提高时更勤奋地工作，这就倾向于增加劳动供给。再来考虑收入效应。当工资提高时，工作同样时间所能得到的收入更高了。闲暇是正常商品，随着收入的增加，人们就倾向于享受更多闲暇。换句话说，收入效应导致人们的工作时间减少。

2. 劳动供给曲线

最后，从理论上来说，工资增加导致人们工作时间增加还是减少并没有明确的预期。如果对人们来说，替代效应大于收入效应，人们就增加工作时间，劳动供给就增加；如果收入效应大于替代效应，人们就减少工作，劳动供给就减少。

由于收入效应和替代效应的作用，一般认为，随着工资的上升，起初人们会增加工作时间；但工资继续上升到一定水平后，人们反而会减少工作时间。因此，**劳动的供给曲线是一条先向右上方倾斜，然后又向后弯曲的曲线**，如图7-3所示。

案例 7-4

提高工资水平，劳动供给会增加吗？

提高工资水平，劳动供给会增加吗？现在，我们来看同声传译员小赵面临的决策。小赵在每小时工资为 500 元时，每天要工作 6 小时，当她每小时工资上升为 800 元时，她决定每天工作 5 小时。即减少工作 1 小时，将更多的时间用于休息和陪伴家人上。如何解释小赵对工资上升的反应呢？

案例评析：

我们使用消费者行为理论分析一个人如何把他有限的时间配置到工作和闲暇两方面。对消费者来说，他需要把自己拥有的资源在向市场提供和保留自用之间进行分配，其目的是实现效用最大化。案例中，小赵面临的是既定时间约束条件下工作和闲暇的选择问题。

工作获得的工资为其带来收入，收入用于购买消费品，就可以间接获取效用，而闲暇本身就是一种消费，因而可以直接给他带来效用。作为追求效用最大化的消费者，小赵在把必要的时间（如用于吃喝拉撒睡及通勤交通、精力恢复的时间等）扣除后，一天可以拥有的时间是 12 小时，这 12 小时需要在工作和闲暇之间进行分配以获得最大效用。如果每小时工资为 500 元，她一天工作 6 小时，则她每天可获得 3000 元，闲暇时间是 6 小时；相反，如果她把一天时间全部用于闲暇，她就没有任何收入。

对小赵来说，小时工资从 500 元上升到 800 元时，工资上升带来的替代效应小于收入效应，即小时工资上升意味着闲暇变得更昂贵了，她会减少闲暇的消费，增加劳动供给，这是工资上升带来的替代效应。与此同时，工作同样的时间，她的收入也更高了，购买力增强了，会使她增加对商品的消费，包括增加对闲暇的消费，即减少劳动供给。这个案例里面，当小时工资从 500 元上升到 800 元时，对于小赵来说，收入效应超过了替代效应，因此她将工作时间从每天 6 小时减少为每天 5 小时。

图 7-3 中这条向后倾斜的劳动供给曲线 S 乍看起来似乎仅仅是一个理论上的新奇想法。然而，证据表明，从长期来看，劳动的供给曲线确实是向后倾斜的。一百多年前，许多人一周工作 6 天，而现在每周工作 5 天是正常的。在每周工作长度减少的同时，一般工人的工资却一直在增加。

经济学家认为，长期中技术进步提高了工人的生产率，从而增加了劳动需求。劳动需求的增加提高了均衡工资。随着工资增加，工人的报酬也增加了。但大多数工人对这种激励提高的反应不是更多工作，而是以增加闲暇的形式选择使用自己更多的收入。换句话说，更高工资的收入效应大于替代效应。

劳动供给收入效应超过替代效应的另一个有力证据来自一种非常特别的资料：彩票的赢家。巨额彩票奖金的赢家眼看着收入大幅增加，其预算线大幅向外移动。但是，由于赢家的工资并没有变，他们的预算线的斜率保持不变，因此就没有替代效应。但是研究结果表明，赢得这种巨额奖金的人的收入效应是显著的。统计资料显示，那些赢得了总计 5 万美元以上奖金的人中，几乎有 25% 的人在一年内辞职，而另有 9% 的人减少了他们工作的时数。那些赢得奖金超过100万美元的人中，几乎有40%的人不再工作。另一项发表在《经济学季刊》上的研究表明，遗产超过15万美元不再工作的人数是遗产小于2.5万美元的人数的4倍。这再次证明劳动供给的收入效应是相当大的。

因此，**当工资提高时，劳动者究竟是增加劳动供给还是减少劳动供给，主要取决于劳动者的替代效应和收入效应。替代效应倾向于使劳动者增加劳动供给，收入效应倾向于使劳动者减少劳动供给。**一般认为，当人们的工资水平比较低时，随着工资的上升，起初替代效应会超过收入效应，使人们增加劳动供给；但工资继续上升到一定水平后，收入效应会超过替代效应，使人们减少劳动供给。

就单个劳动者来看，其劳动供给曲线虽然是向后弯曲的，但是从整个市场来看，却并非如此。因为高工资的人毕竟是极少数，把所有劳动者的劳动供给曲线横向加总，得到市场劳动供给曲线。市场的劳动供给表现为随工资率的提高而增加，即市场的劳动供给曲线是向右上方倾斜的。

3. 劳动供给曲线的变动

劳动供给曲线位置的变化显然有以下几个原因：①非劳动收入，即财富。较大的财富增加提升了消费者保留时间以自用的能力，从而减少了他的劳动供给，个人的劳动供给曲线会左移。②社会习俗。例如，某些社会中不允许妇女参加工作而只能做家务。改变这个习俗将大大增加劳动供给，使市场劳动供给曲线右移。③人口因素。人口的总量及其年龄、性别构成显然对市场劳动供给有重大影响。④可供选择的机会的变动。如果在其他劳动市场上出现了更好的工作机会，则原市场上的劳动供给将减少。⑤移民。当有更多的移民进入某个国家时，该国的市场劳动供给曲线将会向右移动。

案例 7-5

宁愿拿4000元工资而不去拿8000元工资为哪般？

在现实生活中和新闻媒体上，人们会发现这样的事实，即新入职的白领人士的工资往往低于工厂工人。但是，人们还发现，很多年轻人都想坐办公室，而不想去工厂干体力活。很多高校毕业生择业时，不会选择做月薪8000元的工人，而是选择做月薪只有4000元的白领。白领的工资低于工厂工人，为什么人们却优先选择做白领呢？

工资是市场作用的结果，一分耕耘一分收获，工资高的一定比工资低的要辛苦些，工厂工人的体力劳动强度更大。那么，白领们的脑力劳动不辛苦吗？如果是市场调节作用出了错，那么低投入高产出的事情从来不会长久。人们为了争抢一个低工资的白领岗位而挤破头，高薪的生产岗位却无人问津，这个现象背后的原理是什么呢？

案例评析：

我们需要考虑影响劳动供给的因素有哪些。

工资变动的替代效应和收入效应决定了个人在既定的劳动供给曲线上选择工资率和劳动供给量的对应位置。在7.3.3中我们曾经讲过，当小时工资提高时，替代效应使劳动者在工资提高时增加劳动供给,收入效应导致劳动者的工作时间减少。工资变动与劳动供给的关系取决于工资提高的收入效应和替代效应谁占上风,讨论的前提是劳动者在既定的工作职位上的劳动供给情况。

本案例讨论的不是个人既定劳动供给曲线上的位置问题,而是劳动供给曲线的移动问题。劳动供给曲线位置的变化主要有以下几个原因:①非劳动收入,即财富。②社会习俗。③人口因素。④可供选择机会的变动。⑤移民。本案例中,涉及的是可供选择机会的变动会改变劳动供给。在一线工人的劳动市场上,劳动供给减少,劳动供给曲线左移。

和低学历的中学毕业生相比,高校毕业生有更高的学历和见识,所以他们进行劳动供给选择的机会更多。与一线工人相比,白领的工作机会相对更好。判断一种工作好不好,需要看工作前景、办公环境、社会认可度等多个方面,而不仅仅局限在当前的工资水平上。综合来看,因为白领的工作前景、办公环境、社会认可度等多个方面都优于工厂工人,不选择做月薪8000元的工人,而选择做月薪只有4000元的白领,不是高校毕业生不想多赚钱,而是在劳动供给市场上,从长计议,想在未来赚更多钱的理性选择。

本节思考

提高工资水平,劳动供给一定会增加吗?劳动者提供劳动的目标是什么?什么是工资提高的替代效应?什么是工资提高的收入效应?个人的劳动供给曲线有什么特征?为什么?市场劳动供给受到哪些因素的影响?

7.4　生产要素价格的决定

7.4.1　工资的决定

为什么软件工程师的工资水平远高于农、林、牧、渔业的工人?

这就涉及生产要素价格的决定问题,具体来说,就是劳动的价格——工资水平的决定问题。

慕课 7-4

我们仍然使用需求、供给这两个基本的微观经济学分析工具来解决这个问题。工资(即劳动的价格)是由劳动的需求和劳动的供给两方面的力量共同决定的。在前面,我们已经介绍了单个厂商对劳动的需求,如果我们将每个厂商对劳动的需求曲线都找到并把它们横向加总,就得到市场的劳动需求曲线。在其他条件不变的前提下,由于要素的边际生产力递减和产品的边际收益递减,每个厂商的劳动需求量都和工资水平呈反比。因此,劳动的市场需求曲线通常总是向右下方倾斜的,即工资水平越高,市场的劳动需求量越小;工资水平越低,市场的劳动需求量越大。将向右下方倾斜的市场劳动需求曲线和向右上方倾斜的市场劳动供给曲线综合起来,即可决定均衡工资水平。画在同一个坐标平面上,二者的交点即可决定均衡工资水平和均衡的就业量。

现在,我们来看软件工程师市场。现代社会是一个信息社会,为此,进行信息处理的软件工程师的市场价值大,人们愿意向好的计算机游戏支付很多钱,其市场需求也大,但是,要成为一个软件工程师，往往需要较长时长的学习和训练，因此，软件工程师的供给较少。另外，人们只愿意向农、林、牧、渔产品支付较少的钱。在现代社会，随着工业化、现代化的推进，第一产业的规模相对第三产业在不断缩小，因此，农、林、牧、渔业的工人的需求较小。同时，成为一个农、林、牧、渔业的工人的技术含量不高，往往学会简单的机械操作就能够上岗，所以能够从事农、林、牧、渔业的人很多，即农、林、牧、渔业工人的市场供给很大。我们通过分析软件工程师和农、林、牧、渔业工人的市场需求曲线和市场供给曲线，就能看到他们工资水平的差距。另外，如果人们突然厌倦了使用计算机，而决定花更多的时间开车旅行，那么这些商品的价格就会发生改变，从而导致这两类工人均衡工资的改变。

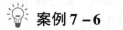案例 7-6

月嫂晋升高收入行业

随着经济的发展，更加精细的社会分工也在不断涌现。在许多大城市里，人们的生活节奏不断加快，专业从事老人和孩子照料、洗衣做饭、打扫卫生等烦琐家务劳动的钟点工、保姆等职业悄然兴起，家政市场迅速发展壮大。

在家政市场中，保姆行业的市场规模相对较大，其分工也更加细化。仅照顾孩子的保姆就可以细分为月嫂、育婴师。月嫂的工作任务主要是月子期间的母婴照料。除了需要清洗产妇和婴儿的衣物、打扫产妇房间卫生等常规日常服务外，其他服务的专业性都比较强。对新生儿的护理包括新生儿日常护理和专业护理，然而，即使是冲奶、喂奶、喂水、洗澡等日常护理，专业性要求也比较高，刚刚晋升为爸妈的年轻人往往会手足无措。对产妇的产后生活护理、营养指导、营养搭配、心理指导等专业性要求更高，直接关系到产妇未来的身心健康。

和普通保姆 2000~3000 元的月工资水平相比，月嫂的工资水平明显要高出一大截。例如，在中部省份的许多地级市，人均月工资水平在 4000 元左右，而月嫂的月工资则一般在 5000~9000 元，有些金牌月嫂的月工资甚至达到 10 000 元以上。另外，月嫂在雇主家照顾母婴，不必负担水电气、衣食住行等开销，生活成本几乎为零，每月的工资几乎是纯收入，由此，月嫂属于高收入群体。

高薪激励下，本来以中年女性为主体的月嫂队伍中，30 岁左右的年轻女性也在不断增多。由于与中年月嫂相比，年轻月嫂的学习能力、专业领悟力更强，她们的专业技能水平往往更强、体力更好、精力更充沛，其收入水平也往往更高。

月嫂工资水平如此之高，合理吗？

案例评析：

首先，和其他类型的保姆相比，月嫂付出的工作量更大，也更辛苦。新生儿生长发育迅速，往往每隔 2 小时就需要喂一次奶，也就意味着，月嫂晚上每 2 小时也要打断睡眠一次。白天照顾产妇、新生儿的工作依然不停歇。因此，月嫂的工作时间比较长，工作强度很大，即月嫂每单位劳动的边际生产力 MP_L 比较大。其次，月嫂工作的专业性比较强，技术含量高,月嫂的劳动对产妇的身体恢复、新生儿的生长发育具有非常重要的作用,即月嫂每一单位产出的边际收益 MR 相对较高。和普通保姆相比,月嫂每一单位劳动的 MRP_L 比较高,年轻月嫂、金牌月嫂更高。在月嫂市场上,按照使用要素的边际收益等于边际成本的原则,雇主支付的工资就是其使用月嫂劳动的边际成本,由于使用月嫂的 MRP_L 比较高,意味着 MRP_L 的位置比较高,假定月嫂市场是完全竞争的,使用月嫂的边际成本线 W——工资线,就会和 MRP_L 在较高的位置相交。换句话说,如果把月嫂的工资 W 作为纵坐标,把月嫂劳动的 MRP_L 作为横坐标,就可以看到每个雇主对月嫂劳动的需求曲线位置较高,即与每个劳动需求相对应的工资水平与一般保姆的工资水平相对应,都比较高。把所有雇主对月嫂劳动的需求曲线进行横向加总,就得到月嫂市场的劳动需求曲线。

把每个月嫂的劳动供给曲线进行加总,可以得到月嫂市场的劳动供给曲线。把月嫂市场的劳动需求曲线和劳动供给曲线放在同一个平面坐标系上,就得到了月嫂市场上的平均工资水平,这个工资水平要明显高于一般保姆市场的工资水平。如果雇主愿意支付的工资水平是一般保姆市场的工资水平,他就雇不到月嫂或者最起码雇不到令自己满意的月嫂。

另外,月嫂都有严格的培训机制,需要考证,门槛比普通保姆要高。高门槛导致月嫂在一定时期内的供给有限。另外,由于思想观念的原因,年轻女性认为做月嫂服务别人的家庭类似于旧社会的佣人,低人一等,因而不愿意做月嫂。同时,做月嫂意味着需要长期离开自己的家庭待在别人家里,年轻女性一般还需要抚养照顾自己的儿女,因此做月嫂的积极性不高。在供给一定、需求大的情况下,月嫂工资水平高,年轻月嫂、金牌月嫂工资水平更高,也就不足为奇了。

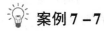

案例 7-7

"漂亮贴水"

漂亮就能得到更高的收益吗?美国经济学家丹尼尔·哈莫米斯与杰文·比德尔在 1994 年第 4 期《美国经济评论》上发表了一份调查报告,根据这份调查报告,漂亮的人的收入比长相一般的人高 5% 左右,长相一般的人又比丑陋一点的人收入高 5%~10%。

漂亮的人的收入高于一般人。两个各方面条件大致相同的人,由于漂亮程度不同而得到的收入不同。这种由漂亮引起的收入差别,即漂亮的人比长相一般的人多得到的收入称为"漂亮贴水"。对于不漂亮的人来说,这简直就像个噩梦,让他们觉得非常不公平,有可能就因为两个人的长相不一样,长相漂亮的很可能呼风唤雨,少年得志,腰缠万贯,而长相相对差一些的人很可能要比漂亮的同伴路途坎坷,收入也相对要低一些。

案例评析:

为什么漂亮的人收入高?微观经济理论认为,劳动收入是个人收入中的主要组成部分,它取决于个人提供的劳动的质量与数量。而个人提供的劳动质量与数量又取决于个人的能力、勤奋程度和机遇,个人的长相在某种程度上正反映了这种差别。

个人能力包括先天的禀赋和后天培养的能力,长相与人在体育、文艺、科学等方面的天分一样是一种先天的禀赋。漂亮属于天生能力的一个方面,它可以使漂亮的人从事其他人难以从事的职业（如当演员或模特）。漂亮的人少，供给有限，自然市场价格高，收入高。漂亮不仅仅是脸蛋和身材，还包括一个人的气质。在调查中，由调查者对被调查者的漂亮程度进行打分，分值往往是外形与内在气质的一种综合。这种气质是人内在修养与文化的表现。因此，在漂亮程度上得分高的人实际往往是文化高、受教育程度高的人。两个长相接近的人，也会由于受教育不同表现出来的漂亮程度不同。所以，漂亮是反映人受教育水平的标志之一，而受教育是个人能力的来源，受教育多，文化高，收入水平高就是正常的。

漂亮也可以反映人的勤奋和努力程度。一个工作勤奋、勇于上进的人，自然会打扮得体，举止文雅，有一种朝气。这些都会提高一个人的漂亮得分。漂亮在某种程度上反映了人的勤奋，与收入相关也就不奇怪了。

最后，漂亮的人机遇更多。有些工作，只有漂亮的人才能从事，漂亮往往是许多高收入工作的条件之一。就是在所有的人都能从事的工作中，漂亮的人也更有利。漂亮的人从事推销更易于被客户接受，当老师会更受到学生喜爱，当医生会使患者觉得可亲，所以，在劳动市场上，漂亮的人机遇更多，雇主总爱优先雇用漂亮的人。漂亮的人更容易获得工作机会，工作效果比一般人更好，当然收入也更高。

（资料来源：梁小民. 西方经济学［M］. 2 版. 北京：中央广播电视大学出版社，2011. 经整理加工）

7.4.2 地租的决定

在分析了工资的决定之后，我们来分析土地的价格——地租的决定。

1. 土地的供给

经济学中的土地泛指一切自然资源。土地和其他自然资源的数量是由地理条件决定的，虽然土地的数量也受水土保持、开垦方式和改良措施等因素的影响，但是一般来说，不会有大的改变。从短期来看，土地的自然供给可以看作一个固定不变的量，但从长期来看，人类可以改造沙漠、移山填海、围海造田等增加土地的自然供给，也可能由于洪涝、风沙等自然灾害和污染、毁林、对土地的破坏性使用等人为因素导致土地的有效供给减少。但从整体来看，在一个较短的时期内，土地的自然供给是一个固定不变的量。

土地的自然供给固定不变，并不意味着土地的市场供给一定也是固定不变的。我们知道土地所有者将多少土地供给市场、将多少土地保留自用，取决于土地所有者的效用最大化决策。

与劳动的供给类似，土地所有者将土地供给市场并不直接给他带来效用，而是通过供应土地获得收入，通过增加收入而增加消费，从而提高了自己的效用水平，所以可以认为土地所有者的效用是由收入带来的。以 Y 代表土地所有者通过供给土地而获得的收入，以 q 代表土地所有者保留自用的土地数量，则土地所有者的总效用 U 可看作 Y 与 q 的函数，则有 $U = U(Y, q)$；其中，$Y = RQ$（R 为土地的价格即地租），$Q + q = Q_0$（Q_0 为土地所有者拥有的土地总量）。

通常土地所有者保留自用的土地在所有土地中所占的比例是相当小的，因此可以认为土地所有者的效用绝大部分来自出租土地所获得的收入。我们在研究问题时，可以忽略保留自用的土地数量，而假定土地对土地所有者来说只有一种用途，就是出租以获得收入，这样土地所有者的效用函数可以简化为 $U=U(Y)$，表明土地所有者的效用只与出租土地的收入有关，收入越高，效用越大。在竞争性的土地市场上，土地的价格由市场决定，即地租对于土地所有者来说是既定的，这样出租的土地越多，土地所有者的效用也越高，土地所有者会把他拥有的土地全部出租出去，以获取最大的收入，而不论土地的价格高低如何。于是有 $U=f(Q_0)$。

综上所述，当土地市场是完全竞争时，无论土地的价格如何，土地所有者都会将他拥有的全部土地提供给市场。因此，土地的供给曲线是垂直的。土地的市场供给曲线是由所有土地所有者的土地供给曲线加总而成，因此，土地的市场供给曲线也是垂直的。

图7-4是土地的供给曲线。图中，横轴为土地的供给量 Q，纵轴为土地的价格——地租 R，S 为土地的供给曲线，Q_0 为土地的自然供给。

土地的供给曲线是垂直的，源于土地用途的唯一性。

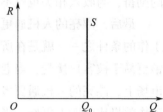

图7-4 土地的供给曲线

2. 土地的需求

在给定的要素价格下，追求利润最大化的厂商按照各种要素的边际收益产品选择投入组合。当土地价格下降时，每个农场主会用土地替代劳动、机器和肥料等其他要素投入。例如，如果土地价格下降，农场主对土地投入的需求量会增加。同样道理，当土地价格下降时，我们把每个厂商对土地的需求曲线横向加总，就得到市场的土地需求曲线。

3. 土地的价格

土地的服务价格称为地租，地租的大小由土地的供给和需求决定。如图7-5所示，在完全竞争的经济中，土地的市场供给曲线 S 是垂直的，土地的市场需求曲线 D 是向右下方倾斜的，因此，土地的市场供给曲线和市场需求曲线的交点 E 是土地供求实现均衡的均衡点，在 E 点的地租为 R_E。

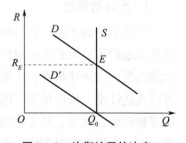

图7-5 均衡地租的决定

从图7-5可以看出，在土地供给不变的情况下，如果需求不断下降，即需求曲线下移，需求曲线下降到一定程度时，均衡的地租水平将变为0。随着土地的需求不断上升，地租则会不断提高。所以，产生地租的根本原因在于土地是稀缺的，供给不能增加，而需求不断上升。

💡 案例7-8

大城市的高房价

回首过去，你会发现，改革开放以来，国内经济快速攀升。伴随经济的飞速发展，房地产也越来越活跃，很明显的是我们身边的房价一再上升，放眼一二线城市，房价更是惊人，动辄几百万上千万的房价，很多人惊呼我国的房价太高了。大城市的房价为什么这么高呢？

📝 **案例评析：**

因为一二线城市经济相对更发达，工作机会更多，工资水平更高，教育、医疗水平更高，基础设施也更先进、更便利，吸引了大量农村、乡镇和中小城市的人口流入，所以土地需求非常大，在土地供给量相对稳定的状态下，地租水平大幅提高。相应的，开发商建房的土地成本也更高，因此，这些地方的房价从全国来看，也都是非常高的。

7.4.3 利息的决定

1. 资本

资本是由经济制度本身所生产出来的并被用作投入要素以便进一步生产更多的商品和服务的物品。资本具备以下特征：

1）资本是由人类的经济活动所生产，其总量是可以改变的。
2）它之所以被生产出来，是为了能够生产出更多的商品和服务。
3）它在生产过程中被作为投入要素长期使用。由此，资本区别于一般的消费品，也区别于土地和劳动等要素。

资本的供给来自消费者的储蓄。消费者的货币收入中除消费以外的部分叫作储蓄，被企业借贷之后用于购买资本品，便转化为资本。假定储蓄全部转化为资本。厂商购买资本品的目的是使用这些资本品以生产更多的商品和服务从而实现自己的利润最大化。厂商购买资本品的行为称为投资，因此投资形成了资本的需求。

2. 利息

资本的源泉价格为资本价值，资本的服务价格为利息。**利息是指资本的服务价格，是为使用资本而支付的报酬。单位资本的服务价格用利率表示。** 利率等于资本服务的年收入与资本价值之比。r 表示利率，Z 表示资本服务的年收入，P 表示资本价值，则 $r = Z/P$。

3. 资本的供给

资本的供给主要取决于消费者的储蓄决策。消费者会把他收入中的一部分消费掉，而把另一部分储蓄起来，留待以后消费。消费者之所以没有把他的所有收入都在今年消费掉，而是储蓄了一部分，是为了获取利息，增加以后的消费。

消费者对于消费和储蓄的决策实际是一种跨时期决策，而消费者对土地和劳动的决策则是一种即期决策。消费者直接把收入消费掉，当然直接地就增加了他的效用；他把收入的一部分储蓄起来明年消费，可以得到一个额外的收入（即利息），可以提高他的效用水平。消费者的目的是实现他的效用最大化，在这里就是要实现今年的效用和明年的效用的总和的最大化。下面我们用无差异曲线作为工具来具体分析消费者的决策。

假定将研究的时间限定为今年和明年两年。图 7-6

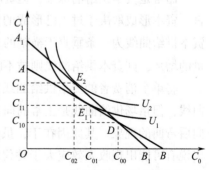

图 7-6 消费者的跨时期决策

表示了消费者的跨时期决策情况。图中,横轴为今年的消费,纵轴为明年的消费。D 为消费者的今明两年收入组合点,即他今年收入 C_{00},明年收入 C_{10}。AB 为消费者的预算线,所以 AB 必定要通过 D 点。如果沿着预算线向左上方移动,表明消费者减少今年的消费,增加储蓄,如果沿预算线向右下方移动,表明消费者今年就提前借入了明年的收入。假设利率为 r,那么今年消费者增加 1 元的储蓄,明年他就可以消费 $(1+r)$ 元,显然预算线的斜率是 $-(1+r)$。图中,U_1、U_2 是消费者的无差异曲线,它反映了消费者对今年消费与明年消费之间的偏好。消费者的无差异曲线与预算线相切于 E_1 点,E_1 是消费者的均衡点,所以消费者在均衡时选择的是今年消费 C_{01}、明年消费 C_{11},显然消费者把一部分收入储蓄起来,储蓄额是 $C_{00}-C_{01}$。

假设消费者的收入组合不变,随着市场利率的提高,预算线 AB 将沿着收入组合点 D 顺时针旋转,假定旋转到 A_1B_1。新的预算线与无差异曲线 U_2 相切于 E_2 点,因此 E_2 点就是新的消费者均衡点。均衡时,消费者选择今年消费 C_{02}、明年消费 C_{12}。由此可见,由于利率提高,消费者减少了今年的消费,增加了储蓄。从这个简单的模型可以看出,利率提高会使消费者减少当前消费,增加储蓄;利率降低会使消费者增加当前消费,减少储蓄。

上述现象可以用替代效应和收入效应解释。利率的改变相当于改变了今年消费和明年消费的相对价格。由于替代效应,消费者将减少今年消费,增加明年消费,也就是说,利率提高的替代效应使消费者增加储蓄;利率提高的收入效应则趋于使消费者增加今年消费,减少明年消费,因此储蓄减少。所以,利率提高时,储蓄是增加还是减少取决于总效应,如果替代效应大于收入效应,储蓄将增加;如果收入效应大于替代效应,储蓄将减少。一般来说,利息收入只占消费者收入的一个很小的比例,所以替代效应往往是大于收入效应的,但是当利率提高到一定程度时,收入效应就可能超过替代效应,消费者会增加消费从而使储蓄减少。

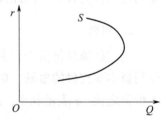

图 7-7 储蓄或贷款供给曲线

总之,储蓄或贷款的供给曲线是一条向后弯曲的曲线,如图 7-7 所示。曲线的下半部分向右上方倾斜,是正常的供给曲线形状,而上半部分向左上方倾斜,因为利率很高时收入效应大于替代效应。

4. 资本供给曲线

储蓄是资本供给的源泉,但资本供给曲线并不等于储蓄曲线。就一个社会、一定时期而言,资本形成取决于过去已形成的储蓄量,同时假定资本的自用价值为 0,因此在短期内,资本供给曲线为一条垂直于横轴的直线(见图 7-8)。但在长期中,随着利率的上升,储蓄量的增加,则资本供给曲线则被不断推向右方。

将单个消费者的资本供给曲线水平加总就可以得到市场供给曲线,但市场供给曲线是正常的向右上方倾斜的曲线,没有出现向后弯曲的现象。其原因在于,虽然利率很高时,就单个消费者来说有可能出现收入效应大于替代效应的情况,但就整个经济来说,替代效应仍大于收入效应,储蓄仍是增加的。在现实经济

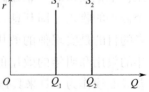

图 7-8 短期资本供给曲线

中，我们并没有发现资本供给曲线向后弯曲的例子，就是这个原因。

5．资本的需求

从整个社会来看，对资本的需求主要来自厂商。前已述及，厂商的投资行为形成了对于资本的需求。那么，影响厂商投资决策的因素是什么呢？在厂商进行投资决策时，它追求的是利润最大化，它所考虑的主要方面是预期利润率和利率，另外还要考虑投资风险。这一点与土地、劳动等要素是不同的，当土地所有者和劳动者提供要素时，无论厂商是盈利还是亏损，土地所有者和劳动者都能根据合同获取相应的报酬；而对于资本的投资则不是这样，因为投资总是伴随着风险。厂商一旦进行投资，其所花费的大部分成本就变为沉淀成本，并且一项投资往往持续的时间很长，所需资金庞大，所以厂商的投资决策实际上是风险决策，它牵涉到一系列影响因素，我们这里略过不谈。我们主要讨论利率对厂商投资需求的影响。

厂商在进行投资决策时，由于利息构成了厂商的成本，因此如果一个投资项目的预期利润率大于市场的利率，那么就意味着厂商预期的资本收益大于成本，厂商投资该项目就可以获得利润；如果一个投资项目的预期利润率小于市场的利率，那么厂商的预期资本收益小于成本，厂商就会亏损，所以厂商会放弃该项目或转而去寻求其他合适的项目。注意，如果厂商的投资所用资金是自有资金，利息可被看作机会成本，上述分析依然有效。如果厂商的各个投资项目的预期利润率不变，而市场利率提高，就会有许多的投资项目被否定，从而厂商的投资意愿降低，投资就会下降，从而对可贷资本的需求下降；如果利率降低，厂商的成本降低，就会使一些原本不合算的项目变得有利可图，厂商的投资意愿上升，投资增加，对可贷资本的需求就会上升。因此，资本的需求曲线也是向右下方倾斜的曲线。

6．均衡利率的决定

以上分析了资本市场的供给和需求的决定，下面来看资本市场的均衡问题。图7-9中，横轴表示资本数量Q，纵轴表示利率r，S是市场资本供给曲线，D是市场的资本需求曲线。资本的供给曲线和需求曲线的交点表示资本市场的均衡点。

短期内，资本供给曲线S_1与需求曲线相交，形成短期均衡利率r_1和均衡资本量Q_1，较高的利率会促使储蓄进一步增加，从而资本供给曲线向右移动，S_2与需求曲线在较低的利率水平上相交，形成均衡利率r_2和均衡资本量Q_2。在r_2上，利率降到储蓄量与投资量恰好和资本存量相等，于是资本存量稳定在Q_2水平上，资本市场达到了长期均衡。

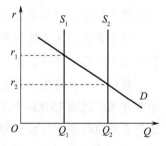

图7-9 资本市场的均衡

与前面劳动、土地的分析类似，资本的市场需求曲线也是向右下方倾斜的，因为在其他条件不变的情况下，随着资本投入量的增加，增加资本投入所带来的收益的增加（即资本的边际收益产品）也是递减的。所以，随着资本价格的下降，资本的需求量也是增加的，即资本的需求曲线向右下方倾斜。

资本的供给依赖厂商、家庭和政府过去的投资。短期内的资本存量像土地一样是固定的，因为虽然投资会增加资本存量，但是，短期来看，由于投资带来的资本增加和原有的资本量相比太小，可以忽略，因此，我们假定短期资本供给曲线是一条垂线。但长期中的资本供给会受风险、税收和资本回报率等因素的影响。为简化分析，这里我们只分析短期。

和土地的均衡价格决定类似，因为短期资本的市场供给曲线是一条垂线，所以资本的市场均衡价格（即利率）只和资本的需求曲线有关。当资本的需求大时，利率水平高；当需求小时，利率水平低。

> **本节思考**
>
> 你如何理解经济学中的土地？土地的价格是如何决定的？资本的价格是如何决定的？按照生产要素进行分配合理吗？为什么？

本章习题

【案例分析】

任正非亲自签发，华为给8位应届生年薪最高超200万元

华为的人才战略不为动荡的外部环境所改变。它继续以高薪吸引世界范围的顶尖人才进入公司。

2019年6月20日，华为创始人任正非在EMT一次会议中说到，2019年华为将从全世界招进20~30名天才少年，2020年从世界范围招进200~300名天才少年。

7月23日，华为内部发文公布了8名顶尖学生的年薪方案，这8名人员全部为2019届应届顶尖学生，其年薪最低为89.6万元，最高为201万元。

对于此次对天才博士开出的薪酬待遇，华为内部人士向《21世纪经济报道》记者表示，整体上大家都支持高薪吸引人才的政策。

根据华为此前提供的数据，华为拥有包括700多个数学家、800多个物理学家、120多个化学家，还有15 000个工程师在从事基础研究，以及6万多名产品研发人员。同时，华为还与全球300多所高校、900多家研究机构和公司开展了合作。

2019年5月，任正非在接受媒体采访时一再重申了对教育、对人才的重视，以及华为在这方面持续不断的战略投入。

任正非说："我们可以在世界各国网罗优秀人才，例如我们在英国建芯片工厂，我们从德国招博士过去，德国博士动手能力很强。我们可以在新西伯利亚大学里面，把世界计算机竞赛的冠军，用五六倍的工资招进来。我们在俄罗斯提高了工资待遇，俄罗斯很多博士科学家就争着到我们这来工作。"

"对世界各国的优秀大学生，从大二开始，我们就给他们发offer。这些孩子超级聪明，举一个例子，新西伯利亚大学连续六年拿到世界计算机竞赛冠军、亚军，但是所有冠军、亚军都被谷歌用五六倍的工资挖走了，从今年开始，我们要开出比谷歌更高的薪酬挖他们来，

在俄罗斯的土地上创新,我们要和谷歌争夺人才。我们支持科学家的创新,对科学家不要求追求成功,失败也是成功,因为他们把人才培养出来了。只有这样,我们才有可能源源不断地前进。"

(资料来源:https://www.sohu.com/a/328953907_163524. 经整理加工)

问题:

1. 华为员工的高薪一直在业界闻名,你怎样看待华为公司高薪吸引人才的现象?

2. 有人称,华为人平时不准炒股、不准打麻将、不准 KTV,除了工作就是家庭,很少有娱乐项目。对此,你怎么看?

第 8 章
市场失灵与微观经济学政策

 本章思维导图

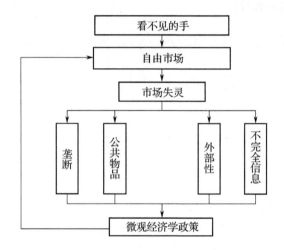

本章要点

1. 市场失灵的概念。市场失灵是指市场机制（即价格调节市场的机制）不能实现资源的有效配置，也就是说，市场机制造成资源的配置失当，不能使社会经济效率达到最大化。

2. 市场失灵的原因。市场失灵的原因主要是垄断、公共物品、外部性、不完全信息。

3. 垄断的定义。垄断是指由少数市场的参与者影响或决定市场价格。市场存在着垄断，使其并不总是产生最有效的结果，市场达不到帕累托最优状态。

4. 垄断产生的原因。垄断产生的原因主要包括自然垄断（或规模经济）、专利权、对资源的控制、政府的特许等方面。

5. 垄断的特点。垄断的特点是较高的价格、较少的产品。

6. 垄断如何造成低效率？垄断会降低效率，这主要表现在：①垄断厂商通过减少产量、提高价格来获取高额垄断利润。这导致资源配置的低效率，还带来了机会和收入分配的不公平。②寻租活动的出现。寻租破坏了市场公平，浪费了经济资源。

7. 私人物品的定义及特征。私人物品是指所有权属于个人的物品，具备竞争性和排他性的特征，能够通过市场机制达到资源优化配置的产品。竞争性是指如果某人已消费了某种商品，则其他人就不能再消费这种商品了；排他性是指只有购买了商品的人才能消费该商品，不付费就会被排除在消费之外。

8. 公共物品的定义及特征。公共物品是指具有非竞争性和非排他性，不能依靠市场机制实现有效配置的产品。公共物品在消费上或使用上是不排他的。非竞争性是指许多人可以同时消费,且增加一个消费者的边际成本为0,即一个人对这种产品的消费不会减少可供别人消费的量(不必排斥他人消费)。非排他性是指无论一个人是否支付了该物品的价格,都能安然享用这种物品(不能排斥他人消费)。

9. 公共物品与市场失灵。在公共物品的场合,市场失灵的原因是很难得到对公共物品的需求的信息。

10. 外部性的定义及类型。外部性又称外部影响,是指某个人的一项经济活动给其他人的福利造成了好的或坏的影响,但并没有得到相应的报酬或者相应的补偿。外部影响的类型:①正外部影响(外部经济),社会收益 > 私人收益;②负外部影响(外部不经济),社会成本 > 私人成本。

11. 外部经济的定义及类型。外部经济是指某个家庭或厂商的一项经济活动给其他家庭或厂商带来好处,但自己却不能由此得到报酬,这项经济活动使私人收益小于社会收益。外部经济的类型:生产的外部经济与消费的外部经济。生产的外部经济是指生产者的经济行为产生了有利于他人的良好影响,自己却不能从中取得报酬。消费的外部经济是指消费者的行为对他人产生了有利的影响,自己却不能从中得到补偿。

12. 外部不经济及类型。外部不经济是指某个家庭或厂商的一项经济活动给其他家庭或厂商带来危害,但自己却并不为此支付足够抵偿这种危害的成本。这项经济活动使私人成本小于社会成本。外部不经济的类型:生产的外部不经济与消费的外部不经济。生产的外部不经济是指生产者的行为给他人造成了损害,但没有给他人予以补偿;消费的外部不经济是指消费者的行为给他人造成了损害,但没有给予补偿。

13. 外部性与市场失灵。负外部性使市场生产的数量大于社会合意的数量,正外部性使市场生产的数量小于社会合意的数量。

14. 不完全信息的定义及分类。不完全信息是指市场上买卖双方所掌握的信息是不对称的,一方掌握的信息多些,一方掌握的信息少些。不完全信息分类:卖方所掌握的信息多于买方;买方所掌握的信息多于卖方。

15. 不完全信息与市场失灵。不完全信息表明可靠的信息对于生产者和消费者都是有代价的,即交易成本,从而使市场活动不再实现帕累托最优状态,导致市场失灵。

8.1 市场完美吗?

8.1.1 市场失灵

市场失灵(Market Failure)是指市场机制(即价格调节市场的机制)不能实现资源的有效配置,也就是说,市场机制造成资源的配置失当,不能使社会经济效率达到最大化。

市场这只"看不见的手"无法正常发挥作用失灵时,政府这只"看得见的手"就该发挥作用,通过微观经济学政策维持市场的正常运行。

慕课 8–1

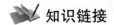 **知识链接**

亚当·斯密与"看不见的手"

亚当·斯密是公认的现代资本主义经济学的鼻祖。他的"看不见的手"理论研究颇具深度和意义，他也因此名声大噪，同时在社会各界留下深厚的意义。近年来，"看不见的手"已成为社会生活都熟悉的流行名词，同时，围绕这个词而展开的理论研究探讨也持续不断。由此可见，正确地理解"看不见的手"显得尤其重要。

在亚当·斯密的著作中，他曾三次提过"看不见的手"。第一次是在《天文学说史》这篇论文中，第二次是在《道德情操论》中，第三次是在《国富论》中。

亚当·斯密把"看不见的手"描述为一种自然的、不可抗拒的神秘力量，但他并未明确解释这个神秘的力量究竟是什么？有人认为，"看不见的手"的实质是市场机制这种客观的经济规律。也有人认为，把经济规律作为"看不见的手"失之过宽。

"看不见的手"之所以会引导市场得以健康运行，主要依据的是市场经济活动中的"经济人"理性原则。经济人是指以利己为动机来从事经济活动的人。经济人的理性选择渐渐形成了市场经济中的价格机制、竞争机制以及供求机制。这些作用机制仿佛像一只看不见的手控制着每个人的行为依照市场规律来进行。在市场经济体制下，生产者和消费者做出的销售以及购买决策分别是根据利润最大化原则和效用最大化原则来的。市场的供求关系会依据价格变动自然调节，从而推动资源配置往最有效的方向靠近。价格机制、竞争机制以及供求机制的相互作用，使市场中仿佛存在一只"看不见的手"，生产者和消费者在这只手的引导下做出各自最优的决策。

具体而言，如果产品供给多于需求，产品的价格便会上升，生产这种产品所能得到的利润便会刺激其他人也加入生产，最后便消除了短缺。

虽说"看不见的手"一直被解释成市场，其作用是公正地监管经济行为，但所谓的"公正性"，实质是经济活动者之间竞争的结果。如果这种竞争是不受管制的、公平的，它就会创造出更低的价格、更多的物品和促进经济增长，这种结果通常并非经济活动者蓄意为之。"看不见的手"其实只是经济交换的结果，因此，离开经济交换就无法起作用。它的公正性并不在于它是一只自主的"手"，它可以缩回来，把握经济形势，冷静地决定经济行为如何得到平衡，如何进行限制。由于"看不见的手"产生于个人之间的竞争，因此，只有当经济活动者之间具有或多或少平等竞争的平衡状况时，它才可以对市场进行公平的裁决。

在"看不见的手"理论中，亚当·斯密反复强调人追求自利的本性。一旦自愿交换的自然法则得以确立，追求自利的行为就会受到市场的约束，从而追求自利所产生的行为结果与整个社会的利益相一致。亚当·斯密所说的自利并没有等同于自私和贪婪，它是人应有的生存和发展的权利，并不以损害别人为条件，它符合自然秩序，是国家和社会发展的原动力。

尽管亚当·斯密的理论还存在一些缺陷，但是他所描绘的市场经济蓝图仍然是一个伟大的贡献。亚当·斯密仅仅用"看不见的手"寥寥几笔，就使人们懂得了市场机制是如何运行的，如何将社会成员整合在一起。后来的经济学家正是在他研究的基础上不断深化与完善，并对他的不足之处进行探究。同时，在我国社会市场经济转轨时期，亚当·斯密的理论对我国经济建设、理论研究和政府行为实施等方面有着重大的借鉴意义。

（资料来源：吴晓雅．如何理解斯密的"看不见的手"[J]．中国经贸，2014(4)：194．经整理加工）

案例 8-1

救命血清一剂难求，背后是"市场失灵"

2014年8月19日上午，北京市一名16岁男孩被眼镜蛇咬伤，情况危急，急需抗眼镜蛇毒血清救治，但北京的医院普遍没有这种血清。后来，其家属和媒体多方寻找，却被多地医院告知"已用完"。直到20日12时，救命血清才从云南一医院送达北京相关医院。

查卫生部《国家基本药物目录》，抗蛇毒血清中抗眼镜蛇毒血清赫然在列。但像涉事男孩这样一剂难求、各大医院遍寻无着的案例，近年已多次发生。

目前，我国只有上海赛伦公司生产抗蛇毒血清，别无分号。抗眼镜蛇毒血清自2010年停产，至2013年年底再启生产，保质期至多3年，生产周期则要9个月，这也造成近年来抗眼镜蛇毒血清频频告急。而短缺的更深层次原因则在于，被剧毒蛇咬伤毕竟属于偶发，赛伦公司在血清生产上长期处于单品亏损状态。由于需求量和利润都有限，涉事企业难免不感兴趣。而使用率偏低、保质期偏短、报废率较高、需在特定温度下才能保存，也会让医院选择弃用。

案例评析：

抗蛇毒血清——救治生命的紧缺药由于无利可图，厂商不愿生产，导致抗眼镜蛇毒血清一剂难求，由此看来市场不是万能的，存在市场失灵，不能实现资源的有效配置，也就是说，市场机制造成资源的配置失当，不能使社会经济效率达到最大化。但人命关天，当市场这只"看不见的手"无法正常发挥作用失灵时，政府这只"看得见的手"就该发挥作用，通过微观经济学维持市场的正常运行。这就要政府有所作为，来弥补市场的不足，保障人民生命安全。

抗蛇毒血清应带有公共物品的性质。既然被剧毒蛇咬伤，公民难以自力解决，市场也"失灵"了，那就该由政府提供公共物品来填补短板。

首先，对于抗蛇毒血清生产企业的部分单品亏损，以财政补贴的方式来弥补，以维持这些救命单品的生产供应。这就要打破抗蛇毒血清生产的垄断状况，规避"所有的鸡蛋都放在一个菜篮子里"的风险。再者，对于医院的抗蛇毒血清储备，同样以财政补贴来弥补其因使用率低、报废率高等因素导致的亏损，以维持供应，有备无患，应对不时之需。

再有一点，至少以省为单位，建立起抗蛇毒血清的统筹调配机制，而不是一旦有人被剧毒蛇咬了，抗蛇毒血清遍寻无着。救命如救火，时间耽误不得。2012年8月，浙江省便着手建立了全省范围内的抗蛇毒血清应急调剂机制，并公布了血清定点备货医疗机构。

以上这些措施，单靠市场无法完成，必须发挥政府的微观经济学政策，达到资源配置最优化。

（资料来源：于立生．救命血清一剂难求，背后是"市场失灵"[N]．新京报，2014-08-21(3)．经整理加工）

8.1.2 市场失灵的原因

市场失灵的原因主要是垄断、公共物品、外部性、不完全信息。

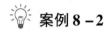

案例 8-2

安装不上的防盗门

一个朋友住在市区的某单位宿舍楼,经常抱怨有陌生人敲门,或推销物品,或谎称有东西要送给他,不安全因素相当高。从此,他对未预约的敲门声高度警觉。邻里关系也因此受到了影响。终于,有人提议,在楼道统一安装对讲防盗门,以有效解决骗子及推销人员的干扰。于是,有热心人士对各家各户进行了调查,征求意见,并要求每户填写愿意支付的金额,准备集资安装防盗门。结果发现,各户愿意支付的钱款总额不足以购买最便宜的防盗门。后来,这位热心人士又提出了一种方案,按照安装防盗门的预算,各户平摊收费,在让各住户确认的时候,发现有几户表示不愿意出资安装防盗门,并历数不装防盗门的各种好处。于是,朋友所住的宿舍楼最终没有装上防盗门。

案例评析:

本案例是公共物品导致的市场失灵。这种市场失灵的根本原因在于公共物品的非排他性和非竞争性。住户都想追求安全,但都不愿出钱或者愿意出的钱很少,不足以买到安全的防盗门,都想别人付多一些,自己搭便车。自己不出钱,只要别人出钱买防盗门,自己也会安全,因此,安全与出不出钱不一定成正比。大家都这样想,于是无法解决安装防盗门的问题。在自由市场体制下,人们的自利决策能实现稀缺资源的有效配置,而在市场失灵的一些特殊场合,市场无法实现资源最优配置,则可以通过政府规制改善公平与效率。解决此类问题有两种方法:①政府直接提供公共物品;②由私人提供,同时政府对公共物品进行成本补偿。

(资料来源:https://www.docin.com/p-12443621.html. 经整理加工)

8.1.3 为什么要实施微观经济学政策?

当市场机制造成资源的配置失当,不能使社会经济效率达到最大化时,政府就要实施微观经济学政策。市场不是万能的,政府在微观经济中也可以发挥作用。

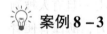

案例 8-3

防止环境污染政府必须在位

私自拆解废旧油桶,未采取有效防渗措施导致环境严重污染;焦煤公司违法向河流排污造成严重污染;非法冶炼废旧铅酸电池将污染物排放到空气中导致严重污染;地下冶炼厂非法排放有毒物质……

2018年1月,山西省委政法委向社会通报了2017年打击环境污染犯罪专项行动以来的

6起典型案例。

其中，阳泉市郊区平坦镇辛兴村赵某违反国家规定，私自收购、拆解废旧油桶，拆解过程中未采取有效防渗措施，严重污染环境，造成公私财产损失约183万元。阳泉市中级人民法院依法判决被告人赵某构成污染环境罪，处以有期徒刑4年，并处罚金5万元。

在另一起典型案件中，太原市公安局杏花岭分局在该区中涧河乡太钢东矿蔬菜基地废弃院落内捣毁一家地下冶炼厂，现场抓获犯罪嫌疑人郭某国、郭某海等5人，查获冶炼成品铅锭30余吨，冶炼废渣约10吨。经环保部门认定，查获物品为国家危险废物名录中所列HW31含铅废物，属有毒有害物质，且冶炼过程中产生的废气未做处理直接外排，严重污染周围环境。

打击环境污染犯罪专项行动开展以来，山西省法院共受理污染环境犯罪案件11起40人；山西省检察机关共监督行政执法机关移送污染环境涉刑案件52件66人，监督公安机关立案30件37人，批捕15件22人，起诉34件69人。山西省公安机关共受理污染环境刑事案件92起、行政案件407起，对犯罪嫌疑人采取刑事强制措施114人、行政处罚417人；全省环保部门共向公安机关移送行政拘留案件401件，涉刑案件28件。

案例评析：

市场经济体制下，由于垄断、信息不全、经济外部性和公共商品存在等原因，会出现市场失灵。在环境保护领域，由于生态环境资源的产权不明晰、生态环境资源的公共商品属性、环境污染及生态破坏的负外部性、生态建设及环境保护的正外部性、生态环境信息的稀缺性和不对称性、生态环境资源无市场和自然垄断等原因，必然出现生态环境资源配置的市场失灵。换句话说，在环境保护领域，市场失灵尤其突出。山西省委、省政府推进生态文明建设的重大决策部署，配合"美丽山西"环境质量改善攻坚行动。实践证明，政府调控是纠正市场失灵的有效手段。因此，应该加强政府对环境保护的干预力度，即环保靠政府。

但是，当政府干预力度过大、过小以及干预方式不当时，就不能纠正市场失灵，甚至会加剧市场失灵。"守法成本高，违法成本低"就是这一现象的表现。目前，"守法成本高，违法成本低"已经引起了各级政府和理论界的高度重视，国家正在采取完善法律和环境经济政策，加大执法力度和信息公开力度，加强管理，推进技术进步，加强宣传教育等措施，扭转"守法成本高，违法成本低"的现象，促使市场主体主动保护环境。

（资料来源：马超，王志堂. 山西公布打击环境污染犯罪典型案例 [N]. 法制日报，2018-01-25(8). 经整理加工）

本节思考

市场为什么会失灵？市场失灵可能会造成哪些后果？

8.2 垄断会带来什么？

8.2.1 垄断的定义

慕课 8-2

垄断是由少数市场的参与者影响或决定市场价格。市场存在着垄断，使其并不总是产生最有效的结果，市场达不到帕累托最优状态。

8.2.2 垄断产生的原因

垄断产生的原因有多种，主要包括边际成本降低、专利权、对资源的控制、政府的财政补贴或特许经营等方面。

1. 边际成本降低

关于市场垄断的形成，一个很重要的原因是边际成本降低，即用户越多、产量越大、成本越低。电网就有这样的特点：建好了一个电网，增加的用户越多，它的平均成本越低。一个生产企业的边际成本，即每增加一单位产品，企业要支付的成本，这个成本的高低会直接决定企业的收益。当电网或者电信公司的网络搭建好以后，它的成本并不会因为多一个客户或多一张 SIM 卡（用户识别卡）就增加很多。而随着规模效应发挥作用，企业的成本直到最后几乎接近于零。这样现有的企业就形成了垄断，新企业进入就变得十分困难。

2. 专利权

技术专利也可能造成垄断。目前，很多产品（如汽车、手机、计算机等）的核心技术都申请了专利。专利一方面保证了技术开发者的利益，另一方面在客观上也造成了拥有这些专利的企业在从事生产、销售活动中的独有性，从而其他企业或新进入者无法从事相关生产活动，造成了垄断。

3. 对资源的控制

如果某种产品的生产必须要有某种关键性的资源，而这种关键性的资源又为某个企业所独有，则该企业不仅垄断了这种关键性的资源，还可以垄断必须具备这种关键性资源的生产。

4. 政府的财政补贴或特许经营

政府的财政补贴或特许经营也会造成垄断。例如，在我国，伐木、开矿都需要取得政府主管部门的特许，烟草等领域都存在不同程度的特许经营。这些特许制度从积极意义上来说是为了规范企业的经营行为，然而在客观上由于特许总是掌握在少数企业的手中，势必会导致这些企业在取得特许之后，具有其他企业所不具备的优势，从而导致垄断。

8.2.3 垄断的表现形式

1. 滥用市场优势地位限制竞争

例如，中石油、中石化等企业在某种程度上具有对其产品的定价权，并且限制其他相关企业的进入。

2. 经营者与经营者之间以垄断协议限制竞争

寡头垄断行业的寡头之间通常会成立战略联盟，对产品价格等达成协议，从而使消费者无从选择。

3. 行政垄断限制竞争

行政垄断的例子如政府特许经营、政府补贴等，这造成了一些企业在经营中成本低于其他新进入的企业，从而达到垄断的目的。

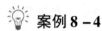

案例 8-4

歌华有线为何肆意提高收费？

2003 年 6 月 30 日，北京歌华有线电视网络股份有限公司（以下简称歌华有线）宣布自 7 月 1 日起，有线收视费由原来的 12 元/月上涨到 18 元/月，增幅高达 50%。此举引起了媒体和社会各界普遍关注，对其没有经过价格听证就随意涨价表示强烈不满。

歌华有线用户达 220 万户，每户每月多收 6 元，一年多收 1.584 亿元。这新增的 1.584 亿元主业收入扣除上缴国家税收以外，基本上都是公司的净利润。

每一个用户在装歌华有线时都不会忘记，住楼房的用户交 300 元初装费，住平房的用户交 320 元的初装费。如果按最少 300 元计算，歌华有线已经从 220 万用户的口袋中最少收走 6.6 亿元。每月再交 12 元的收视费已经不算少了，为什么还要一下上涨 50%？

歌华有线说了提高收费的理由："北京地区每户每月 12 元的有线电视收看维护费标准是在以微波方式传送的情况下制定的，已远远不能满足当前有线电视光缆网络的日常维护管理、缆线入地建设和技术升级改造等方面的支出需求，如继续执行现行收费标准将难以维持北京有线电视网络的正常运营和稳定发展。"歌华有线涨价还有一个所谓充分的理由是设备改造。固定资产的投入怎么能让消费者来承担呢？

北京市物价局根据歌华有线的涨价申请，核算了它们的运营成本，同意涨价。至于为什么没开价格听证会，物价局称有线电视价格不在听证目录之列。

一台 29 寸的彩电在不到 10 年间，从 7000～8000 元跌到了不到 2000 元，而技术的进步、质量的提高更是如日中天。这样惊人的降幅并没有断送我国的彩电业，反而使我国的彩电业成为世界上首屈一指的、最强大的彩电业。为什么彩电、冰箱、微波炉、计算机等产品价格越来越低、质量越来越好、品种越来越丰富？这就是竞争与垄断的不同。

而歌华有线怎么就能如此反其道而行之，说涨就涨，而且如此霸气？原因很简单，都是垄断惹的祸。歌华有线是北京市政府批准的唯一一家负责建设、管理和经营北京市有线广播电视网络的公司，具有极高的垄断性和经营的稳定性。

有线电视行业具有比电信更加垄断的特点，目前有线电视用户没有任何可以选择的余地：唯一的网络接入商、唯一的服务内容。例如北京用户只有选择歌华有线电视网络，而且只能选择歌华有线提供的唯一一种服务。有用户说："我不想多交钱，我也用不着看 50 多套节目，以前的 20 多套节目就够了，但我不能选择交原来 20 套的钱，只能被它牵着走。"

当产品市场上只有一个卖主，并且对于垄断者所出售的产品，市场上不存在相同或相近的替代品时，企业才拥有"想怎么样就怎么样"的自由。

案例评析：

歌华有线是北京市政府批准的唯一一家负责建设、管理和经营北京市有线广播电视网络的公司，是典型的垄断企业，具有极高的垄断性，市场的需求就是该公司所面临的需求。在完全垄断的市场上，企业根据利润最大化的原则来确定其价格并能获取高额的垄断利润，人们没有别的电视服务的选择，所以不难理解歌华有线的定价权。

（资料来源：孙敬水. 垄断者就该上天堂？——评歌华有线随意涨价［N］. 经济学消息报，2003 – 06 – 30(5). 经整理加工）

8.2.4 垄断的特点

垄断的特点是较高的价格、较少的产品。

案例 8 – 5

高通公司反垄断案

2013 年 11 月，国家发改委接到两家美国公司对高通公司垄断行为的举报，并根据举报启动了反垄断调查。历时 14 个月的调查之后，2015 年 2 月 10 日，国家发改委公布了针对美国高通公司垄断案的行政处罚决定书。处罚金额按 2013 年度高通公司在我国市场销售总额 8% 的罚款，共计 60.88 亿元。高通公司对我国政府的所有处罚条款不持异议，并在一周内缴纳完全部罚款。

案例评析：

高通公司于 1985 年创立于美国圣地亚哥，是一家研发和推动 CDMA 无线电通信技术的小型公司，第一笔大订单是一个采用 CDMA 解决卫星通信问题的政府项目，合同标的虽只有 20 万美元，却为高通公司后来在该技术领域的独霸天下奠定了基础。到了 20 世纪 90 年代，高通公司已经在美国的 CDMA 市场上独占鳌头。进入 3G 时代，高通公司又凭借 13 000 多项专利进军芯片市场，2014 年公司市值高达 1300 多亿美元，超过英特尔公司。国外的苹果、三星，以及国内的中兴、华为、联想、小米等手机品牌几乎都采用高通公司的芯片，高通公司在智能手机芯片市场占据了 70% 的市场份额。在销售芯片的同时，高通公司还利用其难以替代的专利技术资源向手机厂商收取专利费。之所以说高通公司的专利难以替代，是因为其掌握了一大批必不可缺、在通信领域已经成为技术标准的专利，即标准必要专利。手机制造商为使产品符合国际标准就必须获得高通公司的专利许可。根据高通公司公布的数据，其营业收入来自芯片销售额和专利许可费用之间的比例基本是 2∶1，但利润比却达到 1∶9。高通公司是科技时代的佼佼者，这种依靠标准以及技术实现巨额利润的运营模式是所有科技公司的梦想。高通公司却滥用其在芯片领域的市场支配地位，实施排除、限制竞争的垄断行为。其专利许可模式多年来饱受非议，依据国家发改委的调查结果，高通公司实施了三类滥用市场支配地位的垄断行为。①乱收高价专利许可费。这主要包括将过期专利包含在专利组合中收取费用，并要求我国手机制造商将自己所有的专利向高通公司进行免费的反向许可，例如高通公司拥有655项4G标准必要专利，华为拥有603项，按照与高通公司的协议，华为的专利都要免费许可给高通公司，否则高通公司拒绝向华为出售芯片；而高通公司转让给华为芯片不是按专利技术收费，而是按整部手机售价的5%收取专利许可费用。②没有正当理由搭售非标准必要专利。高通公司掌握着一些在无线通信领域成为技术标准的标准必要专利，这一部分专利是手机制造商想要购买的，而对高通公司的另一些非标准必要专利，手机制造商未必需要使用，高通公司利用其市场支配地位，将这两种类型的专利进行搭售，导致手机制造商被迫购买非标准必要专利。③在芯片销售中附加不合理条件。如果我国手机制造商不签订包含上述不合理条款的专利许可协议，或已经签署协议但日后就专利许可协议产生争议并提起诉讼，高通公司就拒绝出售芯片。从表面上看，似乎这一条款没有什么不合理，买方可以自由决定是否购买高通公司的芯片，可实际上以高通公司的市场支配地位来看，包括苹果、三星以及我国各大品牌几乎所有的手机制造商都对高通公司的芯片有高度依赖性，一旦其拒绝提供芯片，相关企业就不得不退出市场。

从上述案例中我们可以看出，高通公司违反了《中华人民共和国反垄断法》关于禁止具有市场支配地位的经营者以不公平的高价销售商品、没有正当理由搭售商品和在交易时附加不合理条件的规定。这体现了垄断的原因是专利权，垄断的特点是较高的价格、较少的产品，由少数市场的参与者影响或决定市场价格。市场存在着垄断，使其并不总是产生最有效的结果，市场达不到帕累托最优状态。所以，国家发改委在责令高通公司停止违法行为的同时，依法对高通公司处以2013年度在我国市场销售总额8%的罚款，共计60.88亿元。高通公司利用垄断地位获取非法垄断利润，阻碍市场竞争，造成市场失灵。

此外，国家发改委依据《中华人民共和国反垄断法》对高通公司提出以下整改要求：①我国企业在获得专利许可时，高通公司应提供专利清单，不再对过期专利收取许可费；②在我国境内销售的手机，不再按整机售价收取专利许可费，而改为按整机售价的65%收取；③不再要求我国手机制造商将自己的专利对高通公司进行免费反向许可；④不再无正当理由搭售非标准必要专利；⑤不再销售芯片时要求手机制造商签订一切不合理协议。高通公司对该判罚表示接受，不寻求其他救济方式，并于三天内交齐所有罚款。由于高通公司在我国经营的不确定因素消除，在反垄断案结束后股价反而大涨了2.98%。

（资料来源：https：//www.jinchutou.com/p-112660111.html. 经整理加工）

8.2.5 垄断如何造成低效率？

垄断会降低效率，这主要表现在：①垄断厂商通过减少产量、提高价格来获取高额垄断利润。这导致资源配置的低效率，还带来了机会和收入分配的不公平。

从图8-1可知，假设没有固定成本，且边际成本不变，因而MC = AC，垄断厂商均衡产量为Q_m，而完全竞争条件下产量是Q_c。三角形abc表示垄断所导致的社会净福利损失，西方经济学称之为福利三角形。

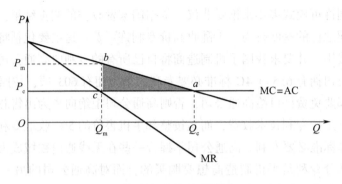

图 8-1 垄断与低效率

②寻租活动的出现。寻租破坏了市场公平，浪费了经济资源。所谓寻租，就是指为了获得或维持垄断地位从而得到垄断利润（即垄断租金）而采取的非生产性的寻利活动。寻租实质上是金钱和权利的交易活动。寻租产生社会净成本，根本无法实现只有竞争市场才能实现的经济效率，无法达到帕累托最优状态。

就购买垄断权利的单个寻租者而言，他愿意花费在寻租活动上的费用不会超过垄断地位给他带来的经济利润。但如果有经济利润可得，便会有新的寻租者参加进来以取得某些经济利润，寻租者之间的竞争抬高了必须对垄断权利支付的价格，结果只能使寻租者获得正常利润的水平，经济利润完全落入最初拥有垄断权利的人的腰包。

创造垄断型的寻租是浪费资源的有代价的活动。例如，从总量上说，在美国，企业花费数十亿美元来游说国会议员、州议员和地方政府官员，以获得特许权和创造进入壁垒以及确立垄断权的法令。

8.2.6 解决垄断造成低效率的措施

既然垄断会造成低效率，那么如何解决这个问题呢？

这主要从反垄断政策与反垄断法方面着手。

1）行业的重新组合。被重新组合的行业竞争程度越高，市场价格越接近于竞争性价格。政府采取的手段可以是分解原有的垄断厂商或扫除进入垄断行业的障碍，并为进入厂商提供优惠条件。

2）对垄断行为的管制可以借助行政命令、经济处罚或法律制裁等手段。

3）反垄断法（又称反托拉斯法）是政府反对垄断及垄断行为的重要法律手段。通过限制贸易的协议和共谋，企图垄断市场和价格歧视，排他性规定、不正当竞争与欺诈性行为等措施，促进竞争。国外的反垄断法主要有《谢尔曼反托拉斯法》（1890年）、《克莱顿法》（1914年）、《联邦贸易委员会法》（1914年）等。我国主要是《中华人民共和国反垄断法》。

垄断造成低效率，无法达到帕累托最优状态，因此，推进行业的重新组合，利用行政命令、经济处罚或法律制裁等监管措施，加强微观经济政策与反垄断法建设，促进市场竞争，使市场的资源配置达到帕累托最优。

案例 8-6

可口可乐收购汇源果汁案

1992年，朱新礼接手了一个停产三年、负债千万元的县办罐头厂，将其更名为山东淄博汇源食品有限公司。一年后，朱新礼采用补偿贸易的方法，引进了德国水果加工设备并安装投产，依靠这一外资利用方式，为汇源争取到了第一批价值500万美元的大订单。1994年10月，朱新礼带领30人左右的队伍北上，创立北京汇源食品饮料有限公司。

2005年3月，汇源分拆果汁产品业务，统一集团斥资2.5亿元，双方共同组建合资公司"中国汇源果汁控股"。当时，汇源的估值已经高达50亿元，统一集团只拿到了5%的股权。2006年7月3日，朱新礼引入达能、美国华平基金、荷兰发展银行和中国香港惠理基金作为战略投资者，融资2.2亿美元。2007年2月23日，汇源成功登陆港交所，筹集资金24亿港元，创造了10年来港交所最大规模的最大公开募股（IPO）。获得在资本市场筹集的资金后，朱新礼带领汇源不断扩大规模，2005年—2008年，汇源相继投建了十余家新工厂，并且布局上下游，接连展开并购。2007年，汇源果汁销售额达到26.56亿元，增长28.6%。根据AC尼尔森报告，2007年，我国果汁饮料市场大幅增长，果蔬汁（包括百分百果汁、中浓度果蔬汁和果汁饮料）是增长最快的软饮料。以价值计，果蔬汁已成为碳酸饮料后第二大饮料市场。截至2007年年底，汇源的百分百果汁及中浓度果蔬汁销售量分别占国内市场总额的42.6%和39.6%，分别比上一年上升1.8个和0.8个百分点，这两项指标继续占据市场领导地位。

2008年上半年，汇源销售额和毛利这两个关键指标第一次出现负增长：上半年销售额12.94亿元，同比下滑5.2%；毛利下跌得更为剧烈，从5.03亿元下滑至3.67亿元，跌幅达到20%以上。2008年9月3日，可口可乐宣布将以每股12.20港元、共179.2亿港元全额收购汇源果汁。交易完成后，朱新礼将以41.53%的股权套现74亿港元。这是当时可口可乐在我国，也是在其发展史上除美国之外最大的一笔收购交易。

根据国务院的规定，如果外资企业并购在中国香港上市的内地企业，满足以下两个条件之一即可达到申请商务部反垄断审查的标准：①2007年，双方在全球范围内的营业额合计超过100亿元，并且双方在我国境内的营业额均超过4亿元；②2007年，双方在我国境内的营业额合计超过20亿元，并且双方在我国境内的营业额均超过4亿元。可口可乐收购汇源达到了这一标准。

2008年9月8日，国内企业欲联名上书反对收购案。

2008年9月18日，商务部收到可口可乐公司收购中国汇源公司的经营者集中反垄断申报材料。

2008年9月19日，可口可乐称已将申请材料递交商务部。

2008年11月6日，商务部表示申请材料尚未达标，未立案。

2008年11月20日，经申报方补充，申报材料达到了《中华人民共和国反垄断法》第二十三条规定的要求，商务部对此项集中予以立案审查。

2008年12月5日，商务部首次表态已立案受理并购案。

2008年12月20日，商务部决定在初步审查的基础上实施进一步审查。

2009年1月6日，商务部表示并购案反垄断审查进入第二阶段。

2009年3月18日，商务部表示，可口可乐并购汇源未通过反垄断调查，因为收购会影响或限制竞争，不利于我国果汁行业的健康发展。商务部具体阐述了未通过审查的三个原因：①如果收购成功，可口可乐有能力把其在碳酸饮料行业的支配地位传导到果汁行业。②如果收购成功，可口可乐对果汁市场的控制力会明显增强，使其他企业没有能力再进入这个市场。③如果收购成功，会挤压国内中小企业的生存空间，抑制国内其他企业参与果汁市场的竞争。

案例评析：

经济学的原理告诉我们，完全竞争市场是资源配置的最有效方式，但在现实经济中，这种完全竞争的市场只是一种理论上的假设。现实经济中的市场主要是由完全垄断、寡头垄断、垄断竞争等构成。垄断的经济损失不仅仅包括由垄断造成的总经济福利的减少，还包括寻租活动的经济损失。市场的不完全性（即垄断的存在）会给社会带来损失，其主要表现是资源浪费和社会福利的损失。同时，为获得和维持垄断地位从而享受垄断的好处，厂商常常需要付出一定的代价。在很多情况下，由于争夺垄断地位竞争非常激烈，寻租代价常常要接近甚至等于全部垄断利润。当今世界上主要的经济发达国家都拥有自己的保护竞争法律体系，如美国的反托拉斯法、日本的反垄断法以及欧洲共同体的竞争政策等。美国是最早颁布反托拉斯法的国家，于1890年颁布了《谢尔曼反托拉斯法》，于1914年颁布了《克莱顿法》和《联邦贸易委员会法》。

2009年3月18日，商务部发布公告，否决了可口可乐公司收购汇源果汁集团有限公司的申请，这是我国自2008年8月1日《中华人民共和国反垄断法》实施以来首个未获通过的案例。作为我国最大果蔬汁生产商的汇源，2007年，其在我国国内百分百果汁市场及中浓度果汁市场占有率分别为42.6%和39.6%，2008年第一季度占中浓度果汁市场56.1%的份额。而2007年可口可乐在我国果蔬汁市场的占有率为9.7%，如果两者合并，将占据我国果汁饮料市场50%左右的份额。《中华人民共和国反垄断法》规定，为了预防和制止垄断行为，保护市场公平竞争，提高经济运行效率，维护消费者利益和社会公共利益，促进社会主义市场经济健康发展，禁止具有竞争关系的经营者达成垄断协议，禁止具有市场支配地位的经营者从事滥用市场支配地位的行为，禁止经营者集中等行为。该法不仅适用于我国境内经济活动中的垄断行为，也适用于我国境外对我国境内市场竞争产生排除、限制影响的行为。反垄断审查的目的是保护市场公平竞争，维护消费者利益和社会公共利益。如果可口可乐和汇源合并，它会对产业的状态造成很大冲击，挤压了国内中小型果汁企业生存空间，影响了整个产业的竞争氛围和竞争结构，给我国果汁饮料市场竞争格局造成不良影响。可口可乐公司可能利用其在碳酸软饮料市场的支配地位，搭售、捆绑销售果汁饮料，或者设定其他排他性的交易条件，集中限制果汁饮料市场竞争，我国的这种饮料产品可能在市场上就逐渐消失了，而更多的是美国可口可乐公司的主导产品，导致消费者被迫接受更高价格、更少种类的产品。同时，由于既有品牌对市场进入的限制作用，潜在竞争难以消除该限制竞争效果。

（资料来源：鲁运超．从汇源并购案看我国反垄断法的作用 [J]．法制与社会，2010(6)：103-104．经整理加工）

> **本节思考**
>
> 我们国家有哪些垄断行业？国家该如何防垄断？

8.3 公共物品该由谁来提供？

8.3.1 物品的划分

我们可以把物品按照所有权划分为私人物品和公共物品。那么，什么是公共物品？什么是私人物品？

慕课 8-3

8.3.2 私人物品的定义及特征

私人物品是指所有权属于个人的物品，具有竞争性和排他性的特征，能够通过市场机制达到资源优化配置的产品。

私人物品的特征如下：

1) 竞争性。如果某人已消费了某种商品，则其他人就不能再消费这种商品了。
2) 排他性。只有购买了商品的人才能消费该商品，不付费就会被排除在消费之外。

8.3.3 公共物品的定义及特征

公共物品是指具有非竞争性和非排他性，不能依靠市场机制实现有效配置的产品。公共物品在消费上或使用上是不排他的。

公共物品的特征如下：

1) 非竞争性。许多人可以同时消费，且增加一个消费者的边际成本为0，即一个人对这种产品的消费不会减少可供别人消费的量（不必排斥他人消费）。
2) 非排他性。无论一个人是否支付了该物品的价格，都能安然享用这种物品（不能排斥他人消费）。

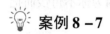 案例 8-7

灯塔的故事

在一个靠海的渔港村落里住了两三百个人，大部分的人都是出海捕鱼为生。港口附近礁石险恶，船只一不小心就可能触礁沉没而人财两失。如果这些村民都觉得该盖一座灯塔，好在雾里、夜里指引迷津；如果大家对于灯塔的位置、高度、材料、维护也都毫无异议，那么，剩下的问题就是怎样把钱找出来，分摊盖灯塔的费用。

村民们怎样分摊这些费用比较好呢？

既然灯塔是让渔船趋福避祸的，就依船只数平均分摊好了！

可是，船只有大有小；船只大的船员往往比较多，享受到的好处也比较多。所以，依船员人数分摊可能比较好！

可是，船员多少不一定是好的指标，该看渔获量。捞的鱼多，收入较多，自然能负担比较多的费用。所以，依渔获量来分摊比较好！

可是，以哪一段时间的渔获量为准呢？要算出渔获量还得有人秤重和记录，谁来做呢？而且，不打渔的村民也间接地享受到美味的海鲜，也应该负担一部分的成本。所以，依全村人口数平均分摊最公平！

可是，如果有人是素食主义者，不吃鱼，难道也应该出钱吗？

可是，即使素食主义者自己不吃鱼，他的妻子儿女还是会吃鱼啊，所以还是该按全村人口平均分摊。

可是，如果这个素食主义者同时也是个独身主义者，没有妻子儿女，怎么办？还是以船只数为准比较好，船只数明确，不会有争议！

可是，如果有人反对：虽然家里有两艘船，却只有在白天出海捕鱼，傍晚之前就回到港里。所以，根本用不上灯塔，为什么要分摊？或者，有人表示：即使是按正常时段出海，入夜之后才回港，但是，因为熟悉状况，所以港里港外哪里有礁石，早就一清二楚，闭上眼睛就能把船开回港里，当然也就用不上灯塔！

好了，不管用哪一种方式，如果大家都（勉强）同意，都好（也许决定是自由捐款）！可是，由谁来收钱呢？在这个没有乡政府和村干部的村落里，谁来负责挨家挨户地收钱保管呢？

好吧，如果有人自告奋勇，或有人众望所归、勉为其难地出面为大家服务，总算可以把问题解决了！可是，即使当初大家说好各自负担多少，如果有人事后赖皮，或有意无意地拖延时日，就是不付钱，怎么办？大家是不是愿意赋予这个"公仆"某些像纠举、惩罚等的"公权力"呢？

案例评析：

灯塔的例子很具体而深刻地反映了具有非竞争性和非排他性，不能依靠市场机制实现有效配置的产品。公共物品在消费上或使用上是不排他的，灯塔所绽放的光芒让过往的船只均蒙其利。可是，其他的东西像面包、牛奶一个人享用了之后别人就不能再享用。灯塔的光线却不是这样，多一艘船享用不会使光芒减少一丝一毫。而且，你在杂货店里付了钱才能得到牛奶、面包；可是，即使你不付钱，还是可以享有灯塔的指引，别人很难因为你不付钱而把你排除在灯塔的普照之外。

和牛奶、面包相比，像灯塔这种公共物品就应该由公共部门来解决。因此，由灯塔的例子可以具体入微地联想到"政府"存在的理由：通过大家认可的方式，由大家决定要有哪些像灯塔之类的公共物品，以及要怎样分摊提供这些公共物品的成本。而且，为了能有效地处理"支出"和"收入"这两方面的问题，大家也愿意让政府拥有某些司法和制裁的权力。

对一般人来说，也许灯塔和实际生活的经验有一段距离，不太能体会里面的曲折。但是，类似的例子多得很。每一个人都可以自问，如果要在自己家附近的巷子里设一盏路灯，钱要由街坊邻居一起分摊，地点要由大家商量决定。那么，你认为怎么做比较好，或者你觉得走夜路没有什么不好，何必劳民伤财……

传统上，经济学者一直认为，灯塔非由政府兴建不可。因为，灯塔散发的光芒虽然可以给过往船只提供便利，但是船只可否认自己真的要靠灯塔指引，或者过港不入；所以，民营的灯塔可能收不到钱。而且，灯塔照明的成本是固定的，和多一艘船或少一艘船无关。因此，灯塔不应该收费，而应该由政府经营。

然而，美国经济学家罗纳德·科斯在其撰写的《经济学中的灯塔》一文中，引述史料，说明在十七八世纪时，英国境内大部分的灯塔都不是政府经营，而是由英皇特许，私人经营，或者是由一个港务公会负责兴建经营。这些"非公营"的灯塔设定了费率，向所有进港的船只收费。

科斯引用的史料很生动。他在文章里面提到有一商人花了40万英镑，在一处险恶的礁石上翻修了一座新的灯塔。但是，在暴风雨中，人和灯塔都被卷入海里。灾难过后，英国政府付给商人遗孀慰问金200英镑和年金100英镑。文章虽然有趣，似乎重点只不过是点出了传统经济学者在论述时不讲求证据的缺失而已。然而，科斯的真正用意是希望借着这篇文章来提醒所有的经济学者：经济学不该只是漂亮的模型、繁复的数学和想当然的推论。对于人的实际行为多做观察和了解，再归纳出一些智慧，这样的经济学或许比较平实可喜。

（资料来源：https://wenku.baidu.com/view/5c577d5a3b3567ec102d8a21.html. 经整理加工）

8.3.4 四种类型的物品

具有非竞争性和非排他性的物品称为公共物品。例如，国防、灯塔、法律等。

具有排他性和竞争性的物品称为私人物品。例如，个人衣服、私人汽车等。

具有竞争性和非排他性的物品，即公有资源。例如，公海的鱼、新鲜空气、公园等。

具有非竞争性和排他性的物品，即自然垄断物品或集体物品。例如，不拥挤的桥梁和道路、互联网、有线电视等。

四种类型的物品见表8-1。

表8-1 四种类型的物品

		竞争性	
		是	否
排他性	是	私人物品 ● 轿车 ● 手机 ● 衣服	自然垄断物品或集体物品 ● 消防 ● 有线电视 ● 不拥挤的收费道路
	否	公有资源 ● 海洋中的鱼 ● 环境 ● 拥挤的不收费道路	公共物品 ● 国防 ● 知识 ● 不拥挤的不收费道路

案例 8-8

为什么黄牛没有绝种？

在非洲的一些国家，由于偷猎者为取得象牙而捕杀大象，大象面临着灭绝的威胁。但并不是所有有商业价值的动物都面临着这种威胁。例如，黄牛是一种有价值的食物来源，但没有一个人担心黄牛将很快绝种。实际上，对牛肉的大量需求保证了这种动物的繁衍。

案例评析：

为什么象牙的商业价值威胁到大象，而牛肉的商业价值是黄牛的护身符呢？原因是大象是公有资源，不具备非竞争性和非排他性，而黄牛是私人物品，具备竞争性和排他性。大象自由自在地漫步而不属于任何人。每个偷猎者都有尽可能多地猎杀他们所能找到的大象的激励。由于偷猎者人数众多，每个偷猎者很少有保存大象种群的激励。与此相比，黄牛生活在私人所有的牧场上。每个牧场主都尽极大的努力来维持自己牧场上的牛群，因为他能从这种努力中得到收益。

政府试图用两种方法解决大象的问题。①一些国家已经把猎杀大象并出售象牙作为违法行为。但这些法律一直很难得到实施，而大象继续在减少。②另一些国家通过允许人们捕杀大象，但只能捕杀作为自己财产的大象而使大象成为私人物品。人们现在有保护自己土地上大象的激励，结果大象开始增加了。由于私有制和利润动机在起作用，非洲大象会在某一天也像黄牛一样安全地摆脱灭绝的厄运。

（资料来源：曼昆. 经济学原理：微观经济学分册 第 4 版 [M]. 梁小民, 译. 北京：北京大学出版社，2006：196-197. 经整理加工）

案例 8-9

公地的悲剧

公共资源（Common Resources）是指那些没有明确所有者，人人都可以免费使用的资源，如海洋、湖泊、草场等资源。公共资源由于产权不清，通常会受到过度利用。著名的寓言"公地的悲剧"就说明了这个问题。

寓言说的是中世纪的一个小镇，该镇最重要的经济活动是养羊。许多家庭都有自己的羊群，并靠出卖羊毛来养家糊口。由于镇里的所有草地为全镇居民共同所有，因此，每一个家庭的羊都可以自由地在共有的草地上吃草。开始时，居民在草地上免费放羊没有引起什么问题。但随着时光流逝，追求利益的动机使每个家庭的羊群数量不断增加。由于羊的数量日益增加，而土地的面积固定不变，草地逐渐失去自我养护的能力，最终变得寸草不生。一旦公地上没有了草，就养不成羊了，羊毛没有了，该镇繁荣的羊毛业也消失了，许多家庭也因此失去了生活的来源。

现实中，有许多公共资源，如清洁的空气和水、石油矿藏、大海中的鱼类、许多野生动植物等都面临与公地悲剧一样的问题，即私人决策者会过度地使用公共资源。对这些问题，政府通常管制其行为或者实行收费，以减轻过度使用。

📝 **案例评析**：

是什么原因引起了公地的悲剧？为什么牧羊人让羊繁殖得如此之多，以至于毁坏了该镇的共有草地呢？实际上，公地悲剧产生的原因在于外部性。当某个家庭增加一只羊到草地上吃草时，就会对草地产生损失，这就是养这只羊的成本。但是由于草地是共有的，养这只羊的这种损失（成本）由全镇所有养羊户共同承担，这只羊的所有者只是分担了其中的一小部分。这就是说，在共有草地上养羊产生了负外部性。某个家庭增加一只羊给其他家庭带来的损失就是这只羊的外部成本。由于每一个家庭在决定自己养多少羊时并不考虑其外部成本，而只考虑自己分担的那部分成本，因此养羊家庭的私人成本低于社会成本，这就导致羊的数量过多。全镇所有养羊家庭都这样做，羊群数量不断增加，直至超过了草地的承受能力。

公地的悲剧说明，当一个人使用公共资源时，就减少了其他人对这种资源的享用。由于这种负外部性，公共资源往往被过度使用。解决这个问题的最简单方法就是将公共资源的产权进行重新构造，使之明确界定，即将公共资源变为私人物品。在本案例中，该镇可以把土地分给各个家庭，每个家庭都可以把自己的一块草地用栅栏圈起来。这样，每个家庭就承担了羊吃草的全部成本，从而可以避免过度放牧。如果公共资源无法界定产权，则必须通过政府干预来解决，如政府管制、征收资源使用费等办法来减少公共资源的使用。

（资料来源：曼昆. 经济学原理：微观经济学分册 第 4 版 [M]. 梁小民，译. 北京：北京大学出版社，2006：193 - 194. 经整理加工）

8.3.5 公共物品如何造成市场失灵？

在了解了物品划分后，我们来分析为什么公共物品会造成市场失灵。

在公共物品的场合，市场之所以失灵，是因为很难得到对公共物品的需求的信息。

首先，单个消费者通常并不很清楚自己对公共物品的偏好程度，更不清楚对公共物品价格与需求的关系。

其次，为不支付或少支付价格，消费者会低报或瞒报对公共物品的偏好。他们在享用公共物品时都想当"免费乘车者"（或搭便车）。搭便车就是不支付成本就得到利益。所以，无法得到公共物品的市场需求曲线进而确定最优数量，从而使市场失灵。

公共物品具有非排他性，导致供给太少甚至没有，即私人不愿意提供这种物品。但这种物品又是必需的，如国家安全、社会稳定等。

公共物品影响到几乎所有居民，而依靠市场机制无法解决，只有国家或者政府来解决公共物品的供给问题。

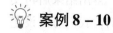

案例 8—10

"搭便车"和囚徒困境

在寝室生活中，卫生是一个令人头疼的问题，往往存在着搭便车现象，我们总是期待着别人的劳动成果，当一个寝室成员整理卫生后，其他室友就可以免费享受干净整洁的环境所带来的好处，而被提供者则无法收回成本。当然，在寝室中，这种搭便车现象造成的后果并不是那么严重。

案例评析：

所谓搭便车现象，是指某种事情产生了正外部性。所谓外部性，是指经济主体（包括厂商或个人）的经济活动对他人和社会造成的非市场化的影响。它分为正外部性和负外部性。正外部性是某个经济行为个体的活动使他人或社会受益，而受益者无须花费代价。负外部性是某个经济行为个体的活动使他人或社会受损，而造成外部不经济的人却没有为此承担成本。例如，在寝室卫生中，某个寝室成员不顾其他人利益，在公共地上，如阳台，随意丢弃垃圾，假设此人对其行为不做任何补偿，对于其他成员来说，其随意丢弃垃圾的结果就是负外部性。但如果一个寝室成员，独自打扫了整个寝室卫生，这不仅给他自己带来舒适愉悦的环境，也给其他寝室成员带来好处，同时他们也不需要为此付出任何成本，这就产生了正外部性，又叫搭便车，即其他寝室成员搭了这个搞卫生的"便车"。这只是从外部效应方面分析，对于产生的外部效应问题，明确产权就可以达到一个有效率的解决结果，但是在寝室生活中，清扫问题作为公共物品，是很难界定产权的。寝室卫生作为一种公共物品，具有公共物品消费的非排他性和非竞争性。对于卫生提供者而言，如果他不能够把那些不劳动而享受舒适环境的人排除在消费之外，他将无法弥补他所付出的劳动。而对于一个消费者而言，由于公共产品的非排他性，公共产品一旦生产出来，每一个消费者都可以不支付就获得消费的权力，每一个消费者都可以搭便车，即其他成员可以不付出任何劳动但又无法阻止他享受清洁环境的成果（就是财政学上所指的"免费搭车"——不承担任何成本而消费或使用公共物品的行为，有这种行为的人或具有让别人付钱而自己享受公共物品收益动机的人称为免费搭车者）。这样的结果似乎是免费搭乘别人的便利，让其他人清扫房间是最优的，但从社会整体角度看，这样做是属于帕累托低效率的。

假设寝室只有两个人——甲同学和乙同学，并将打扫卫生的付出具体化，设定成本是100元。这就存在一个搭便车博弈矩阵（见图8-2）。

		乙同学	
		打扫	不打扫
甲同学	打扫	-50, -50	-50, 100
	不打扫	100, -50	0, 0

图8-2 搭便车博弈矩阵

由博弈矩阵分析可知，这个博弈最终的结果是两人都选择不打扫卫生。当然，在寝室中解决打扫卫生的搭便车问题比较简单，首先我们投票解决是否要打扫卫生，得出结果后再实施具体方案。如果不打扫，那就一起承担脏乱不堪的卫生环境。如果要打扫，我们可以设定每天一个人轮流打扫，如果不遵守就给出相应的惩罚。

但是在社会生活中，搭便车问题就复杂得多。在经济学中，搭便车问题是一种发生在公共财产上的问题，是指经济中某个个体消费的资源超出他的公允份额，或承担的生产成本少于他应承担的公允份额,即一些人需要某种公共财产,但事先宣称自己并无需要,在别人付出代价去取得后,他们就可不劳而获的享受成果。

由于公共物品的非排他性和非竞争性,导致市场在公共物品供给上是无效率的,因此,公共物品的供给主要是由政府来提供的,但也有私人提供的。政府提供公共物品并不等于政府生产全部公共产品,单纯由政府生产和经营公共产品,由于多种原因往往缺乏效率。因此,政府的职能应该是提供公共产品,而不是生产公共产品。特别是对准公共产品,政府常常通过预算或政策安排给企业甚至私人企业进行生产。还有政府也可能通过对生产公共产品的企业进行补贴的方式来鼓励公共产品的生产。

(资料来源:https://wenku.baidu.com/view/26e0c133ee06eff9aef8072f.html. 经整理加工)

8.3.6 政府如何干预公共物品?

政府干预公共物品一般可以有三种途径:

1) 建立公营企业。
2) 委托私人企业生产公共产品。
①签订合同。让私人公司经营公共产品,如基础设施等。
②授予经营权。委托私人公司经营,如自来水、通信、电力等。
③经济资助。对私营的公共物品给予经济资助,如科技、住宅、教育、卫生。
④政府参股。如桥梁、水坝、公路、铁路等。
3) 法律保护私人进入。采取法律手段,允许私人适当进入。

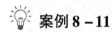

案例 8-11

民企"参军"如何大放异彩?

一、民企也能赚军费

有外媒炒作,2018年中国国防支出预算相比2017年增加约1000亿元,这笔增加的军费将全部用于购置武器装备。军事科学院军民融合研究中心秘书长于川信对此表示,按惯例将只有300多亿元摊到武器装备上,一方面用于调整武器装备的规模,另一方面是向新质装备转化。"由于装备成本上涨,2018年的武器装备投向投量与往年相比没有大的波动。"

有媒体报道,中国首艘国产航母的军民融合率接近80%,也就是说,研制首艘国产航母的配套单位多数来自非军工企业。于川信对军民融合率的说法持怀疑态度,但他表示,装备费无论用于装备研制还是装备发展,军民融合的比例正逐年增高,规模不断扩大,内容不断丰富。

"除国外引进的武器装备和军队自身研发以外,国内生产的武器装备全部来自军工集团以及与军工集团配套的企业。这就是军民融合的一大特点。"自2015年军民融合上升为国家战略后,民营企业越来越多地参与国防项目,京东、顺丰的无人机便是后勤领域的军民融合案例。那么,民营企业是否也能在军费上分到一杯羹?答案是肯定的。

专注于军民融合领域十多年的于川信,打过交道的民营企业不计其数,北京中航智科技有限公司给他留下了深刻印象。该公司研究生产载重无人直升机，不到三年，载重量1.5t的无人直升机研发成功。"军方已经采购该公司的无人机，拨给他们预研费和采购费。"于川信表示。

那么，我国的彩虹-4察打一体无人机已经列装，为何还要采购民企研制的无人机？"民企紧紧瞄准了军队发展的需求。彩虹-4察打一体无人机定位于高空、远程，民企无人机定位于低空、大载重量运输，这既是军方急需，又是军工集团的空缺。"于川信说。

民企参与国防项目通过两种方式盈利：一种是军队通过竞标方式采购部分装备和技术，民企如果成功竞标将直接获得这部分军费；另一种是民营企业通过军工集团装备配套，由军工集团向民营企业拨款获得。于川信同时提醒，民营企业创新是重点，但要量力而行，不能"伤筋动骨"。

二、将先进技术纳入国防军队

类似于北京中航智科技有限公司这样的已经获得军品配套资格的民企，我国目前大约有3000家，它们已经进入我国军工一线采购，成为军工生产配套企业，有的甚至成为分集成单位、总集成单位。"军民融合就是把最好、最先进、国际领先的技术纳入军队和国防建设，只有这样，我国武器装备才能在世界顶端占有一席之地。"于川信表示。

"'与国际竞争，跟世界赛跑，与全球对话，跟未来较量'这四句话，是我们把握军民融合国家战略的基本视角。"于川信表示，建设世界一流军队，需要加快推进军民融合战略的有效实施，这就需要我们聚合民族之智、国家之力、军地之长、企业之能。

目前，军工集团、地方以及军队三大领域的科研院所是我国军事装备研制的基本架构。生产一架飞机、一艘舰艇、一枚导弹就要有上千家配套企业进来，这对于军工企业、科研机构和民营企业就是一个大的军民融合过程。"这个过程就是我们打破靠国外引进武器装备的局限，冲破容易受制于人窘境的重要途径和手段，只有这样才能真正实现从国外引进向自主研发和自主创造转变。"

据统计，2009年以来，民参军企业68%来自信息化领域。"北斗导航设备、导弹光电器件、航空航天配套软硬件、舰船配套装备、航空发动机新材料和通用航空等领域，目前出现了一批新兴的军品二、三、四级配套企业。部分新兴市场主体已经获得分系统总装订单，特别是在电子技术、计算机技术、制造技术和材料技术等方面，信息技术呈现快速增长。"于川信说。

📝 案例评析：

国防是公共物品。公共物品具有非排他性，导致供给太少甚至没有，即私人不愿意提供这种物品，但这种物品又是必需的。

国防对于一个国家的安全至关重要，涉及世界和平、民族的独立、人民生活的幸福。但是，国防建设是非常花钱的事情，近年来，我国在强军道路上迈出了很大步伐，随着国家实力的增强，军费也在不断增加，空军、海军、陆军、信息化部队都得到了长足的进步和发展。国防这个特殊的行业，这些成就的取得离不开国家的巨大投入。而这些单靠政府也不能完全满足国防需求。首先，国防产品种类多，涉及各个方面，国家无法全部涉及。其次，国家主要提供制度安排，一些产品可以市场化运作，关键技术由国家军工单位提供，一些市场可以提供的服务交给市场运作，使资源配置最优化。案例中就是通过制度安排、搭建平台，准许私人企业进入国防产品的提供，来完成军民融合。

（资料来源：https://www.sohu.com/a/225691287_313834. 经整理加工）

本 节 思 考

政府只要进行好的制度安排，私人为什么也可以较好地提供像国防一类的公共产品（如军民融合发展）？

8.4 我们的行为如何影响别人的生活？

8.4.1 外部性的定义及类型

慕课8-4

外部性又称外部影响，是指某个人的一项经济活动给其他人的福利造成了好的或坏的影响，但并没有得到相应的报酬或者相应的补偿。

外部影响的类型如下：

1）正外部影响（外部经济）。这时，社会收益 > 私人收益。
2）负外部影响（外部不经济）。这时，社会成本 > 私人成本。

1. 外部经济

外部经济是指某个家庭或厂商的一项经济活动给其他家庭或厂商带来好处，但他自己却不能由此而得到报酬，这项经济活动使私人收益小于社会收益。

外部经济包括生产的外部经济与消费的外部经济。

生产的外部经济是指生产者的经济行为产生了有利于他人的良好影响，自己却不能从中取得报酬。例如：蜜蜂的生产者，传播了花粉；上游居民种树，保护水土，下游居民的用水得到保障。

消费的外部经济是指消费者的行为对他人产生了有利的影响，自己却不能从中得到补偿。例如，养花观赏的人给养蜂人和邻居带来了好处。

2. 外部不经济

外部不经济是指某个家庭或厂商的一项经济活动给其他家庭或厂商带来危害，但自己却并不为此支付足够抵偿这种危害的成本。这项经济活动使私人成本小于社会成本。外部不经济包括生产的外部不经济与消费的外部不经济。

生产的外部不经济是指生产者的行为给他人造成了损害，但没有给他人予以补偿。例如：造纸厂的"三废"；木工装修房子所产生的噪声；上游伐木造成洪水泛滥和水土流失，对下游的种植、灌溉、运输和工业产生的不利影响。

消费的外部不经济是指消费者的行为给他人造成了损害，但没有给予补偿。例如吸烟、某人在三更半夜大声唱卡拉 OK、放鞭炮的噪声及污染。

案例 8-13

果园边的养蜂人

一个养蜂人在果园周围养蜂，在蜜蜂采蜜过程中，顺带提高了果树的授粉率，果园的产量就会增加，但果园主人不需要支付费用给养蜂人。

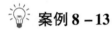案例评析：

这是生产的外部经济，生产者的经济行为产生了有利于他人的良好影响，自己却不能从中取得报酬。养蜂人在果园周围养蜂，在蜜蜂采蜜过程中，自己获得蜂蜜，蜜蜂在采蜜过程中顺带提高了果树的授粉率，这样果园的产量就会增加，但果园主人不需要支付费用给养蜂人。对于双方来说都得到了好处，养蜂人并没有因为果园主人获益而损失收益，是双赢的结果。

（资料来源：董彦龙，王东辉. 微观经济学建议案例教程［M］. 武汉：武汉大学出版社，2014：146. 经整理加工）

案例 8-13

当"广场舞"成了噪声公害

"请遵守《中华人民共和国环境噪声污染防治法》，立即停止违法行为！"2014 年 3 月 29 日下午，在一阵急促的警报声后，温州市区松台广场上空不断地回荡着这句话。声音是从松台广场对面新国光商住广场 C 幢 4 楼平台发出的。平台上架了 6 个大喇叭，正对着松台广场，目的就是对抗不堪其扰的广场舞。从当天下午 2 点开始，"警告声"一直播放到傍晚 5 点多。一些广场舞大妈实在受不了了，陆续打道回府。

扯着大喇叭，对着居民区大放"民族风"的广场舞，已经成为不少城市居民的心头之患。跳舞的也不是没道理，这是强身健体、陶冶情操的娱乐方式，还能锻炼社交能力。只是，苦了附近的居民，喇叭震天响，睡也睡不着，弄得小区的房子转手都困难；去说理吧，还架不住跳舞的人多势众，急火攻心，难免就有了过激行为。

仅以 2013 年为例，4 月，成都一小区几家临街住户由于长期受广场舞音乐困扰，一气之下向跳舞人群扔水弹；8 月，北京昌平区，由于邻居跳广场舞音响声音过大影响了自己休息，56 岁的施某拿出家中藏匿的双筒猎枪朝天鸣枪，还放出饲养的 3 只藏獒冲散跳舞人群；10 月，武汉一小区内正在跳广场舞的人群遭楼上业主泼粪……眼下，温州的高音炮，虽属于"功能型武器"，实在也是不得已之举。据说 2013 年 10 月，在业委会的牵头下，温州新国光商住广场 600 余位住户一起出钱，凑了 26 万元，买了一套扩音设备"还击"广场舞音乐。这份"齐心协力"比交物业费爽快许多，也足以窥见两者之间的纠葛之深、"广场舞"的扰民之烦。

地方部门也没闲着，2014 年年初，温州鹿城区还发布了"广场舞公约"，并由公安、环保、城管等部门联合执法。只是，这就像猫抓老鼠的游戏，执法人员来了，大妈们就调低音量，走了又调高。跳舞也是合理的民生需求，噪声则是明显的污染，地方部门也管了问了，但这样的症结还是悬而未解，究竟谁该对此担责？禁止与对抗都不是办法，舞还得跳，但又不能影响居民的正常生活，公共服务部门有责任和义务去协调两者间的矛盾。

案例评析：

该案例反映了负外部效应的存在。负外部效应又称外部不经济，是指未能在价格中得以反映的，对交易双方之外的第三者所带来的成本。负外部效应的实质是，产品或服务的价格不能充分反映用于生产或提供这种产品或生产要素的社会边际成本。在该案例中，广场舞大妈在自身娱乐的同时，给他人带来强烈的负的外部性，而广场舞大妈并未向邻居支付任何损失的费用。因此，广场舞饱受非议。

（资料来源：赵娟霞. 西方经济学案例教程 [M]. 太原：太原大学出版社，2016：152－153. 经整理加工）

8.4.2 外部性的影响

1. 外部性对资源配置的影响

为什么外部影响会导致资源配置的失当？一般而言，在外部经济的条件下，私人活动的水平常常要低于社会所要求的最低水平，而在外部不经济的情况下，私人活动的水平常常要高于社会所要求的最优水平。各种形式的外部影响的存在造成了一个严重后果：完全竞争条件下的资源配置将偏离帕累托最优状态。换句话说，即使假定整个经济仍然是完全竞争的，但由于存在外部影响，整个经济的资源配置也不可能达到帕累托最优状态。"看不见的手"在外部影响面前失去了作用。

2. 外部性导致市场失灵

在完全竞争的市场中，当存在只增加社会福利而不增加个人收益的正外部性时，企业和个人的产量可能会低于社会最优产量；当存在只增加社会成本而不增加个人成本的负外部性时，企业和个人的产量可能会超过社会最优产量。因此，外部性的存在使私人的边际成本或边际收益与社会的边际成本或边际收益发生背离。个人在做出决策时，为了实现个人利益最大化，往往会忽略其行为带给他人或其他企业的效益或成本，从而使竞争的结果变得没有效率，资源的配置达不到最优水平，最终导致整个社会福利下降。

正外部性和资源配置的低效率：以教育为例。

从图 8－3 中我们可以看出，由于教育的社会价值大于私人价值，因此社会的价值曲线在需求曲线之上。在社会的价值曲线和供给曲线（代表成本）相交之处得到了最优

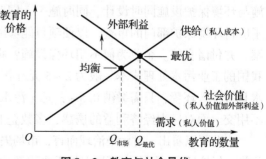

图 8－3 教育与社会最优

量。因此，社会最优量大于私人市场决定的数量。

由此我们得到，即使存在正外部性的情况，市场调节也不能实现最优化效率，实现的效率必然是低效率。具有外部经济的物品供应过少。

负外部性和资源配置的低效率：以铝生产污染为例。

从图8-4中我们可以看出，假设铝工厂排放污染物，产生负的外部性，使生产铝的社会成本大于私人成本。因此，社会成本曲线在供给曲线之上，生产铝的私人厂商的最优产量大于社会的市场需求量。外部性导致出现资源配置低效率。

总之，负外部性使市场生产的数量大于社会最优的数量，正外部性使市场生产的数量小于社会最优的数量。

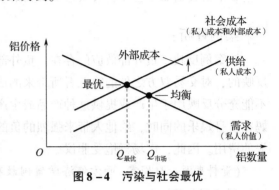

图8-4 污染与社会最优

案例8-14

污水处理设施为何不能正常运转

2007年8月2日，《中国环境报》报道，云南省环境监察总队针对九湖流域周边的13家污水处理厂进行了突击检查，发现正常运行的仅有7家，6家不能正常运行。滇池、抚仙湖、星云湖、杞麓湖、阳宗海这五湖流域内不能正常运行的6家污水处理厂中，呈贡县污水处理厂、澄江县污水处理厂、江川县污水处理厂以运行成本高、资金缺口大和污泥量少为由，未经环保部门同意，长期停止运行污泥脱水机。云南的情况从侧面反映了我国污水处理的现状。国家环境保护总局于1984年—1987年进行了全国工业废水处理设施运行情况的调查，在调查的5556套工业废水处理设施中，因报废、闲置、停运等原因没运行的设施占32%，运行处理设施占68%。而在运行的处理设施中，有52.4%的设施有效运行率不足50%，只有30.7%的设施有效运行率大于80%，有6.9%的设施有效运行率为50%~80%，设施的总有效运行率为4.9%。

案例评析：

企业闲置、停运环境保护设施，造成了资源的闲置和浪费。企业为什么要建设环境保护设施（污水处理设施）？根据我国的环境保护政策，新建项目必须执行"三同时"（主体设施与环境保护设施同时设计、同时施工、同时投产运营），否则，项目不会被批准。企业为了应付环境保护部门的审查，以便项目能够顺利建设，只能将建设环境保护设施列入建设方案，并付诸实施。企业为何不用环保设施？据有关专家研究和环保部门的统计资料，目前，我国的工业污水处理成本一般为2~5元/t污水，高的甚至超过10元/t污水。如果企业将污水直接排入环境，只需缴纳0.5~3元/t污水的排污费。如果将污水偷偷排放，连排污费也不用交。面对巨大经济利益的诱惑，多数企业选择停运环境保护设施。

由此可以看出，对污染治理而言，市场失灵也十分突出。市场机制不能保证企业主动治理污染，保护环境。因此，环境保护需要依靠政府。正是基于这一点，20世纪80年代，世界银行在总结发达国家经验的基础上,提出了"经济靠市场,环保靠政府"。为了提高污水处理设施的运行率,政府可以采取提高排污收费标准、加大环境保护执法力度、信息公开等措施。

(资料来源:刘华,李克国. 经济学案例教程 [M]. 大连:大连理工大学出版社,2007:164. 经整理加工)

8.4.3 如何解决外部性产生的资源配置低效率问题?

解决外部性产生的资源配置低效率问题通常有两种途径:①政府的反外部性计划;②自愿协商——科斯定理与权利界定。

1. 政府的反外部性计划

(1) 命令与控制政策——管制

对于社会的外部成本远远大于生产者的利益的情形,政府可以通过规定或禁止某些行为来解决外部性。社会不是要完全消除污染,而是要权衡成本与利益,以便决定允许哪种污染以及允许多少污染。环境管制可以采取多种形式,如规定最高污染水平,要求企业采用某项减少污染量的技术等。

(2) 以市场为基础的政策

1) 矫正性税收与补贴。政府通过以市场为基础的政策向私人提供符合社会效率的激励来使外部性内在化。用于纠正负外部性影响的税收称为矫正税,这种税也被称为庇古税。一种理想的矫正税应该等于由负外部性活动引起的外部成本,而理想的矫正补贴应该等于由正外部性活动引起的外部利益。

2) 可交易的污染许可证。政府还可以通过发放数量有限的污染许可证来保护环境,这样就创造了一种新的稀缺资源。只要存在一个污染权的自由市场,无论最初的配置如何,最后的配置都将是有效率的。

2. 自愿协商——科斯定理与权利界定

科斯定理的含义是:如果产权得到明确界定,协商或谈判等活动发生的交易成本为零或很小,那么在有外部性效应的市场上,无论所涉及资源的产权属于哪一方,交易双方总能通过协商谈判达到资源配置有效率的状态。

1) 当一个企业给另一个企业带来外部性时,两个企业可以通过合并把外部性内部化。

2) 利益各方也可以通过签订合约来解决问题。

由于外部性的存在,我们的行为会影响别人的生活。这就是为什么无序管理的广场舞会产生如此多的社会问题;这也是为什么禁止那些对日常生活有危害的社会现象,鼓励那些对社会有益的行为。

📝 知识链接

碳交易与科斯定理

碳交易是温室气体排放权交易的统称。在《京都议定书》要求减排的6种温室气体中,二氧化碳为最大宗,因此,温室气体排放权交易以每吨二氧化碳当量为计算单位。在排放总量控制的前提下，包括二氧化碳在内的温室气体排放权成为一种稀缺资源，从而具备了商品属性。

联合国政府间气候变化专门委员会通过艰难谈判于 1992 年 5 月 9 日通过了《联合国气候变化框架公约》。1997 年 12 月，《联合国气候变化框架公约》第 3 次缔约方大会在日本京都通过了《京都议定书》（简称《议定书》）。《议定书》把市场机制作为解决以二氧化碳为代表的温室气体减排问题的新路径，即把二氧化碳排放权作为一种商品，从而形成了二氧化碳排放权的交易，简称碳交易。

2011 年 10 月，国家发改委印发《关于开展碳排放权交易试点工作的通知》，批准北京、上海、天津、重庆、湖北、广东和深圳七省市开展碳交易试点工作。

全国碳排放权交易市场主要包括两个部分：①交易中心，落地上海；②碳配额登记系统，设在湖北武汉。

从经济学的角度看，碳交易遵循了科斯定理，即以二氧化碳为代表的温室气体需要治理，而治理温室气体则会给企业造成成本差异。既然日常的商品交换可看作一种权利（产权）交换，那么温室气体排放权也可以进行交换。由此，借助碳权交易便成为市场经济框架下解决污染问题最有效率的方式。这样，碳交易把"气候变化"这一科学问题、"减少碳排放"这一技术问题与"可持续发展"这个经济问题紧密地结合起来，以市场机制来解决这个集科学、技术、经济于一体的综合问题。需要指出的是，碳交易本质上是一种金融活动，一方面，金融资本直接或间接投资于创造碳资产的项目与企业；另一方面，来自不同项目和企业产生的减排量进入碳金融市场进行交易，被开发成标准的金融工具。在环境合理容量的前提下，政治家们人为规定包括二氧化碳在内的温室气体的排放行为要受到限制，由此导致碳的排放权和减排量额度（信用）开始稀缺，并成为一种有价产品，称为碳资产。碳资产的推动者是《联合国气候变化框架公约》的缔约国及《京都议定书》的签署国和地区。这种逐渐稀缺的资产在《京都议定书》规定的发达国家与发展中国家共同但有区别的责任前提下，出现了流动的可能。另外，减排的实质是能源问题，发达国家的能源利用效率高，能源结构优化，新的能源技术被大量采用，因此本国进一步减排的成本极高，难度较大。而发展中国家，能源效率低，减排空间大，成本也低。这导致了同一减排单位在不同国家之间存在着不同的成本，形成了高价差。发达国家需求很大，发展中国家供应能力也很大，国际碳交易市场由此产生。

（资料来源：https：//baike.baidu.com/item/%E7%A2%B3%E4%BA%A4%E6%98%93/2236686？fr=aladdin. 经整理加工）

> 💡 **案例 8-15**
>
> ### 全国碳交易市场正式启动

我国碳交易从确定试点至今热度仍未退去，反而即将带动一股新的交易热潮。未来我国碳交易市场的交易量将为 30 亿~40 亿吨/年，现货交易额最高有望达到 80 亿元/年，实现碳期货交易后，全国碳交易市场规模最高或将高达 4000 亿元，成为我国仅次于证券交易、国债之外第三大的大宗商品交易市场。

2017 年，我国启动全国碳交易市场。实际上，自 2011 年我国确定 7 个碳交易试点、进入碳交易元年起，不少人开始对这个陌生的词汇有了模糊的印象。随着北京、深圳等试点城市接连启动交易，中央在各项政策、表态中愈发频繁地提及碳排放权交易，各界对于碳排放权交易也逐渐熟悉了起来，呼吁建立全国统一碳交易市场的呼声越来越响亮。7个碳交易试点的碳排放权交易总量已占当地碳排放总量的40%以上，高耗能产业基本都被涵盖其中，各地实施交易后，碳排放降幅比同类非试点地区明显增加。

其实，不论目前碳交易遇到多少阻碍，业界仍然对未来碳交易市场对减排甚至吸引资本的积极作用抱有较大信心。2020年后，我国纳入碳交易的行业、企业范围进一步扩大，根据测算，未来我国碳交易市场的年交易量将达到30亿~40亿吨，明显超过欧盟的20亿吨。这意味着全国市场启动后，我国将形成世界最大的碳交易市场，并且体量还将继续增加，因此未来全国统一碳交易市场时，我国将占有相当大的优势。

案例评析：

西方经济学一个重要的理论是外部性问题。外部性是指某种经济活动给与这项活动无关的主体带来的影响，分为正外部性和负外部性。正外部性是指一项活动给与这项活动无关的主体带来的有利影响（利益），施加这种影响的人没有因此而得到报酬。负外部性是指一项活动给与这项活动无关的主体带来的不利影响（损失），施加这种影响的人没有因此而付出代价。

二氧化碳等有害气体的排放问题在经济学中被称为负外部性问题，意思是产生这些有害气体的主体虽然给周围的人带来了危害，但却没有支付任何补偿。由于产生有害气体的主体多为生产企业，这些企业的目标是追求利润最大化。负外部性使这些企业的生产成本小于社会成本，企业选择的产量必然大于社会最优产量，从而使产生的污染气体数量大于社会所能承受的最大数量，这就加速了温室效应的形成，对环境造成严重破坏。

全球环境恶化使减少二氧化碳等温室气体的排放变得十分必要。这一问题从经济学的角度看就是如何有效地校正负外部性。因此，解决问题的关键是如何让企业为过去无偿排放的有害气体付出应有的代价，这样会提高这些企业的生产成本，激励企业减少有害气体的排放。

校正负外部性传统上主要依靠政府的力量来实现。一种是由政府直接管制，即规定企业的排污量。这种方法的优点是力度大，实施速度快；缺点是不管各企业排污能力的差异，采用统一标准，这会增加排污的社会成本，不是最有效率的方法。另一种是政府征收庇古税，即企业可以自行选择排污量，但是每排出一单位的污染物，就要依法纳税。这种方法的优点是企业可以自主选择排污量，如果单位减排成本小于庇古税，则选择减排，反之则选择排污，这时社会的排污总成本比直接管制时低；缺点是庇古税税率由政府制定，难以准确反映排污权的稀缺程度。

面对政府解决外部性问题的局限性，美国经济学家科斯运用可交易产权的概念，提出了著名的科斯定理，为解决外部性问题带来了新的思路。

科斯认为，如果把排污权视为一种归属明确的权利，则可以通过在自由市场上对这一权利进行交易而使社会的排污成本降为最低。排污成本低于排污权市场价格的企业会把权利出售给排污成本高于排污权价格的企业，这样，在保持排污总量不变的情况下，排污成本高的企业会多排污，而排污成本低的企业会少排污。可交易污染市场及当前的碳交易市场的形成和运行所依据的理论正是科斯定理,所以科斯定理就是形成碳交易市场的主要经济理论基础。发挥科斯定理的作用,必须建立在明晰产权、降低交易成本及合理分配初始权利的基础上。以科斯定理为主要理论依据建立起来的国际碳交易市场,也必须在妥善解决上述三个问题后才能有效运行。

我国是世界上第二大二氧化碳排放国,这意味着我国的减排空间很大。由于我国企业的减排成本比发达国家的减排成本低,因此可以通过减排技术将排放量减少,将省下的排放权出售给其他国家的企业,交易结果是双赢的。

(资料来源:蔡越坤. 全国碳交易市场启动倒计时规模高达 4000 亿 [N]. 北京商报,2016-04-08(4). 经整理加工)

案例 8-16

解决两个企业争端的办法

在一条河的上游和下游各有一个企业,上游企业排出的工业废水经过下游企业,造成下游企业的河水污染,为此两个企业产生了矛盾,上游企业与下游企业各自强调自己的理由,怎样使上游企业可以排污,下游企业的河水不被污染呢?对此,经济学学家科斯给出了两个好办法:①两个企业要明确产权;②两个企业可以合并。

案例评析:

科斯定理是经济学家科斯提出通过产权制度的调整,将商品有害的外部性市场化和内部化。按照科斯定理,有两个办法可以解决这个问题:①两个企业要明确产权;②两个企业可以合并。明确产权后,上游企业有往下游企业排污的权利,下游企业有河水不被污染的权利。上下游企业进行谈判,上游企业要想排污将给予下游企业一定的赔偿,上游企业会在花钱治污与赔偿之间进行选择。总之,只要产权界定清晰并可转让,那么市场交易和谈判就可以解决负外部性问题,私人边际成本与社会边际成本就会趋于一致。除明确产权外,还有使有害的外部性内部化办法。按照科斯定理,通过产权调整使有害的外部性内部化,将这两个企业合并成一家,合并为一家后,必然减少上游对下游的污染,因为是一个企业,有着共同的利益得失,上游企业对下游企业的污染会减少到最小限度,即上游生产的边际效益等于下游生产的边际成本。例如,一个湖泊里的鱼的数量是有限的,大家都来捕鱼,鱼越捕越少。对于这种情况有什么解决办法呢?湖泊里捕鱼太多会使鱼的数量越来越少,这就是有害的外部性。解决这个问题可用明确产权的办法,即由某一个企业或个人来承包这个湖泊的捕鱼作业;也可用征税的办法,即对捕鱼者征税,并把税收用于投放鱼苗;还可以用法律手段明确规定休渔期禁止捕捞的时间。

(资料来源:https://wenku.baidu.com/view/b8f00b1352d380eb62946d9e.html. 经整理加工)

本节思考

采用道德规范和社会约束能否解决外部性问题呢?

8.5 信息社会你了解信息吗？

8.5.1 不完全信息的定义及分类

慕课 8-5

不完全信息是指市场上买卖双方所掌握的信息是不对称的，一方掌握的信息多些，一方掌握的信息少些。例如，投保人与保险公司，贷款人与银行。

不完全信息包括两种情况：①有些市场卖方所掌握的信息多于买方，商品市场和要素市场上都有这种情况；②有些市场买方所掌握的信息多于卖方，保险与信用市场上有这种情况。

> **案例 8-17**
>
> **从南京到北京，买的没有卖的精**
>
> 俗话说："从南京到北京，买的没有卖的精。"这其中的道理就是信息不对称。我国古代有"金玉其外，败絮其中"的故事，讲的是商人卖的货物表里不一，由此引申为某些人徒有其表。在商品中，有一大类商品是内外有别的，而且商品的内容很难在购买时加以检验。人们或者看不到商品包装内部的样子，或者看得到却无法用眼睛辨别产品质量的好坏。显然，对于这类产品，买者和卖者了解的信息是不一样的。卖者比买者更清楚产品实际的质量情况。这时，卖者很容易倚仗买者对产品内部情况的不了解欺骗买者。
>
> 为消除因信息不对称造成的消费者对产品的不信任，精明的商家想了很多办法。在大商场某一生产鸭绒制品的公司开设了一个透明车间，当场为顾客填充鸭绒被，消除了生产者和消费者之间由信息不对称导致的不信任。

案例评析：

非对称信息是指市场上买卖双方所掌握的信息是不对称的，一方掌握的信息多一点，另一方掌握的信息少一些。"从南京到北京，买的没有卖的精"，这其中的道理就是信息不对称。由于信息不对称，价格对经济的调节就会失灵。例如，即使某商品降价，消费者也未必购买，消费者还以为是假冒伪劣商品；某商品即使是假冒伪劣商品，提高价格后，消费者还以为只有真货价格才高。这就是市场失灵造成的市场的无效率。

（资料来源：https://doc.mbalib.com/view/2681f51fd774b663bbbfc672cd6a20fb.html. 经整理加工）

8.5.2 不完全信息与市场失灵

那么，不完全信息如何导致市场失灵呢？制度经济学认为，经济学活动者的经济理性是不完全的，因此他们掌握的经济信息也是不完全的，信息不完全会在经济学活动中产生交易成本，信息不完全突出表现在委托－代理关系上。

信息经济学认为，个体决策不能确定地预测其行动的收益或效用，决策者具有不完全信息，在不确定条件下的选择，其博弈是不完全博弈。

不完全信息表明可靠的信息对于生产者和消费者都是有代价的，即交易成本，从而使市场活动不再实现帕累托最优状态，导致市场失灵。

那么，信息不对称会产生哪些问题呢？

1. 逆向选择

逆向选择是指在买卖双方信息不对称的情况下，差的商品总是将好的商品驱逐出市场。以次品市场（又称柠檬市场）为例：假定某人以15万元买了一辆汽车，使用一个月后汽车运行良好，没有任何质量问题，但此时由于急用钱或其他什么原因，他想以10万元卖掉。若旧车市场有100辆汽车，高、低质量的各占50%，再假设高质量的最低卖价为10万元，低质量的最低卖价为5万元。买主确定平均质量的旧车价格为10万元×50% + 5万元×50% = 7.5万元。这样一来，高质量车退出市场，只有低质量车成交。所以，在信息不对称的情况下出现了"劣币驱逐良币"的现象。

2. 道德风险

道德风险是指由隐藏行为造成的一些交易参与人行为变得不道德、不合理并损害其他交易人利益的情况。例如，保险市场，有些人故意隐瞒病史，为了获得保险理赔，参加健康医疗保险，这样在保险公司不知情的情况下，给保险公司带来损失。

3. 委托 – 代理问题

委托 – 代理问题是指由于信息不对称，处于信息劣势的委托人难以观察、知道代理人的全部和真实行为，代理人为了追求自己的利益而违背委托人利益的行为。例如，某上市公司的总经理利用权力和信息优势，在投资过程中收受别人财物，故意把关不严，谋取不正当利益，致使公司损失5000万元，从而严重损害股东利益。

案例 8 – 18

为什么劣币会驱逐良币？

"劣币驱逐良币"是经济学中的一个著名定律。该定律是这样一种历史现象的归纳：在铸币时代，当那些低于法定重量或者成色的铸币——"劣币"进入流通领域之后，人们就倾向于将那些足值货币——"良币"收藏起来。最后，良币将被驱逐，市场上流通的就只剩下劣币了。然而，"劣币驱逐良币"的困境并不是无法摆脱的，只要使信息流动充分，优劣区分明确，这个问题就能解决。

应该说，劣币与良币是可以共存的，不同品质或等级的物品和行为共存都是很正常的。乡镇企业生产的几十块钱一双的运动鞋并不会驱逐几百上千块钱一双的耐克运动鞋，反之亦然。这里的关键是运动鞋市场上有一个信息对称的竞争环境和市场定价机制。这种机制使不同的鞋有不同的市场价格，消费者各取所需。然而，如果乡镇企业的运动鞋可以私自挂上耐克的商标而不受到追究，所有的企业就都会去生产这种成本低、利润高的运动鞋了。这时，"劣币驱逐良币"原则就发挥作用了。可以看出，充分的竞争环境和完整的信息是市场正常运行的保障。那么，这种保障如何获得呢？

继续分析二手车市场的例子，我们很容易就会替卖高质量车的人想到解决问题的办法。

例如，你可以告诉买者你卖的是高质量车，如果买者不信，你可以负担全部或者大部分费用找专家检验汽车；或者与买者达成一份具有法律效力的合同，规定如是低质量车则包赔一切损失，等等。这样一来，买车的人很容易就可以借此判断出车的质量，因为只有高质量车的卖者才敢承担费用请人验车，卖低质量车的人大部分是不敢做这样的事的。这实际上是在做信号传递的工作，这是一种克服市场无效率的方法。

在人才市场上也存在着信息不对称的问题，应聘者往往比雇主更清楚地知道自己的能力。设想市场上有两种应聘者——高能者和低能者。二者都积极地向雇主传递自己能力很高的信息，尤其是低能者要想方设法地把自己伪装成一个高能者。这时候，教育程度就成为一种可信的传递信号的工具。那些上过名牌大学的人一般来说要比普通学校的学生更聪明勤奋，也更专注，更有自制力。当然，高学历也不一定就意味着高能力，名牌大学有时候也会出现一些能力及知识较差的学生，但是在没有更好的选择的情况下，雇主们只能相信学历所传递的信号了。信号传递的模型是哈佛大学教授迈克尔·斯宾塞提出的，他因此与阿克洛夫同获2001年度的诺贝尔经济学奖。

当斯宾塞在哈佛大学读博士时，他观察到一个很有意思的现象：很多MBA的学生在进哈佛之前很普通，但经过几年哈佛的教育再出去，就能比教授多挣几倍甚至几十倍的钱。这使人禁不住要问为什么，哈佛的教育难道真有这么厉害吗？斯宾塞研究的结果是：教育不仅仅具有生产性，更重要的是，教育具有信号传递的作用。

由此可见，真正的"优胜劣汰"规则适用的是信息充分、竞争充分的环境，而现实生活往往没有那么完美，我们所能依赖的只有各种各样或真或假的信号了。

案例评析：

逆向选择是指由于交易双方信息不对称和市场价格下降产生的劣质品驱逐优质品，进而出现市场交易产品平均质量下降的现象。传统的市场竞争机制得出的结论是"优胜劣汰"，可是，在信息不对称的情况下，市场的运行可能是无效率的，并且会得出"劣币驱逐良币"的结论。产品的质量与价格有关，较高的价格导致较高的质量，较低的价格导致较低的质量。"劣币驱逐良币"使市场上出现价格决定质量的现象，因为买者无法掌握产品质量的真实信息，这就出现了低价格导致低质量的现象。

（资料来源：https：//doc.mbalib.com/view/2681f51fd774b663bbbfc672cd6a20fb.html. 经整理加工）

案例 8–19

保险市场和道德风险

随着国内汽车市场的快速发展，私家车呈现出超常规增长之势，汽车保有量已达2.33亿辆，创下历史新高。与之相辅相成的是，私家车投保也成为车主的明智选择，由此还拉动了车险市场的持续增长。投保车辆出险索赔是被保险人的正当权益，可由于道德风险的存在，有一些心术不正的人采用种种伎俩骗取保险赔款，这种现象不仅引起社会高度关注，也给保险公司带来警示。

看点一：据《海峡导报》报道，揭秘"豪车骗保团"，骗保集团花500多万元，买下4部宝马、3部奔驰，专门用来撞，撞8次骗200多万元，以此类推，作案20次即可回本。奔驰、宝马的一个大灯要几万元，撞坏发动机能赔几十万元。骗保集团自己修"自己"的车，他们拿到的发动机价格才几万元，差价达到10多倍，利润惊人。

看点二：一位私家车主买了一辆二手奔驰高档轿车，为了骗取高额的保险赔偿金，竟设计演绎了一出自己焚烧奔驰轿车，造成因"交通事故"引发火灾的假象，企图事后向保险公司索取高额赔款的闹剧。这辆二手奔驰轿车属于私家车，车主早就蓄谋用制造假事故的办法骗取赔款，他到保险公司投保了保额高达100万元的汽车保险，又找到一名懂汽车修理的电工，询问如何可以通过人为方式使汽车起火。这名电工被眼前的蝇头小利所诱惑，帮助其精心设计了作案方法，又先后两次实地试验，认为"万无一失"后开始选定某段高速公路如法炮制，很快使空无一人的车辆燃起火焰，不一会儿就烧成一辆毫无价值的报废车。之后，他到保险公司报案索赔，保险公司在查勘中发现了大量的可疑之处，立即向公安部门报案。公安部门在侦破过程中不被他制造的种种假象所迷惑，经过细致的调查取证和科学缜密的侦察，终于识破了这起精心策划的特大汽车保险诈骗案件，两名作案人受到法律的严惩，保险公司也避免了经济损失。

看点三：一家企业的员工驾驶一辆未投保的普通轿车外出办事，在外地发生了交通事故，造成车辆严重损坏。因为没有上保险而不能索赔，他就动起了歪脑筋，通过熟人找到一家汽车修理厂的业务员，恳请他利用代理保险业务的方便条件补办一份保险，解决有关索赔事宜。最终，这位业务员为他在出事后补办了机动车车损和第三者责任等保险。过了3天，他按照商定好的步骤操作，煞有介事地打电话报案，谎称该车在外地出险。后经过当地定损，在汽车修理厂修理。两个月后，正当其要领取1万多元赔款时，保险公司接到举报，迅速查实了这起骗赔案。这名保险代理人被惩戒，取消了其保险代理人的资格。

看点四：一个私企的老板驾驶新买不久的轿车回家，由于饮酒过多，加上途中操作不当，驾车撞上路边的电线杆，造成车辆严重损坏，本人也受了轻伤。因为这是酒后驾车造成的事故，属于保险除外责任，因此，他既未向公安交管部门报案，也未敢向保险公司申请索赔，而是找了一家与他十分熟悉的汽车修理厂将车拖走进行修理，请修理厂的人出面做保险公司工作，谎称自己是在送朋友到车站途中发生了撞车事故，企图蒙混过关，但并未得逞，只好由自己承担2万余元的修车费。

案例评析：

由于存在信息不对称，存在道德风险，由隐藏行为造成的一些交易参与人行为变得不道德、不合理并损害其他交易人利益的情况。在保险市场，有些人故意隐瞒病史，为了获得保险理赔，参加健康医疗保险，这样在保险公司不知情的情况下给保险公司带来损失。在以上的案例中，保险公司在双方的保险合同履行中，不能随时随地观察车主的行为，监督对方的成本太高，从而无法取得对等的信息，造成信息不对称。保险公司往往处于信息劣势地位，被保险人对信息的掌握更加全面，这就可能出现道德风险事件。

(资料来源：董彦龙，王东辉. 微观经济学建议案例教程 [M]. 武汉：武汉大学出版社，2014：154-155. 经整理加工)

8.5.3 如何解决信息不对称?

面对信息不对称产生的问题,应如何解决呢?

1. 建立有效的信号传递机制

1)建立强制性信息公开制度、企业资信评估制度、个人信用制度等。

2)建立对虚假信息(如虚假广告)提供者的惩罚制度。

3)鼓励新闻界以及独立的服务机构(包括会计、审计、资信评估等机构)自由、充分地发布信息,尤其是披露不正当行为,以改善市场信息不对称的状况。

4)鼓励高质量代理人发放高成本市场信号,使低质量代理人难以模仿。

2. 设计有效的激励机制

在信息不对称不可能完全消除的前提下,减轻其所导致的效率损失的主要办法是设计有效的激励机制,以最大限度地降低代理成本。

所谓激励机制,是指将代理人的收益(或风险)与委托人的利益(或风险)联系在一起,以防道德风险的机制。

💡 案例 8-20

西瓜的故事

每到夏天,我家附近总有若干个西瓜摊。开始时,我并不会特意到哪个西瓜摊去买西瓜。但我逐渐发现,有一个西瓜摊的摊主与众不同。每次买完西瓜,他总是说:"如果回去西瓜切开后不沙不甜,尽管拿回来换;别因为西瓜不好以后就不到我这来了。"我还真是换过西瓜。甚至有一次换瓜时间与买瓜时间相隔了一个星期,他也认了账。于是,我就总到他那里买西瓜。这样,整整一夏天,我吃的都是最好的西瓜。而他也并不会吃亏,因为拥有了包括我在内的一群忠实的顾客,他的生意很好。

人们常说:"吃亏上当就一回。"这并不是说,这次喝了假"茅台",下次就一定能够辨别茅台酒的真假;而是说,人们总会记得,他们是从哪里、从谁那里买的伪劣产品,下次不会再到那里去买了。人们的买卖活动其实是通过同人打交道而实现物品转移的。因此,人们可以通过对人(或由人组织的企业)的品质的判断来辨别商品的品质。曾经欺骗过别人的人,他所卖的商品是假、伪、劣商品的可能性就很大;而一直童叟无欺的人,我们就更有把握认为从他那里买的东西货真价实。据说,美国银行巨子摩根在晚年时酷爱艺术品收藏。但他购买价格高昂的艺术品时,从来不正眼看一下,而是直视卖者的眼睛。有人评论说:"这就是他如何达到金融界顶峰和取得成功的诀窍。"正是因为他把贷款对象的品格看得比其他条件都重要,他才成为银行界的成功者。

📝 **案例评析:**

西瓜是一种具有信息不对称特征的物品。商品交易过程中,对于交易对象的信息掌握和了解程度不同,以及交易双方追求目标的不一致易导致道德风险和逆向选择。交易双方对西瓜的了解程度不同,导致顾客承受了一定的风险。但其实具有"信息不对称"性质商品的真假优劣不好辨认,这些商品的卖家却好辨认。信息不对称也有另外一面。它虽然会在短期内给一些钻营取巧之徒带来欺骗顾客的便利,但长期来看,也会给一些正直、聪明的企业家创造脱颖而出的机会。设想一下,当利用信息不对称欺骗顾客的现象普遍存在时,有一个人诚实无欺,将会是什么样的结果?更进一步,如果这个人采取一种顾客能看得见的方法来证明自己的诚实,又会怎么样呢?在某农贸市场中,每一个卖鸡蛋的人手中都拿着一个手电筒。当顾客买鸡蛋时,他就主动用手电筒检查鸡蛋的好坏。我想,这大概是由某一个聪明人发明的,由于这种主动消除因信息不对称而给顾客带来的疑虑的方法,为他吸引了大量顾客,很快就被别人效仿并普及了。在北京百货大楼,某一生产鸭绒制品的公司开设了一个透明车间,当场为顾客填充鸭绒被,消除了生产者和消费者之间的信息不对称。

(资料来源:http://finance.sina.com.cn/financecomment/20040716/1659875995.shtml.经整理加工)

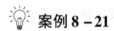

案例 8-21

中原保险公司的汽车保险

随着个人购买家庭轿车的数量逐渐增多,汽车保险业务近年增长得很快,交通事故比原来增加很多。两年下来,中原保险公司已经在汽车保险项目上赔了几百万元,于是召开公司董事会,讨论汽车保险业务的问题。通过分析,大家一致认为,汽车保险业务亏损的主要原因是保险费收取得比较低,使收入不抵支出。要解决这一问题,唯一的办法是提高保险费的额度,否则会一直亏损下去。中原保险公司最后的决议是提高保险费。

中原保险公司的这一决策不仅没有收到预期的效果,反而使汽车保险的保险费收入开始出现下降。这是决策者们所始料不及的。他们不知道在经济行为中存在着逆向选择。这种逆向选择告诉我们,愿意购买保险的人常常是最具有风险的人,而收取较高保险价格会阻止具有较低风险的人购买保险。这种逆向选择效应的根源在于保险公司所掌握的信息是不完全的。尽管公司也知道,在它的顾客中有些肯定比其他人具有更低的风险,但它不能确切知道谁是风险低的人。也就是说,保险公司知道个人之间存在差别,应该努力把他们划分为较好的和较差的风险类别,并征收不同的保险费。但是它做不到,因为它不能知道哪些人是高风险的,哪些人是低风险的。凡是那些积极买保险的人都是容易出险的人,因为他们容易出事故,所以常常渴望购买保险,以便出险之后由保险公司为他们付费。而出险概率较低的人则往往犹豫不决,如果保险价格提高了,反而会把他们首先拒之门外。这就是典型的逆向选择效应。提高保险价格导致那些事故倾向较小的人退出了保险市场,而高风险顾客比例的上升直接影响的是保险赔付的上升。

案例评析:

一般来说,当那些处于交易一方的人因另一方无法注意其行为而怀有一种推卸责任动机时,便会造成道德风险。由于买卖双方之间的"信息不对称",造成信息较为灵通的一方进行损害市场信息迟钝方利益的自我选择。道德风险是由交易契约签订以后的信息不对称导致的，逆向选择是由交易契约签订以前的信息不对称导致的。保险公司应建立客户信息系统，根据他们的出险信息筛选出优质的投保人，给他们的保险费定低价；对于劣质的投保人，定更高的保险费。

（资料来源：高辉. 经济学原理十六讲 [M]. 北京：高等教育出版社，2016：126－131. 经整理加工）

案例 8－22

委托人给代理人戴的"金手铐"

在现代企业制度的公司里，有钱的人（大股东）并不直接经营公司，而是聘请总经理直接进行经营，这就出现了企业委托代理信息不对称普遍存在的道德风险问题。经营者比所有者更了解公司的实际经营状况，为了避免经营者损害所有者的利益就需要设计出一种公平合理能实现委托人和代理人"双赢"的制度。

1996 年诺贝尔经济学奖获得者英国剑桥大学教授詹姆斯·莫里斯和美国哥伦比亚大学教授威廉·维克里两人，设计出有效的机制对代理人进行激励，使其能够在符合委托人的利益的前提下行事。使代理人在追求个人利益最大化的同时，实现委托人利益的最大化。其中，股权激励制是国际上通行的一种好办法，特别是国外迅速发展起来的股票期权，它被喻为"金手铐"。所谓"金"，是指对代理人来说确实有巨大的吸引力，美国 IBM 公司的总裁由于工作努力并取得成功，挽救濒临倒闭的公司，从而获得公司的股票期权 6000 万美元。

案例评析：

股权激励制是国际上通行的一种好办法，特别是国外迅速发展起来的股票期权，它被喻为"金手铐"。所谓"手铐"，是指它也是委托人对代理人的一种有效的约束手段。股权激励机制的方式有三种：现股、期股、股票期权。

如果你是委托人，为避免信息不对称产生的风险，你应该如何选择代理人呢？我们不妨设计一种对经理有效的激励机制。在具体的实践操作中，我们对经理的报酬进行多元组合，利用最优报酬设计对经理进行激励。例如，我们将经理的报酬分为固定薪金、奖金、股票与股票买卖选择权、退休金计划等。固定薪金能给经理提供安全感和保障；奖金可以与当年的经营效益挂钩；股票与股票买卖选择权可以促使经理考虑企业长期利益；退休金计划具有安全感和归属感。总的来说，各种激励方法各有利弊，所以经理的最优报酬设计应是所有不同报酬形式的最优组合。这样的设计既考虑了经理短期利益，又兼顾了他的长期利益，如果经理不努力工作，与长期利益挂钩的弹性收入就得不到。

此外，建立经理市场，利用市场机制约束经理的行为。真正的职业经理都很注重自己的声誉，为了能够提升自己在经理市场上人力资本的价值，他们一般都会努力工作，以更好的经营业绩来展现自己的经营能力。

（资料来源：https://doc.mbalib.com/view/2681f51fd774b663bbbfc672cd6a20fb.html. 经整理加工）

案例 8-23

信息传递与大学生的求职成本

每当毕业临近，学生们不仅在网上"冲浪"，而且还要怀揣个人履历，为谋求一份满意的工作而奔波于各地的人才市场、招聘会、就业指导中心。学生求职本应该是学生与用人单位之间以最低的成本利用某种方式传递信息而同时达到雇工和就业的目的。但是，在用人单位与求职者之间的信息是不对称的，如何解决双方之间的信息不对称问题呢？有关毕业求职现象如下：

1) 自我包装。除添置相应的服装之外，大学生还要精心制作毕业推荐表、彩色简历等。

2) 饥不择食。由于毕业生数量增加了很多，大家总担心期望值太高而错失了良机，于是有些学生四处打听用人单位，见到一个用人单位，不管地方好不好，福利待遇高不高，只要人家愿意，就匆忙和用人单位签了协议。

3) 性别歧视。对于女大学生来说，不但面临着就业的压力，而且还面临着性别的歧视。女生要获得同样的工作，要比男生付出更多的努力。对于许多女大学生来说，就业压力的大小，往往还取决于自己的长相和身材。

4) 高校之间互设信息"壁垒"。在扩招就业"第一年"的巨大心理压力下，2003年许多高等院校相互设置信息"壁垒"，妄图以此保护本校毕业生获取更多的就业信息和机会。无论在互联网上还是在招聘会上，经常出现"外校学生不得进入"，或其他"不平等"待遇。

5) "造假风""投机风"盛行。就业压力使学生求职中的"造假风"日益严重。在制作求职材料时，改学习成绩，编造实习经历，伪造获奖证书等。

案例评析：

劳动力市场是一个典型的不对称信息市场，一般来说，雇员比企业掌握更多的劳动质量信息（如工作能力、态度和责任心等）。企业关注员工有关工作能力或生产力等劳动力质量方面的信息，那么雇员是否会传递以上信息。雇员在面试时穿上一套整洁得体的服装自然会向企业传递一些信息，但是该信息是一种弱信号，它不足以区别雇员劳动力质量的高低，因为低生产力的雇员也可以以近乎同样的方式和成本"装扮"成高质量的雇员。与弱信号相对应的是混同均衡，企业不能区分雇员能力的高低。所以，雇员传递的信号必须是强信号，并导致相应的分离均衡出现。劳动力质量不同的雇员传递该信号的成本有比较大的区别，其差别足以区别劳动力质量的高低，也就是说，理性雇员会根据自己的质量高低向企业传递不同的信号，企业根据相应信号的不同区别雇员质量的高低。

文凭是一个最常用的信号之一。诺贝尔奖获得者斯宾塞于1973年提出了一个简单的模型，说明文凭是一种信息传递工具，并分析了企业如何利用文凭区分不同工作能力的员工并分别给予不同的薪水。

在我国，如何解决学生与用人单位之间的信息不对称问题呢？

首先，信号发送和信号筛选是典型的两种解决方式。但是，由于就业过程中竞争比较激烈，因此学生主动发送信号（投递简历）比较常见。另外，现在的高校毕业生相对来说比较多，并且多数同学都不太愿意到老少边穷地区就业，而由于目前的教育体制等方面存在一定的缺陷，各高校的教学质量也存在比较大的差别，因此一张简单的文凭是最常用的信号之一，但是它在解决信息不对称方面的作用是有限的。这就导致了学生在就业求职过程中出现了上述各种现象和行为。

其次，从上述描述中可以看出，解决信息不对称的成本是非常高的。我国高校学生在毕业求职过程中除了承担以上直接支出成本之外，还须承担诸多其他成本，如隐性成本、机会成本、心理成本等。有许多学生放弃在校学习的时间和机会而忙于各种招聘会，影响了正常的教学和学习；各种不公平、不公正现象滋生，助长了求职中的腐败，严重考验着学生的诚信等社会公德，并在学生心理方面造成了巨大的负面影响。现在，大学生的求职过程以及相应的问题不仅考验着我国就业市场，也考验着学生的经济实力和心理承受力，学生过高的求职成本将给社会带来不良影响，其负面效应是巨大的。

最后，虽然不同的单位、不同的岗位对员工的要求不完全一致，但是不可否认，信号发送过程中存在混同均衡和分离均衡。在混同均衡下，不同能力的学生发送了相同的信号，用人单位无法区分学生素质与能力的高低。而在分离均衡下，高素质或高能力的学生发出了低能力学生不能发送的信息，所以就将自己与后者区别开来，而用人单位也就相应地挑选到了合意的员工，并给予相应的报酬。

（资料来源：https://www.docin.com/p-1549774546.htm. 经整理加工）

本 节 思 考

保险市场中的道德风险问题能否通过技术提升改变信息不对称问题？

本 章 习 题

【案例分析】

加强反垄断监管是为了更好发展

近年来，我国线上经济蓬勃发展，新业态、新模式层出不穷，对推动经济高质量发展、满足人民日益增长的美好生活需要发挥了重要作用。但与此同时，线上经济凭借数据、技术、资本优势也呈现市场集中度越来越高的趋势，市场资源加速向头部平台集中，关于平台垄断问题的反映和举报日益增加，显示线上经济发展中存在一些风险和隐患。中央政治局会议和中央经济工作会议均明确要求强化反垄断和防止资本无序扩张，得到社会热烈反响和广泛支持。由此可见，反垄断已成为关系全局的紧迫议题。

反垄断、反不正当竞争是完善社会主义市场经济体制、推动高质量发展的内在要求。公平竞争是市场经济的核心，只有竞争环境公平，才能实现资源有效配置和企业优胜劣汰，而垄断阻碍公平竞争、扭曲资源配置、损害市场主体和消费者利益、扼杀技术进步，是监管者一直高度警惕的发展和安全隐患。自线上经济诞生以来，我国始终支持和鼓励互联网平台企业创新发展、增强国际竞争力。2019年8月，《国务院办公厅关于促进平台经济规范健康发展的指导意见》印发，提出了加大政策引导、支持和保障力度等措施。应当说，我国平台经济、线上经济走在全球前列，离不开改革开放的大时代，受惠于我国这个全球最大的市场，得益于政府部门鼓励发展和创新的政策举措。但鼓励与规范应当并重，线上经济必须依法依规进行创新发展，如果超越法律法规限制，放任市场垄断、无序扩张、野蛮生长，终将使整个行业无法实现健康可持续发展。监管部门依法依规对涉嫌垄断行为的互联网企业展开立案调查，正是为了更好地规范和发展线上经济，让互联网行业在法治轨道上更好前行。

放眼全球，反垄断是国际惯例，有利于保护市场公平竞争和创新，维护消费者权益。面对互联网这个"超级平台"，世界各国和经济体反垄断执法机构均采取了严格的监管态度和制约措施。加强反垄断监管，保护消费者合法权益，维护公平竞争市场秩序，激发市场活力，已成为大势所趋、人心所向。美国是世界上首个出台反垄断法的国家，近年来，美国不断加大对互联网科技巨头的反垄断调查力度，调查重点指向科技巨头滥用市场支配地位、打压竞争者、阻碍创新、损害消费者利益等。2020年12月，欧盟委员会提出了两项新的立法——《数字服务法》和《数字市场法》，旨在遏制大型网络平台的不正当竞争行为。近年来，谷歌、苹果、脸书、亚马逊等科技巨头在全球范围内遭到反垄断调查，其中欧盟自2017年—2019年连续三年对谷歌进行反垄断处罚，累计金额超过90亿美元。

加强反垄断监管，还将有效推动创新、促进共治。我国是全球数字经济发展较为领先的国家之一，更需要通过反垄断促进行业健康发展，健全数字规则，为构建新发展格局打下坚实基础。近年来，我国互联网领域反垄断法治建设取得了长足进步，《关于平台经济领域的反垄断指南》已完成公开征求意见，将有效增强反垄断法律制度的可操作性和可预期性；2020年年初公布的《〈反垄断法〉修订草案（公开征求意见稿）》首次增设互联网经营者市场支配地位认定依据的规定。必须看到，《中华人民共和国反垄断法》适用于所有主体，对内资外资、国有企业和民营企业、大企业和中小企业、互联网企业和传统企业一视同仁、平等对待，目的是要保障各类市场主体平等参与市场竞争。只有不断完善平台企业垄断认定、数据收集使用管理、消费者权益保护等方面的法律规范，维护市场公平竞争，才能推动整个行业保持创新活力、实现健康发展。

立案调查并不意味着国家对平台经济鼓励、支持的态度有所改变，恰恰是为了更好地规范和发展平台经济，引导、促进其健康发展，以期为我国经济高质量发展做出更大贡献。相信通过加强反垄断监管，能够消除影响平台经济健康发展的障碍，平台经济也将迎来更好的发展环境。

（资料来源：余超. 加强反垄断监管是为了更好发展 [N]. 人民日报，2020 - 12 - 25(7). 经整理加工）

问题：

1. 为什么会产生垄断现象？
2. 垄断带来什么后果？如何反垄断？

第9章 一般均衡理论与福利经济学

本章思维导图

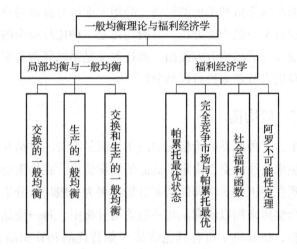

本章要点

1. 局部均衡与一般均衡。局部均衡是指假定其他市场情况不变,单独分析某个市场的供求如何决定价格。一般均衡是指所有市场同时出清,所有价格同时决定的一种状态。

2. 帕累托最优状态。帕累托最优状态是指社会经济达到了这样一种状态,不可能在至少某一成员受益的同时,不使其他任何成员受损,也就是说,社会经济资源得到了最优配置,经济运行达到了最高效率,如做任何改变将使某一成员受益,其他成员受损。

3. 帕累托改进。如果社会资源的重新配置,至少使某一成员的境况变好,而其他成员的境况没有变坏,那么这种变化是一种经济状态的改进。

4. 满足帕累托最优状态的三个条件。①交换的最优条件:对于任意两个消费者来说,任意两种商品的边际替代率相等。②生产的最优条件:对于任意两个生产者来说,任意两种商品的边际替代率相等。③交换和生产的最优条件:任意两种商品的边际替代率与边际转换率相等。在完全竞争的条件下,帕累托最优的三个条件均能得到满足。

5. 福利经济学。福利经济学的目的在于说明完全竞争模型可以导致帕累托最优状态,而这一状态对整个社会来说又是资源配置的最优状态。在福利经济学中,西方学者不得不使用帕累托状态作为福利判别的标准,但帕累托状态的假设条件以及对于分配比例的辩护未必合理,帕累托标准适用的范围也受到很大的限制,并且在建立福利函数的问题上,价值判断是不能避免的。

9.1 一般均衡理论

慕课 9-1

在第 2 章中，我们利用供给曲线和需求曲线分析了一种商品市场达到均衡时可能涉及的相关情况，这是一种局部均衡的分析方法，那么这就是市场的全部吗？答案是否定的。经济像一部机器，由无数的市场组成，而市场之间又是存在着相互联系的，例如，牛肉涨价会影响猪肉价格，因为人们可用猪肉来替代牛肉，对猪肉需求增加自然会引起猪肉涨价。又如，石油涨价了，交通运输的价格就会上涨。由此可见，分析任一商品的价格和供求的均衡，必须考虑所有商品的价格和供求都达到均衡的情况。这种分析方法就是一般均衡分析。一般均衡是一种比较周全的分析方法。但由于一般均衡分析涉及市场或经济活动的方方面面，而这些又是错综复杂和瞬息万变的，因而这种分析实际上很困难，我们本节就来进行详细分析。

9.1.1 局部均衡与一般均衡

在局部均衡分析中，某种商品的价格只取决于该商品本身的供给和需求，而与其他商品的价格无关；商品的供求曲线的交点决定了商品的均衡价格，在均衡价格下，商品的供给量等于商品的需求量。现在要进一步将局部均衡分析发展为一般均衡分析，即要将所有相互联系的各个市场看作一个整体来加以研究。在一般均衡分析中，每一商品的需求和供给不仅取决于该商品本身的价格，还取决于所有其他商品（如替代品和补充品）的价格。每一商品的价格都不能单独地决定，而必须和其他商品价格联合决定。当整个经济的价格体系恰好使所有的商品都供求相等时，市场就达到了一般均衡。

为了更好地说明市场之间的相互影响，并利用以前学过的分析工具进行一般均衡分析，我们现在假定，经济中包含四个市场，所有市场在刚开始的时候均处于均衡状态（见图 9-1）。图 9-1a~d 分别代表原油、煤、汽油和汽车市场。初始状态均由供求曲线 S 和 D 给出，相应的均衡价格和均衡产量均由 P_0 和 Q_0 表示（当然，不同市场中的 P_0 和 Q_0 表示的是不同的产品或要素，并且其数值大小也不一定相同）。

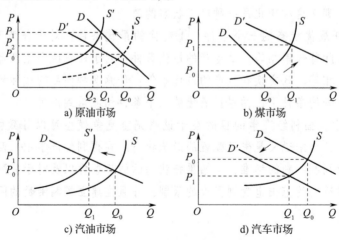

图 9-1 一般均衡的市场供求

我们从图 9-1a 开始考察。假定原油的供给由于某种非价格因素的影响而减少，即它的供给曲线从原来的 S 向左边移动，例如移到 S'。根据以前的局部均衡分析，供给曲线移到 S'，将使原油的价格上升到 P_1，原油产量则下降到 Q_1。如果不考虑各个市场之间的相互依赖关系，则这就是全部的结果：P_1 和 Q_1 为新的均衡价格和均衡数量。

但是，一旦我们从局部均衡分析上升到一般均衡分析，情况就不再相同。原油市场的价格变化将打破其他市场的原有均衡，从而引起它们的调整；而其他市场的调整又会反过来进一步影响原油市场，从而最终的原油均衡价格和数量并不一定就是 P_1 和 Q_1。

首先来看图 9-1c，即产品市场——汽油市场。原油是汽油的投入要素。投入要素的价格上升就是汽油成本的增加，于是，汽油的供给将减少。换句话说，原油价格的上涨使汽油的供给曲线向左边移动，例如移到 S'。S' 与原来的需求曲线相交决定了汽油的新均衡价格为 P_1，新均衡产量为 Q_1。

其次再讨论图 9-1b，即另一个要素市场——煤市场。由于原油和煤是替代品，故原油价格的上升造成煤的需求的增加，即煤的需求曲线从 D 向右移到 D'，从而均衡价格上升到 P_1，均衡产量增加到 Q_1。

最后来看图 9-1d，即另一个产品市场——汽车市场。汽车和汽油是互补商品。当图 9-1c 中的汽油市场价格上升之后，其补充品即汽车的需求将减少。换句话说，汽车的需求曲线由于汽油价格上升而向左边移动，例如左移到 D'。结果汽车的均衡价格下降到 P_1，均衡产量减少到 Q_1。

到此为止，已经讨论了原油市场供给减少从而原油价格上升对所有其他市场的影响：其产品汽油价格上升、其替代品煤的价格上升，以及汽车价格下降。所有这些其他市场价格的变化也会反馈回来影响原油市场。首先，汽油价格上升将提高原油的需求，而汽油数量的下降则减少该需求，故汽油市场的反馈效应可能是使原油需求曲线左移或右移；其次，汽车市场价格下降及数量减少很可能使原油需求曲线左移；最后，煤市场价格上升及数量上升的反馈效应则是增加对原油的需求。最终的结果——原油的需求曲线可能左移，也可能右移，取决于两面力量的大小。在图 9-1a 中，假定左移的力量超过了右移的力量，于是原油需求曲线向左移动到位置 D'，此时，原油的均衡价格和数量不再等于局部均衡分析中的 P_1 和 Q_1，而是 P_2 和 Q_2。

由于现在图 9-1a 中的原油价格又发生了变化，故该变化按照上述分析又会影响其他市场；被影响后的其他市场均会反过来影响原油市场……一直继续调整下去，直到最后所有市场又都重新达到均衡状态——新的一般均衡状态。

案例 9-1

汽油价格与小型汽车的型号

如果市场对某几种产品的需求相互影响，可能出现什么情况呢？其中一种情形就是，导致一种产品价格发生变化的因素，将同时影响对另一种产品的需求。举例而言，在 20 世纪 70 年代，美国的汽油价格上升，这一变化马上对小型汽车的需求产生了影响。回顾 20 世纪 70 年代，美国市场的汽油价格两次上升，第一次发生在 1973 年，当时石油输出国组织切断了对美国的石油输出；第二次是在 1979 年，由于伊朗国王被推翻而导致该国石油供应瘫痪。经过这两次事件，美国的汽油价格从 1973 年的每加仑 1.27 美元猛增至 1981 年的每加仑 1.40 美元。作为"轮子上的国家"，石油价格急剧上升当然不是一件小事，美国人面临一个严峻的节省汽油的问题。既然公司和住宅的距离不可能缩短，人们只好继续奔波于两地之间。美国司机找到的解决办法之一就是他们放弃自己的旧车，购置新车时选择较小型的汽车，这样每加仑汽油就可以多跑一段距离。经销商根据汽车的大小来分类确定其销售额。在第一次汽油价格上升之后，每年大约出售 250 万辆大型汽车、280 万辆中型汽车以及 230 万辆小型汽车。到了 1985 年，这三种汽车的销售比例出现了明显变化，当年售出 150 万辆大型汽车、220 万辆中型汽车以及 370 万辆小型汽车。由此可见，大型汽车的销售自 20 世纪 70 年代以来迅速下降；反过来，小型汽车的销售却持续攀升，只有中型汽车勉强维持了原有水平。造成这种变化的原因是显而易见的。假设你每年需要驾驶 15 000 英里（1 英里 ≈ 1.61 千米），每加仑汽油可供一辆大型汽车行驶 15 英里，如果是一辆小型汽车就可以行驶 30 英里。这就是说如果你坚持选择大型汽车，每年你必须购买 1000 加仑汽油，如果你满足于小型汽车，你只需购买一半的汽油，也就是 500 加仑就够了，当汽油价格处于 1981 年的最高点，即每加仑 1.40 美元时，选择小型汽车意味着每年可以节省 700 美元。即便你曾经是大型汽车的拥护者，在这种情况下，在每年 700 美元的数字面前，难道你就不觉得有必要重新考虑一下小型汽车的好处吗？

案例评析：

局部均衡一般是指单个市场或部分市场的供求与价格之间的关系或均衡状态。一般均衡是指在承认供求与市场上各种价格存在相互关系和互相影响的条件下，所有市场上各种商品的价格与供求的关系。案例中，导致一种产品价格发生变化的因素，将同时影响对另一种产品的需求。汽油价格上升，这一变化马上对小型汽车的需求产生了影响。大型汽车的销售量迅速下降；反过来，小型汽车的销售却持续攀升。也就是说，汽车的互补产品之一就是汽油。汽油价格上升导致小型汽车的需求曲线向右移动，与此同时，大型汽车的需求曲线向左移动。由于受国际原油价格上升的影响，我国汽油的价格几次上升，在这种情况下，养车成本就更高了，消费者为节约成本，选择了节油的小排量汽车，也是这个道理。因此，在汽车销售排行榜上领先的始终是小排量汽车。

（资料来源：https：//wenku.baidu.com/view/9f6526292ec58bd63186bceb19e8b8f67c1cefa9.htm. 经整理加工）

9.1.2 一般均衡的实现

与局部均衡分析相似的一个问题便是：是否存在一组均衡价格，使每个消费者向市场提供自己拥有的生产要素，并在各自的预算约束下购买产品和劳务以寻求自身效用最大化，而每个厂商则在给定价格下决定每种商品和服务的产量，并决定对不同生产要素的需求，以寻求自身利润最大化。

法国经济学家里昂·瓦尔拉斯最先认识到一般均衡问题的重要性，瓦尔拉斯的一般均衡体系是按照从简单到复杂的路线一步步建立起来的,在使用了"拍卖人"假设进行分析后,他又运用严格的数学方法对市场达到一般均衡进行了描述,提出了一般均衡存在性、唯一性和收敛性等问题。

为了方便学习,我们仅仅按照瓦尔拉斯"拍卖人"的思路,探讨实现一般均衡的试探过程。

实现一般均衡的关键问题在于能否找到一组既定的价格恰好为均衡价格,使所有市场都达到供求一致,则在这种情况下,实际经济体系当然就处于一种均衡状态上不再变化。但是,如果现行价格并不等于均衡价格呢?这时,麻烦就可能出现,实际的交易可能会发生在"错误"的价格水平上。交易者并不知道均衡价格在什么水平上;或者,他们可以通过价格的不断调整来确定均衡状态,但这种调整过程也许需要很长时间、在其完成之前不能保证不发生交易。一旦发生"错误"的交易,则西方经济学的一般均衡体系就未必能成立。

为了避免上述困难,瓦尔拉斯假定在市场上存在一位"拍卖人"。该拍卖人的任务是寻找并确定能使市场供求一致的均衡价格。他寻找均衡价格的方法如下:首先,他随意报出一组价格,家庭和厂商根据该价格申报自己的需求和供给。如果所有市场供求均一致,则他就将该组价格固定下来,家庭和厂商就在此组价格上成交。如果供求不一致,则家庭和厂商可以拿回自己的申报,而不必在错误的价格上进行交易。拍卖者则修正自己的价格,报出另一组价格。改变价格的具体做法是当某个市场的需求大于供给时,就提高该市场的价格,反之,则降低其价格。这就可以保证新的价格比原先的价格更加接近于均衡价格。如果新报出的价格仍然不是均衡价格,则重复上述过程,直到找到均衡价格为止。这就是瓦尔拉斯体系中达到均衡的"试探过程"。

我们如果按照以上思路对一般均衡状态进行梳理就会发现,经济系统中存在着这样的关系,消费者出于满足效用最大化目的产生了对商品的需求,厂商基于利润最大化的目标雇用生产要素进行生产,形成产品的供给,当产品市场和要素市场中供需同时相等时,经济将会停留在一种均衡的状态。那么,总结来说,要实现一般均衡需要三个条件:①交换的一般均衡,即商品如何在消费者之间有效地分配;②生产的一般均衡,即要素如何在生产者之间有效配置;③生产和交换的一般均衡,即经济资源如何在整个社会有效配置。

由于内容的抽象,我们无法使用案例来进行讲解,这里将通过构建一个简单的经济模型来进行分析。

假定整个经济只包括两个消费者 A 和 B,它们在两种产品 X 和 Y 之间进行选择,以及两个生产者 C 和 D,它们在两种要素 L 和 K 之间进行选择以生产两种产品 X 和 Y。假定 C 生产 X,D 生产 Y。并且假定消费者的效用函数(即无差异曲线)给定不变,生产者的生产函数(即等产量线)给定不变。

1. 交换的一般均衡

市场中有一定数量对产品和服务有需求的消费者,在劳动分工的情况下,交换能够改善资源的配置,即至少在不损害一方利益的前提下,可以提高另一方的效用水平。在纯交换的情形下，交换不能带来产品总量增加，但至少能够改善某个消费者的效用水平。交换可以促使劳动分工和专业化，即每个人专业于生产少数几种产品，从而提高劳动生产率，使整个社会的产品总量增加。

首先考虑两种既定数量的产品在两个单个消费者之间的分配问题，然后将所得的结论推广到一般情况。为了直观表达分析过程，通常使用埃奇沃思盒（Edgeworth Box）分析一般均衡问题。假设只有两个消费者 A 和 B，两种产品 X 和 Y，A 消费者的消费商品组合为 (X_A, Y_A)，B 消费者的消费商品组合为 (X_B, Y_B)。如图 9-2 所示，横轴表示 X 产品的消费，纵轴表示 Y 产品的消费，OA 和 OB 分别表示消费者 A 和 B

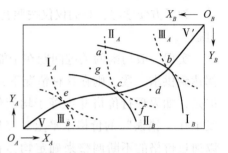

图 9-2 交换的一般均衡

的原点，A 消费者的消费组合从 OA 方向度量，B 消费者的消费组合从 OB 方向度量。该盒形图（包括边界）中的任意一点都是可行分配，即 A 和 B 可以选择的消费组合。图 9-2 中同时绘出了表达两个消费者偏好的几条代表性无差异曲线，各消费者的无差异曲线向各自的原点凸出。在图 9-2 中，a 点位于消费者 A 的无差异曲线 II_A 和消费者 B 的无差异曲线 I_B 的交点。该点不是使 A 和 B 满足最大的消费组合点，这是因为，如果沿着 I_B 线移动，例如移动到 b 点，则消费者 A 的效用水平从无差异曲线 II_A 提高到 III_A，而消费者 B 的效用水平并未变化，仍然停留在无差异曲线 I_B 上。同样，如果沿着 II_A 曲线移动，例如移动到 c 点，A 消费者的效用水平没有变化，但 B 消费者移到了效用水平更高的无差异曲线上 II_B，这意味着交换还能带来效用水平的提高，也能在不减少 B 消费者效用水平的前提下提高 A 消费者的效用水平。如果 A 沿着无差异曲线从 a 点向 b 点移动，用 Y 向 B 交换 X 产品，则消费者 A 的效用水平从无差异曲线 II_A 提高到 III_A，而消费者 B 的效用水平并未变化，仍然停留在无差异曲线 I_B 上，故可以在不减少 B 的效用的情况下使 A 的效用得到提高。同样，如果 B 沿着无差异曲线从 a 点向 c 点移动，用 X 向 A 交换 Y 产品，也可以在不减少 A 的效用的情况下使 B 的效用得到提高。这两种情形下，A 和 B 的无差异曲线相切，两个消费者对 X 和 Y 产品的边际替代率相等，即 $\mathrm{MRS}_{XY}^A = \mathrm{MRS}_{XY}^B$。交换最终在 b 点还是 c 点进行，取决于 A 和 B 的相对讨价还价能力，实际交换中均衡点可能位于 b 和 c 点之间的任一点，这时两个消费者的无差异曲线相切，即边际替代率相等。因此，纯交换情形下，消费者均衡的条件是两者的边际替代率相等。

进一步，当我们把 b、c、e 等两个消费者无差异曲线的切点连接起来时，形成一条从 O_A 点到 O_B 点的曲线，称为交换的契约曲线（Contract Curve）。这条线是纯交换的最优曲线，即在该线上的任何一点，两个消费者对两种产品的边际替代率相等。如果要增加一个消费者的效用，则必须减少另一个消费者的效用，不可能在不减少一个消费者效用的情况下增加另一个消费者的效用，交换的利益已经全部实现。

我们可以将上述契约曲线中反映的效用变化关系用效用可能性边界（Utility Possibility Frontier, UPF）表达出来。契约曲线上的任何一点反映了两个消费者最终获得的效用水平，在图 9-2 中，e 点表示 A 获得的效用水平为 I_A，B 获得的效用水平为 III_B；同理，在 b 点表示 A 获得的效用水平为 III_A，B 获得的效用水平为 I_B。从 b 点到 e 点的变动可知，B 消费者的效用在增加，同时 A 消费者的效用在减少。

如果用横轴表示 A 消费者的效用，纵轴表示 B 消费者的效用水平，可以得到 UPF 曲线，即效用可能性边界。它反映了在其他条件不变的情况下，两个消费者能够得到的最大效用水平的组合，如图 9-3 所示。

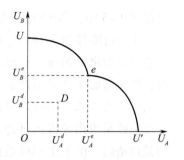

图 9-3 效用可能性曲线

2. 生产的一般均衡

运用交换的一般均衡的研究方法分析生产的一般均衡问题，即研究生产者投入和产出的一般均衡状态的基本条件。为了简化分析，假定只有两个生产者 C 和 D 生产两种产品 X 和 Y，只有两种生产要素劳动 L 和资本 K，同样可以运用埃奇沃思盒来分析生产的一般均衡问题。如图 9-4 所示，横轴表示劳动要素总量，纵轴表示资本要素总量，O_C 和 O_D 分别表示产品 X 和 Y 生产的原点，X 产品生产的劳动投入从 L_C 方向度量，X 产品生产的资本从 K_C 方向度量，a' 点表示初始的要素组合，即分配于生产 X 和 Y 产品的要素数量。图 9-4 中同时绘出了表达两个生产技术的代表性等产量曲线，两种产品的等产量曲线凸向各自的原点，这些等产量曲线的性质与前面生产理论中得出的性质相同。图 9-4 中可见，a' 点位于 X 产品的等产量曲线 II_C 和 Y 产品的等产量曲线 I_D 的交点，该点不是使两种产品产量最大的组合点。如果沿着 II_C 线移动，例如移动到 c' 点，X 产品的产量保持不变，但 Y 产品的产量可以提高到 II_D；与之类似，如果沿着 I_D 线移动，例如移动到 b'，也能在不减少 Y 产品产量的情况下提高 X 产品的产量。如果移动到 b' 和 c' 之间的一点上，两种产品的产量都能得到增加，而不需要增加要素的投入。

在图 9-4 中，运用生产理论中的概念可知，a' 点两种产品的边际技术替代率不相等，通过调整两种要素在两种产品之间的分配，当两种产品的等产量曲线相切时，两种产品的边际技术替代率相等，即 $MRTS_{LK}^X = MRTS_{LK}^Y$，从而达到生产者的均衡。同样，当我们把 b'、c'、e' 等两种产品的等产量曲线的切点连接起来时，形成一条从 O_C 点到 O_D 点的曲线，称为生产的契约曲线。这条线是生产的最优曲线，在生产的契约曲线上，如果要增加一种产品的产量，则必须减少另一种产品的产量，不可能在不减少一种产品产量的前提下增加另一种产品的产量。生产要素按契约曲线进行配置时，达到了生产的一般均衡。

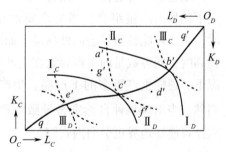

图 9-4 生产的一般均衡

生产的契约曲线上的每一点实际上都对应着两种产品最大产量组合，如果将这种关系描绘到以两种产品产量为坐标轴的图形中，可以得出生产可能性边界（Production Possibility Frontier，PPF）。在图 9-4 中，将各等产量曲线切点对应的 X 和 Y 产品的产量描绘在图 9-5 中，那么向外凸出的曲线就是生产可能性边界。

生产可能性边界是一条向右下方倾斜的曲线，在生产要素总量给定的情况下，反映了沿着生产可能性曲线移动时，要想增加 X 产品的产量必须减少 Y 产品的产量才能释放出生产要素来，两种产品的产量呈反方向变动关系。生产可能性曲线由原点向外凸出，说明了曲线的斜率的绝对值是递增的。由于生产可能性曲线的斜率的绝对值反映了改变某种产品的产量时另一种产品产量的变化，一般将其定义为产品边际转换率（Marginal Rate of Transformation，MRT），即

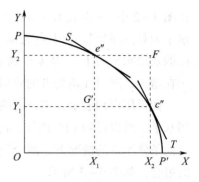

图 9-5　生产可能性曲线

$$\mathrm{MRT}_{XY} = \lim_{\Delta x \to 0}\left(-\frac{\Delta Y}{\Delta X}\right) = -\frac{\mathrm{d}Y}{\mathrm{d}X} \tag{9-1}$$

生产可能性边界将整个坐标空间划分为三个区域：生产可能性曲线点的集合、生产可能性曲线与两条轴围成的区域以及生产可能性曲线以外的区域。生产可能性曲线以外的区域实际上是生产不可能性部分，意味着现在的生产要素量不足以生产出这种组合来。如图 9-5 所示，G' 为生产可能性曲线以内区域的点，它代表生产 X 产品 X_1 单位和 Y 产品 Y_1 单位。根据生产可能性曲线意义，当生产 X_1 单位 X 产品时，剩下的生产要素应该能生产出 Y_2 单位的 Y 产品，但此时只生产了 Y_1 单位的 Y 产品。因此，生产可能性曲线以内区域反映了这时生产要素的利用率较低，存在着资源的闲置或浪费。F 为生产可能性曲线以外区域的点，生产 X_2 单位 X 产品和 Y_2 单位 Y 产品，根据生产可能性曲线意义，现有的生产要素不可能达到该生产组合。因此，生产可能性曲线的点是两种产品的最大产量组合形成的轨迹，是有效率的区域。

上述生产可能性边界是在生产要素总量既定、技术水平给定下的最大产量组合，当生产要素总量增加、技术水平提高时，生产可能性边界会向外移动。如图 9-6 所示，当技术水平提高时，同等数量的生产要素在生产了同等数量的 X 产品的情况下，还能生产更多的 Y 产品，生产可能性边界向外扩展了。当然，当出现某种自然灾害导致生产要素总量减少的情况下，生产可能性边界也会向内收缩。

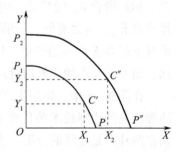

图 9-6　生产可能性曲线的变动

3. 生产和交换的一般均衡

现在来研究如何利用生产可能性曲线将生产和交换两个方面综合在一起，从而得到生产和交换的帕累托最优条件，实现资源的最佳配置。

在生产的一般均衡满足时，生产要素在两种产品之间的分配要使产品组合位于生产可能性边界上，如图 9-7 所示的 B 点，这时 X 产品的产量为 X'，Y 产品的产量为 Y'。当产量组合

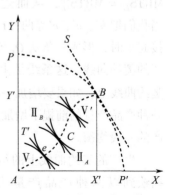

图 9-7　生产和交换的最优

给定时，消费者的消费和交换只能在给定的产量组合下进行，则矩形 $AX'BY'$ 构成了交换的埃奇沃思盒形图。

在交换达到一般均衡时，产品 X 和 Y 在消费者 A 和 B 之间进行分配，从而使经济社会的消费者的总效用达到最大化，按交换的一般均衡原理，分配应当沿着契约曲线进行。

在交换和生产同时达到一般均衡时，产品的边际替代率等于两种产品的边际转换率，即 $MRS_{XY} = MRT_{XY}$。在图中表现为两个消费者的无差异曲线的切点的斜率等于生产可能性曲线在 B 点的斜率，产品的边际替代率与边际转换率相等，整个经济实现了生产和交换的一般均衡。当这一条件不满足时，总可以调整生产要素在两种产品生产中的分配，或者调整两种产品在消费者之间的分配，使社会总效用得以增加。例如，假定产品的边际转换率为 2，边际替代率为 1，即边际转换率大于边际替代率。边际转换率等于 2 意味着生产者可以通过减少 1 单位 X 产品的生产增加 2 单位的 Y。边际替代率为 1 意味着消费者愿意通过减少 1 单位 X 的消费来增加 1 单位 Y 的消费。在这种情况下，如果生产者少生产 1 单位的 X，从而少给消费者 1 单位的 X，但却多生产了 2 单位的 Y。从多生产的 Y 中拿出 1 单位给消费者即可维持消费者的效用程度不变，从而多余的 1 单位 Y 就代表了社会福利的增加。这说明了如果产品的边际转换率大于边际替代率，则仍然有帕累托改进的余地，即仍未达到生产和交换的帕累托最优状态。

同样可以分析边际转化率小于边际替代率的情况。假如产品的边际转换率为 1，边际替代率为 2，此时如果生产者减少 1 单位 Y 的生产，从而少给消费者 1 单位 Y 的消费，但却多生产出 1 单位的 X。从多生产的 1 单位 X 中拿出 0.5 单位给消费者即可维持他的满足程度不变。从而多生产的 0.5 单位 X 就是社会福利的增加。这就说明了，如果生产者的边际转换率小于边际替代率，则仍有帕累托改进的余地，即仍未达到帕累托最优状态。

给定生产可能性曲线上一点 B 与消费者 B 相应的交换契约线上一点 C，只要 B 点的边际转化率不等于 C 点的边际替代率，则 C 点仅仅表示交换的帕累托最优状态，而非生产和交换的帕累托最优。由此即得生产和交换的帕累托最优条件：

$$MRS_{XY} = MRT_{XY} \tag{9-2}$$

即产品的边际替代率等于边际转化率。例如，在图 9-7 中的交换契约线上，e 点的边际替代率与生产可能性曲线上 B 点的边际转换率相等，因为过 e 点的无差异曲线的切线 T' 与过 B 点的生产可能性曲线的切线 S 平行。因此，e 点满足生产和交换的帕累托最优条件。

9.2 福利经济学

"福利经济学"这一命题最初是由英国经济学家约翰·阿特金森·霍布森在 20 世纪初提出的。他认为，经济学的中心任务在于增进人类的福利。所谓经济福利，是指人们的各种欲望或需要所获得的满足和由此感受到的生理幸福或快乐。而社会福利无非是社会成员个人福利的总和。社会中可直接或间接用货币来衡量的部分，称为经济福利。按照经济福利的定义，亚当·斯密自由放任的主张可以实现一国最大经济利益，杰里米·边沁的"最大多数人的最大幸福"等命题也属于福利经济学命题。马歇尔在其《经济学原理》中认为，经济学的性质和任务应包括对一个社会的整体成员的经济福利的考虑。阿瑟·塞西尔·庇古在其《财富与福利》和《福利经济学》中，建立了完整的福利经济学体系。20世纪30年代以来，福利经济学又有了进一步发展，并以此划分为旧福利经济学和新福利经济学。新旧福利经济学的差别不在于结论，而在于分析工具的不同。旧福利经济学（即庇古福利经济学）是以基数效用论为分析工具，而新福利经济学则是以序数效用论为分析工具，其主要代表人物是意大利经济学家帕累托。他在其《政治经济学讲义》中以序数效用论为基础，把效率作为经济福利状况的主要目标，他提出的帕累托最优状态是新福利经济学判断社会福利水平的基本标准。

本节主要介绍福利经济学的相关内容，福利经济学属于规范经济学的范畴，具体来说，福利经济学是在一定的社会价值判断标准条件下，研究整个经济的资源配置与个人福利的关系，特别是市场经济体系的资源配置与福利的关系，以及与此有关的各种政策问题。换句话说，福利经济学研究要素在不同厂商之间的最优分配，以及产品在不同家庭之间的最优分配。简而言之，福利经济学研究的是资源的最优配置。

9.2.1　帕累托最优状态

所谓帕累托最优状态标准，是指这样一种情况：如果至少有一人认为A优于B，而没有人认为A劣于B，则从社会的观点看也有A优于B。

利用帕累托最优状态标准，可以对资源配置状态的任意变化做出"好"与"坏"的判断：如果既定的资源配置状态的改变使至少一个人的状况变好，而没有使任何人的状况变坏，则认为这种资源配置状态的变化是"好"的；否则认为是"坏"的。这种以帕累托最优状态标准来衡量为"好"的状态改变称为帕累托改进。

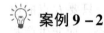

案例 9-2

发生在空中的帕累托改进

航空公司总是希望航班上座率越高越好，然而他们也知道总有一小部分订了机票的旅客临时取消旅行计划。这就使他们开始尝试超额售票术，就是在一个合理估计的基础上，让售票数量稍大于航班实际座位数。不过，有时确实可能出现所有旅客都不打算改变行程，要按期出发的情形，航空公司必须决定究竟取消谁的座位才好。这里列举几种可能的决定方法。在20世纪60年代，航空公司只是简单取消最后到达机场的乘客的座位，安排他们换乘后面的航班，而那些倒霉的乘客也不会因行程被迫改变而获得任何额外补偿。结果，确认座位的过程演变成让人血压骤升的紧张时刻。为了避免这种情况，第二种选择是由政府出面明令禁止超额售票术。但是这样一来，飞机可能被迫带着空座位飞行，而外面其实还有急于出发的旅客愿意购买这些机票。结果，航空公司和买不到票的旅客都受到损失。1968年，美国经济学家朱利安·西蒙提出了第三种方案。西蒙这样写道："办法非常简单，超额售票术需要改进之处就是航空公司在售票的同时交给顾客一个信封和一份投标书，让顾客填写他们可以接受的延期飞行的最低赔偿金额。一旦飞机出现超载，公司可以选择其中赔偿金额最低者按数给予现金补偿，并优先售给下一班飞机的机票。各方受益，没有任何人受到损害。"实际上,目前航空公司采用的超额售票术同西蒙的方案非常接近,区别在于通常干脆以免费机票现金补偿(有时提供相当数量的机票折扣)。人们远比估计的更加愿意接受这种安排。航空公司从中受益,因为他们可以继续超额售票,有助于实现航班满员飞行。事实上,免费机票本身可能属于根本卖不出去的部分,航空公司提供免费机票的边际成本接近于零。这是一个发生在真实世界的帕累托改进。其中牵涉的各方均受益,至少不会受到损失。

案例评析:

在其他条件不变的情况下,如果某一经济变动改善了一些人的状况,同时又不使一些人蒙受损失,这个变动就增进了社会福利,称为帕累托改进;在其他条件不变的情况下,如果不减少一些人的经济福利,就不能改善另一些人的经济福利,就标志着社会经济福利达到了最大化的状态,实现了帕累托最优状态。案例中,美国经济学家朱利安·西蒙提出了"超额售票术",民航公司和消费者各方都增加了利益,我们称之为"帕累托改进"。因为现实中很难达到最优标准,正所谓世事往往没有最优选择,只能寻求次优选择。

(资料来源:https://wenku.baidu.com/view/f0b053166ed6f1aff001f83.html. 经整理加工)

更进一步,利用帕累托最优状态标准和帕累托改进,可以来定义所谓"最优"资源配置,即如果对于某种既定的资源配置状态,所有的帕累托改进均不存在,即在该状态上,任意改变都不可能使至少有一个人的状况变好,而又不使任何人的状况变坏,则称这种资源配置状态为帕累托最优状态。

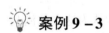

案例 9–3

帕累托最优标准——满意即最优

假如原来甲有一个苹果,乙有一个梨,他们是否达到了帕累托最优呢?这取决于甲乙二人对苹果和梨的喜欢程度,如果甲喜欢苹果大于梨,乙喜欢梨大于苹果,这样就已经达到了最满意的结果,也就是"帕累托最优"了。如果是甲喜欢梨大于苹果,乙喜欢苹果大于梨,甲乙之间可以进行交换,交换后的甲乙的效用都有所增加,这就是帕累托改进。我们还假定两个消费者甲和乙,是航海中遇险的水手,他们遇险后登上一个荒岛,甲带着食品,乙带着药品。甲和乙都有药品和食品的需求,如何交换才能使二人的境况尽可能得好,使他们得到满足的最大化?用经济学的理论说就是,两个人的食品与药品的边际替代率相等,在这一点上两个人的满足程度是一样的。实现了资源配置的最佳效率,就实现了帕累托最优。

"满意即最优"的一个简单标准就是,看这项交易是否双方都同意,双方是否对交易结果感到满意。如果是谁也不愿意改变的状态,那么就是"帕累托最优"了。通俗地讲,"帕累托改进"是在不损害他人福利的前提下进一步改善自己的福利,即"利己不能损人"。同样,只有在不损害生产者和经营者权利的前提下维护消费者的权益,才能在市场经济的各个主体之间达到"帕累托最优"的均衡状态。

📑 **案例评析：**

帕累托是 20 世纪初的意大利经济学家，新福利经济学代表人物。以他的名字命名的"帕累托最优"是现代经济学中的一个重要概念，也是经济学的一个美好的理想境界。在其他条件不变的情况下，如果某一经济变动改善了一些人的状况，同时又不使任何人蒙受损失，这个变动就增进了社会福利，称为帕累托改进；在其他条件不变的情况下，如果不减少一些人的经济福利，就不能改善另一些人的经济福利，就标志着社会经济福利达到了最大化的状态，实现了帕累托最优状态。案例中，甲和乙都喜欢各自的苹果和梨，不用交换就可以达到"帕累托最优"。市场经济有两个最本质的特征：①提高资源配置效率；②实现充分竞争。帕累托最优，通俗的解释就是在资源配置过程中，经济活动的各个方面不但没有任何一方受到损害，而且社会福利要尽可能实现最大化，社会发展要达到最佳状态。西方经济学中的帕累托最优，实际上就是要求不断提高资源的配置效率。

（资料来源：https：//wenku.baidu.com/view/6f9ff97982d049649b6648d7c1c708a1294a0adb.html。经整理加工）

帕累托最优状态又称经济效率。满足帕累托最优状态就是具有经济效率的；反之，不满足帕累托最优状态就是缺乏经济效率的。例如，如果产品在消费者之间的分配已经达到了这样一种状态，即任何重新分配都会至少降低一个消费者的满足水平，那么，这种状态就是最优的或最有效率的状态。

9.2.2 帕累托最优状态的条件

那么，一个经济社会在何种条件下才会达到帕累托最优呢？福利经济学认为这必须满足三个条件，即消费的帕累托最优、生产的帕累托最优以及生产和消费的帕累托最优。下面具体分析这三个条件。

1. 消费的帕累托最优条件

这一条件是指任意两个消费者消费任意两种产品的边际替代率相等。当这个条件得到满足时，产品在消费者之间的配置达到了帕累托最优。这时，我们不可能通过产品的重新配置提高一个人的效用水平，同时又不会使另一个人的效用水平降低。对于任意消费者 A 和 B，任意产品 X 和 Y 来说，这一条件可以表示为

$$\mathrm{MRS}_{XY}^{A} = \mathrm{MRS}_{XY}^{B}$$

当上式不相等时，调整产品在不同消费者之间的配置会使一方的效用水平增加，而另一方的效用水平不变，或者能够使双方的效用水平同时增加。

2. 生产的帕累托最优条件

这一条件是指任意两种生产要素生产任意两种产品的边际技术替代率相等。当这个条件满足时，生产要素在不同产品的配置达到最优。如果这时重新调整生产要素的配置使一些产品的产量增加，则必然会使某些产品的产量减少。对于任意两种要素 L 和 K，任意两个生产

者 C 和 D 来说，这一条件可以表示为

$$\text{MRTS}_{LK}^{C} = \text{MRTS}_{LK}^{D}$$

如果两种要素生产任意两种产品的边际技术替代率不相等，那么通过调整 L 和 K 在 X 和 Y 中的配置状态，就可以在不减少 X 产量的情况下提高 Y 的产量，或者在不减少 Y 产量的情况下提高 X 的产量，或者能够提高两种产品的产量水平。

3. 生产和消费的帕累托最优条件

这一条件是指对于任意两个消费者消费任意两种产品的边际替代率等于任意两种生产要素生产任意两种产品的边际转换率。也就是说，同时实现所有消费者消费所有产品的边际替代率相等，所有生产要素生产所有产品的边际技术替代率相等，产品生产的边际转换率等于产品消费的边际替代率。由此，达到了生产和消费的全面的帕累托最优，任何生产和消费方面的重新配置都不可能使一部分人得益的同时又不使另一部分人受损。对于任意两种产品 X 和 Y，用公式可以表示为

$$\text{MRS}_{XY} = \text{MRT}_{XY}$$

9.2.3 完全竞争市场与帕累托最优

上文分析了经济达到全面帕累托最优的三个边际条件，那么什么样的经济体制下能够满足这三个条件，从而实现帕累托最优呢？微观经济学理论表明，完全竞争市场符合帕累托最优的三个条件。

消费者的帕累托最优边际条件表明，任意两种产品之间的边际替代率对于任意两个消费者都相等。在完全竞争的市场条件下，所有的消费者都是价格的接受者，因此消费者面对的价格是相同的。例如，任意一个消费者 A 在完全竞争经济中的效用最大化条件是对该消费者来说，任意两种商品的边际替代率等于这两种商品的价格比率，因此可以得出如下关系：

$$\text{MRS}_{XY}^{A} = \frac{P_X}{P_Y}$$

同样的，其他消费者如 B 在完全竞争经济中的效用最大化也有

$$\text{MRS}_{XY}^{B} = \frac{P_X}{P_Y}$$

整理得

$$\text{MRS}_{XY}^{A} = \text{MRS}_{XY}^{B}$$

因此，在完全竞争条件下，产品的均衡价格实现了交换的帕累托最优状态。

我们再来看生产者的情况，厂商追求利润最大化。在完全竞争的市场条件下，生产者是要素市场的价格接受者，面对的是同样的要素价格。对任意生产者 C，则有以下关系：

$$\text{MRTS}_{LK}^{C} = \frac{P_L}{P_K}$$

同样的，其他生产者如 D 在完全竞争经济中的利润最大化也有

$$\text{MRTS}_{LK}^{D} = \frac{P_L}{P_K}$$

整理得

$$\mathrm{MRTS}_{LK}^{C} = \mathrm{MRTS}_{LK}^{D}$$

这就是生产的帕累托最优条件的公式表达式。因此，在完全竞争经济中，要素的均衡价格实现了生产的帕累托最优状态。

最后，我们来看生产者和消费者综合在一起的情况。从前文可知，生产和交换的帕累托最优条件是产品的边际转换率等于产品的边际替代率。如果用 MC_X 和 MC_Y 分别代表产品 X 和 Y 的边际成本，X 产品对 Y 产品的边际转换率可以定义为两种产品的边际成本的比率，即

$$\mathrm{MRT}_{XY} = \left|\frac{\Delta Y}{\Delta X}\right| = \left|\frac{\mathrm{MC}_X}{\mathrm{MC}_Y}\right|$$

在完全竞争条件下，生产者利润最大化的条件是产品的价格（边际收益）等于其边际成本，于是有

$$P_X = \mathrm{MC}_X \qquad P_Y = \mathrm{MC}_Y$$

即有

$$\frac{\mathrm{MC}_X}{\mathrm{MC}_Y} = \frac{P_X}{P_Y}$$

再由消费者效用最大化条件

$$\mathrm{MRS}_{XY} = \frac{P_X}{P_Y}$$

即得

$$\mathrm{MRT}_{XY} = \frac{P_X}{P_Y} = \mathrm{MRS}_{XY}$$

式中，MRS_{XY} 表示每一个消费者的共同的边际替代率。这就是生产和交换的帕累托最优条件。因此，在完全竞争经济中，产品的均衡价格实现了生产和交换的帕累托最优状态。

综上所述，完全竞争市场满足帕累托最优的三个边际条件，完全竞争均衡是帕累托最优的，这一结论也称为福利经济学第一定理。这一定理说明了达到帕累托最优的竞争性市场机制的有效性。这一定理也证明了亚当·斯密关于"看不见的手"的原理，即在市场经济中每个人追求自身利益的最大化，均衡的结果是促进了社会目标，实现了经济的最高效率。

9.2.4 社会福利函数

完全竞争经济在一定的假定条件下可以达到帕累托最优状态，即满足帕累托最优的三个条件。但是，帕累托最优的三个条件并不是对资源最优配置的完整描述，因为它没有考虑收入分配问题。实际上，存在无穷多个同时满足所有三个帕累托最优条件的经济状态，其中甚至可以包括收入分配的极端不平等情况。

和生产可能性曲线的情况相仿，图9-3中，效用可能性曲线 UU' 也将整个效用空间划分为三个互不相交的组成部分。在 UU' 的右上方区域，是既定资源和技术条件下所无法达到的，故可以看作"效用不可能"区域；而在 UU' 的左下方区域，则是"无效率"区域：在既定的资源和技术条件下，经济没有达到它可能达到的最优效用水平组合，显然缺乏效

率。无效率点的存在或者是由于交换的无效率，或者是由于生产的无效率，或者是由于生产和交换的无效率，即由于帕累托最优条件中的一个、两个或三个未得到满足。如果将所有的无效率点也看作可能的经济状态，则所有可能的效用水平组合的集合就是效用可能性区域。

福利经济学的目的是要在效用可能性区域中寻找一点或一些点，使社会福利达到最大；帕累托最优条件仅仅告诉我们，社会福利必须在该效用可能性区域的边界，即在效用可能性曲线上达到，但并没有告诉我们，究竟在效用可能性曲线上的哪一点或哪些点上达到。

为了解决上述问题，需要知道在效用可能性曲线上每一点所代表的社会福利的相对大小，或者需要知道效用可能性区域或整个效用空间中每一点所代表的社会福利的相对大小。这就是所谓的社会福利函数。社会福利函数是社会所有个人的效用水平的函数。因此，社会福利函数 W 可以写成

$$W = W(U_A, U_B)$$

给定上式，由一个效用水平组合 (U_A, U_B) 可以求得一个社会福利水平。如果我们固定社会福利水平为某个值，例如令 $W = W_1$，则社会福利函数为

$$W_1 = W(U_A, U_B)$$

上式表明，当社会福利水平为 W_1 时，两个消费者之间的效用水平 U_A 和 U_B 的关系，如图 9-8 所示。曲线 W_1 称为社会无差异曲线，在该曲线上，不同的点代表着不同的效用组合，但所表示的社会福利却是一样的。故从社会角度看，这些点均是"无差异"的。同样的，如果令社会福利水平为 W_2 和 W_3，也可以得到相应的社会无差异曲线 W_2 和 W_3。通常假定这些社会无差异曲线与单个消费者的无差异曲线一样，也是向右下方倾斜且凸向原点的，并且较高位的社会无差异曲线代表较高的社会福利水平。

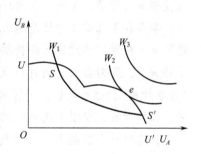

图 9-8 最大社会福利

在图 9-8 中，有了社会福利函数即社会无差异曲线，则结合效用可能性曲线 UU' 即可决定最大的社会福利，最大社会福利显然在效用可能性曲线 UU' 和社会无差异曲线 W_2 的切点 e 上达到。这一点被叫作"限制条件下的最大满足点"。这是能导致最大社会福利的生产和交换的唯一点。UU' 曲线和社会无差异曲线 W_1 交于 S 点和 S' 点。这些点所代表的社会福利都低于 W_2，因而不是最大社会福利；W_3 是比 W_2 更高的社会无差异曲线，但是超出了现有条件下所能达到的最大水平。

但是，社会福利函数究竟存不存在呢？换句话说，能不能从不同个人的偏好中合理地形成所谓的社会偏好呢？可惜的是，阿罗于1951年在相当宽松的条件下证明了这是不可能的。这就是有名的"阿罗不可能性定理"。解决的办法是重新给定个人的偏好类型，或者改变大多数规则，这样就有可能形成社会的偏好次序。但是，就一般情况而言，由阿罗不可能性定理可知，在非独裁的情况下，不可能存在适用于所有个人偏好类型的社会福利函数。

案例 9-4

少数服从多数原则的局限性

在我们的心目中,选举的意义恐怕就在于大家根据多数票原则,通过投票推举出最受我们爱戴或信赖的人。然而,通过选举能否达到这个目的呢?美国经济学家阿罗采用数学中的公理化方法,于1951年深入研究了这个问题,并得出在大多数情况下是否定的结论,即"阿罗不可能性定理"。假设有张三、李四、王五三个人,他们为自己最喜欢的明星发生了争执,他们在刘××、张××、郭××三人谁更受观众欢迎的问题上争执不下。张三排的顺序是刘××、张××、郭××,李四排的顺序是张××、郭××、刘××,王五排的顺序是郭××、刘××、张××。到底谁更受欢迎呢?没有一个大家都认可的结果。如果规定每人只投一票,三个明星将各得一票,无法分出胜负,如果改为对每两个明星都采取三人投票,然后依少数服从多数的原则决定次序,结果又会怎样呢?首先看对刘××和张××的评价,由于张三和王五都把刘××放在张××的前边,二人都会选择刘××而放弃张××,只有李四认为张××的魅力大于刘××,依少数服从多数的原则,第一轮刘××以二比一胜出;再看对张××和郭××的评价,张三和李四都认为应把张××放在郭××的前边,只有王五一人投郭××的票。在第二轮角逐中,自然是张××胜出。接着再来看对刘××和郭××的评价,李四和王五都认为还是郭××更棒,只有张三认为应该把刘××放在前边,第三轮当然是郭××获胜。通过这三轮投票,我们发现对刘××的评价大于张××,对张××的评价大于郭××,而对郭××的评价又大于刘××,很明显我们陷入了一个循环的境地。这就是"投票悖论",也就是说,不管采用何种游戏规则,都无法通过投票得出符合游戏规则的结果。如果世界上仅限于选明星的事情就好办多了,问题在于一些关系到国家命运的事情的决定上,也往往会出现上述的"投票悖论"问题。对此很多人进行了探讨,但都没有拿出更有说服力的办法。在所有人为寻找"最优公共选择原则"奔忙而无获的时候,美国经济学家阿罗经过苦心研究,在1951年出版的《社会选择与个人价值》著作中提出了阿罗不可能性定理,并为此获得了1972年诺贝尔经济学奖。

案例评析:

阿罗不可能性定理是指在一般情况下,要从已知的各种个人偏好顺序中推导出统一的社会偏好顺序是不可能的。阿罗不可能性定理的内容是,"只要给出几个选择者都必然会接受的前提条件,在这些前提条件的规定下,人们在一般或普遍意义上不可能找到一套规则(或程序)在个人选择顺序基础上推导出来"。由此进一步推出,在一般或普遍意义上,无法找到能保证所有选择者福利只会增加不会受损的社会状态。阿罗所说的几个选择者必然接受的条件是:①广泛性,即至少有三个或三个以上的备选方案,以供选择者选择。②一致性,即一定的社会选择顺序以一定的个人选择为基础,但必须符合公众的一致偏好。③独立性,即不相关的方案具有独立性。④独立主权原则,即对备选方案的选择和确定,应由公民完全依据个人的喜好而定,不能由社会强加。⑤非独裁性,即不能让每一个人的喜好决定整个社会对备选方案的排序顺序,应坚持自由和民主的原则。阿罗认为上述五个相互独立的条件每一个都是必要的，但是要构造能同时满足这些条件的社会福利函数是不可能的。导致不可能的原因在于1~5个条件之间存在相互矛盾，因此不可能达到完全一致。他从中得出了一个似乎不可思议的结论：没有任何解决办法能够摆脱"投票悖论"的阴影，在从个人偏好过渡到社会偏好时，能使社会偏好得到满足，又能代表广泛的个人偏好这样一种排序方法，只有强制与独裁。这样寻找合理的社会选择机制的努力就几乎陷入了困境。阿罗不可能性定理打破了一些被人们认为是真理的观点，也让我们对公共选择和民主制度有了新的认识。因为我们所推崇的"少数服从多数"的社会选择方式不能满足"阿罗五个条件"，正如市场存在着失灵一样，对公共选择原则也会导致民主的失效。因此，多数票原则的合理性是有限度的。

（资料来源：http://www.doczj.com/doc/b41336fa941ea76e58fa04e9.html. 经整理加工）

本章习题

【案例分析】

经济学家的赌博

美国的两位经济学家，一位是马里兰州立大学的朱利安·西蒙（Julian Simon），另一位是斯坦福大学的保罗·埃尔里奇（Pawl Ehrltch）。在关于人类前途的问题上，埃尔里奇是悲观派，认为由于人口爆炸、食物短缺、不可再生性资源的消耗、环境污染等原因，人类前途不妙。西蒙是乐观派，认为人类技术进步和价格机制会解决人类发展中出现的各种问题，人类前途光明。他们两人的这些观点代表了学术界对人类未来两种根本对立的观点。这个争论事关人类的未来，也格外受世人关注。

他们谁也说服不了谁，于是决定赌一把。他们争论涉及的问题太多，赌什么呢？他们决定赌"不可再生性资源是否会消耗完"的问题。不可再生性资源是消耗完就无法再有的资源，如石油、煤及各种矿石等。这种资源在地球上的储藏量是有限的，越用越少，总有一天这种资源会用完。悲观派埃尔里奇的观点是，这种资源迟早会用完，这时人类的末日就快到了。这种不可再生性资源的消耗与危机，表现为其价格大幅上升。乐观派西蒙的观点是，这种资源不会枯竭，价格不但不会大幅上升，反而还会下降。

他们两人选定了5种金属：铬、铜、镍、锡、钨。各自以假想的方式买入1000美元的等量金属，每种金属各200美元。以1980年9月29日的价格为准，假如到1990年9月29日，这5种金属的价格在剔除通货膨胀的因素后果然上升了，西蒙就要付给埃尔里奇这些金属的总差价。反之，假如这5种金属的价格下降了，埃尔里奇将把总差价支付给西蒙。

这场赌博需要的时间真长。到1990年，这5种金属无一例外地跌了价。埃尔里奇输了，教授还真是守信的，埃尔里奇把自己输的57 607美元交给了西蒙。

这5种金属无疑是不可再生性资源，但也同任何其他资源一样由价格调节。当这5种金属越来越短缺时，其价格必定上升。但为什么现实中这5种金属越来越少，而价格反而下降了，西蒙赢得了这场赌博呢？关键在于价格上升刺激供给的作用。

我们知道，世界上任何一种资源都有其替代品，不可再生性资源同样也有替代品。当这5种金属的价格上升时，就刺激了人们去开发它们的替代品。例如，铜和锡过去主要是制造各种生活用的器皿的。当铜和锡的价格上升时，发明并大量生产替代铜和锡的塑料制品就是有利的。同样，铜和其他制造电线的金属价格上升也刺激了人们开发替代铜的光导纤维，光导纤维主要以沙子为原料。这就是说，这5种金属价格的上升刺激了人们去开发它们的替代品。当这些替代品大量生产出来时，供给增加，价格下降，人们就会用替代品取代这些金属。这时，这些金属的需求大大减少，价格自然就下降了。但在刺激替代品的开发和生产中，价格十分重要，只有价格上升到一定程度，当开发和生产这些金属的替代品有利时，才能刺激这种创新活动。

替代品的开发与大量生产是技术进步的结果，但促进这种技术进步的是价格机制。在市场经济中，包括专利在内的产权受到立法保护，人们可以从自己的发明创造中获得丰厚利益。这是激励人们开发各种替代品的动力。发明者寻找和开发这5种金属的替代品——塑料或光导纤维等——不是为了解决社会面临的这5种金属短缺问题，而是为了获利。但在他们为获利而开发这5种金属的替代品时，他们就为社会进步做出了贡献。价格调节使发明者的个人利益与社会利益相一致。这就是市场调节自发刺激技术进步的机制。有了这种机制，人类就可以生产出一切不可再生性资源的替代品。因此，像这5种金属一样的不可再生性资源不会枯竭，价格也不会无限上升。而且，价格上升到一定程度后，必然由于替代品的大量生产而下降，甚至低于原来的价格水平。这正是西蒙敢于打这场赌的理论依据。他的获胜不是偶然的运气，而是客观经济规律的必然结果。

（资料来源：梁小民. 经济学家的赌博 [J]. 新智慧：财富版，2006（8）：14－15. 经整理加工）

问题：

1. 什么是局部均衡和一般均衡？
2. 案例中涉及的市场有哪些？它们是如何相互影响的？

参考文献

[1] 李淼. 浅谈情感的边际效应 [J]. 大视野, 2009 (3)：286.

[2] 聂佃忠, 王芳霞. 道德行为的经济学分析 [J]. 甘肃理论学刊, 2011 (1)：115-118.

[3] 杨孟. 经济学家的6张底牌 [J]. 价格理论与实践, 2006 (2)：71.

[4] 李珍珍. 关于图书馆占座现象的经济学思考 [J]. 科技经济导刊, 2017 (2)：258.

[5] 王艳花. 美国有机苹果产业发展的实践及启示 [J]. 农业经济, 2009 (5)：35-36.

[6] 王新华. 美苏冷战与苏联经济的崩溃 [J]. 宁夏大学学报（人文社会科学版）, 2007 (6)：112-115.

[7] 张萌波. 李斯的经济思想 [J]. 上海经济研究, 1984 (6)：42-47.

[8] 康珂. 看不见的手：起源、机理与反思 《国富论》的启示（四）[J]. 现代商业银行, 2020 (23)：62-65.

[9] 王志诚. 中国足球市场制度建设的经济学分析 [D]. 北京：中国政法大学, 2009.

[10] 张静. 诚信及其社会约束机制 [N]. 光明日报, 2011-08-23 (11).

[11] 金阳. 领导者对激励边际递减效应的应变之策 [J]. 领导科学, 2017 (18)：27-28.

[12] 王佳琳. 麦当劳第二杯半价策略分析 [J]. 今日财富, 2018 (16)：163.

[13] 陈威. 论边际效用递减规律 [J]. 金融经济, 2011 (8)：84-85.

[14] 李雯. 从春晚看边际效应递减规律 [J]. 环球市场信息导报, 2017 (39)：139.

[15] 姚瑶, 张樱. 成语中读出现代经济学 [J]. 新一代, 2009 (2)：10-11.

[16] 宋胜洲. "苹果"现象的经济学分析 [J]. 经济学家茶座, 2012 (2)：81-85.

[17] 孟广燕. 企业广告策略研究 [D]. 青岛：中国海洋大学, 2004.

[18] 夏桂平. 中国成为世界第一啤酒产销大国为期不远 [J]. 价格月刊, 1995 (12)：20.

[19] 乔丕君. 福尔康瓜子营销战略研究 [D]. 成都：西南交通大学, 2004.

[20] 唐友明. 农产品非价格竞争中的信息不对称问题 [J]. 长江大学学报（社会科学版）, 2008 (1)：73-75.

[21] 温慧. 果农有机苹果经营行为研究 [D]. 咸阳：西北农林科技大学, 2010.

[22] 张亮. 小型餐馆的成本控制探究 [J]. 经贸实践, 2016 (13)：107-108.

[23] 金岩石. 企业利润归零, 真的吗？[J]. 中外管理, 2015 (9)：27.

[24] 梁小民. 微观经济学纵横谈 [M]. 北京：生活·读书·新知三联书店, 2000.

[25] 江小娟. 体制转轨中的增长、绩效与产业组织变化：对中国若干行业的实证研究 [M]. 上海：上海人民出版社, 1999.

[26] 毕军贤. 西方经济学 [M]. 北京：科学出版社, 2007.

[27] 高鸿业. 西方经济学：微观部分 [M]. 6版. 北京：中国人民大学出版社, 2014.

[28] 曼昆. 经济学基础：第5版 [M]. 梁小民, 梁砾, 译. 北京：北京大学出版社, 2010.

[29] 薛兆丰. 薛兆丰经济学讲义 [M]. 北京：中信出版集团, 2018.

[30] 梁小民. 西方经济学 [M]. 2版. 北京：中央广播电视大学出版社, 2011.

[31] 李德荃. 微观、宏观经济学案例分析 [M]. 北京：经济科学出版社, 2010.

[32] 张立辉. 每天读点趣味经济学 [M]. 北京：中华工商联合出版社，2012.

[33] 曼昆. 经济学原理：第7版 [M]. 梁小民，梁砾，译. 北京：北京大学出版社，2017.

[34] 黎诣远. 西方经济学 [M]. 北京：高等教育出版社，1999.

[35] 刘东，梁东黎. 微观经济学教程 [M]. 北京：科学出版社，2005.

[36] 茅于轼. 生活中的经济学 [M]. 广州：暨南大学出版社，2004.

[37] 曼昆. 经济学原理：上册　第3版 [M]. 梁小民，译. 北京：机械工业出版社，2003.

[38] 董彦龙，王东辉. 微观经济学简易案例教程 [M]. 武汉：武汉大学出版社，2014.

[39] 高小勇. 经济学帝国主义（第六卷）：《经济学消息报》精选文集 [M]. 北京：朝华出版社，2005.